BÄRBEL HÖHN

Lasst uns was bewegen!

BÄRBEL HÖHN

Lasst uns was bewegen!

Was wir jetzt
für die Zukunft
unserer Enkel
tun können

LUDWIG

Cradle to Cradle Certified® ist eine eingetragene Marke des Cradle to Cradle Products Innovation Institute.

Penguin Random House Verlagsgruppe FSC® N001967

Originalausgabe 10/2023

Neumarkter Straße 28, 81673 München
Redaktion: Kerstin Lücker
Umschlaggestaltung: wilhelm typo grafisch
unter Verwendung eines Fotos von © Armin Röpell
Satz: Leingärtner, Nabburg
Druck und Bindung: GGP Media GmbH, Pößneck
Printed in Germany
ISBN: 978-3-453-28164-6

www.Ludwig-Verlag.de

INHALT

EINLEITUNG

Mein erstes Kind wurde an einem ersten Weihnachtstag geboren, nach 24 Stunden Wehen. Ich war ziemlich kaputt, aber hellwach und überglücklich. So klein, so zart, so zerbrechlich. Endlich spürte ich nicht mehr nur seine Tritte im Bauch, sondern ihn ganz, meinen kleinen Sohn! Als Wunder lag er da auf meinem Bauch!

In diesen Momenten war ein Gedanke sehr klar: Für meinen kleinen Sohn werde ich alles tun. Ich werde ihm meine Liebe schenken, ihn vorbereiten auf das Leben, ihm helfen, zufrieden und glücklich zu werden und selbstbewusst seinen eigenen Weg zu gehen.

Ähnliche Gefühle hatte ich auch bei meinem ersten Enkelkind. Im Krankenhaus hatte ich den Knirps das erste Mal im Arm: satt, gewickelt, zufrieden!

Wir Großeltern wollen, dass es unseren Kindern und Enkeln gut geht, möglichst besser als uns. Wir versuchen, ihnen eine Ausbildung zukommen zu lassen und, wenn es geht, auch einen guten finanziellen Start.

Darüber hinaus können wir Älteren unseren Enkelkindern noch etwas anderes, ganz Wichtiges geben: Zeit für ein entspanntes Miteinander jenseits des hektischen Alltages.

Doch viele von uns spüren auch: Heute reicht das nicht mehr. Heute geht es vor allem darum, unseren Kindern und Enkeln eine Umwelt zu hinterlassen, die ihnen ein Leben, wie wir es kennen, überhaupt noch ermöglicht – von einem besseren Leben ganz zu schweigen. Aber genau diese intakte Lebensgrundlage ist in Gefahr.

Die Klimakrise bedroht die Zukunft unserer Kinder und Enkel fundamental.

Wir haben also eine neue Verantwortung: nicht nur eine, die sich auf die persönlichen Mitglieder unserer Familie bezieht, sondern eine Verantwortung, die übergeordneter, abstrakter, gesellschaftspolitischer Natur ist. Das ist ungewohnt, und es ist auch anstrengend. Wir Menschen sind Gewohnheitstiere, und je älter wir werden, desto weniger schätzen wir Veränderungen. Es gibt genug akute, persönliche Probleme zu lösen, da soll sich um uns herum möglichst wenig ändern. Aber die Lösung der Klimakrise erfordert genau das: gravierende Änderungen – und zwar in kürzester Zeit.

Wenn ich mit Menschen im Alter von 60+ spreche, stoße ich oft auf eine Haltung, die sich am besten als Mischung aus Verdrängung und Resignation erklären lässt. Viele glauben, Klimaaktivismus sei etwas für die Jungen, für die Schüler:innen, die mit Fridays for Future auf die Straße gehen.

Die Sorge um die Zukunft unserer Kinder und Enkelkinder, die ich mit den meisten Großeltern teile, steht in einem krassen Missverhältnis zu der Arglosigkeit, mit der viele Ältere der Klimakrise begegnen. Viele von ihnen denken, dass es auf die paar Jahre, die sie noch zu leben haben, ohnehin nicht ankommt.

Das ist jedoch völlig falsch. Auch wir sind betroffen, aber noch wichtiger:

Unsere Kinder und Enkel sind betroffen! Je weniger wir jetzt noch ändern, desto schlimmer wird es für sie!

Sie finden, ich übertreibe?

Wenn ich mit Menschen spreche und sie auf dieses Missverhältnis hinweise, stoße ich oft auf eine Reihe von Einwänden:

Bisher haben wir doch immer noch eine Lösung gefunden. Warum sollen wir nicht in der Lage sein, uns anzupassen?

Was können wir Deutschen schon machen, wenn wir nur für zwei Prozent der Emissionen verantwortlich sind? Die Chinesen, die Amerikaner, die Russen müssen etwas tun.

Ist es wirklich so schlimm, wenn es in Deutschland zwei Grad wärmer wird? Das ist doch ein Problem in Afrika oder auf den pazifischen Inseln, aber nicht bei uns.

Wenn wir in Deutschland bis 2045 die Wirtschaft klimaneutral transformiert haben, dann ist die Lösung doch erreicht, und alles wird gut.

Was kann ich als Einzelner schon machen?

Diesen und vielen weiteren Fragen werde ich in diesem Buch nachgehen.

Vor allen Dingen aber werde ich Menschen vorstellen, die sich entschieden haben, sich zivilgesellschaftlich zu engagieren. Menschen, die nachhaltig leben und die Projekte angestoßen haben, mit denen sie zur Überwindung der Klimakrise beitragen oder zur Bewältigung anderer Umweltprobleme, die wir durch unsere rücksichtslose Wirtschaftsweise verursachen. Wenn wir die Klimakrise überwinden wollen, müssen wir die Zivilgesellschaft aktivieren. Das wissen gerade wir Älteren. Wer hat die Erfahrung oder die Zeit oder das Geld dazu? Das sind doch vor allen Dingen wir: die Seniorinnen und Senioren, die Silver Ager! Unsere Kinder sind mit dem Beruf und der Kindererziehung mehr als beschäftigt. Aber wir haben die Möglichkeiten, uns zu engagieren, und sollten sie nutzen.

Wir können zeigen, dass wir noch nicht zum alten Eisen gehören, dass wir flexibel genug sind, uns den notwendigen Veränderungen zu stellen, sie zu verteidigen, und dass wir neugierig sind zu lernen und auszuprobieren.

Jede:r von uns kann sich auf unterschiedliche, sehr persönliche Art einbringen.

Wie sehr wir gebraucht werden, wie dramatisch die Situation

inzwischen ist, wird durch ein Zitat von UN-Generalsekretär Antonio Guterres deutlich. Der sonst sehr besonnene, ruhige und nicht zu Übertreibungen neigende Guterres wählte auf der Weltklimakonferenz, die im November 2022 im ägyptischen Sharm el-Sheikh stattfand, drastische Worte:

»Wir sind auf dem **Highway zur Klimahölle** – mit dem Fuß auf dem Gaspedal.«

Es ist also höchste Zeit zu handeln. Aber die Politik, die Regierung, ist nur so durchsetzungsfähig wie die Mehrheit der Gesellschaft, die die notwendigen Maßnahmen mitträgt. Ich war als Ministerin im Kabinett auf die Unterstützung der Zivilgesellschaft angewiesen. Je stärker der Wunsch nach Veränderung in der Bevölkerung ist, desto besser die Durchsetzungsmöglichkeiten in der Politik. Denn wir sind zwar – wie Guterres sagt – auf dem Highway zur Klimahölle, aber noch gibt es eine Ausfahrt, die wir wählen können, um das Schlimmste zu verhindern. Noch können wir den Fuß vom Gaspedal nehmen.

Jede und jeder kann sich auf ihre und seine Art einbringen. Es gibt für alle einiges zu tun!

ENTSTEHUNG DER ERDE UND INDUSTRIALISIERUNG

UNSER WUNDERBARER PLANET

Meine ersten Naturerfahrungen

So unfassbar groß und doch so klein und verwundbar

Als Kind habe ich oft auf dem Deich gestanden und auf die Weite der Nordsee geblickt. Das Vorland mit den Prielen, eine riesige Wasserfläche bei Flut oder Schlick bei Ebbe, so weit das Auge reicht. Bis zum Horizont. Das war für mich damals unendlich weit.

Später lernte ich, wie klein dieser Ausschnitt auf der Karte ist und wie viel größer die gesamte Nordsee, der Atlantik, die ganze Erde: so unendlich groß. Wie winzig klein ist dagegen ein einzelner Mensch!

Von der Gewalt des Meeres habe ich bei der Sturmflut 1962 einen Eindruck bekommen. Der Sommerdeich war durchbrochen, mein Vater meinte, wenn der Winterdeich bricht, wird es gefährlich. Unser Haus liegt unter dem Meeresspiegel, da hilft es auch nichts mehr, aufs Dach zu klettern. In der Schule lauschten wir mit Gänsehaut und großer Aufmerksamkeit den Geschichten der Bauernfamilien, die in Sturmflutnächten um ihr Leben und das ihrer Tiere bangten.

Das waren meine Erfahrungen mit dem großen Planeten Erde, mit der Natur; ich ahnte etwas von der Gewalt von Wetterereignissen und der Hilflosigkeit des einzelnen Menschen in einer solchen Situation. Gleichzeitig wurde mir aber auch die Liebe zur Natur, das großartige Wunder des Lebens nahegebracht: die Vielfalt der Tiere und Pflanzen, ihre Fähigkeit, sich optimal anzupassen, die funktionierenden Kreisläufe der Natur. Ein Rädchen greift ins andere, die einzelnen Lebensbereiche sind aufeinander abgestimmt, bedingen einander.

Die Erde, das Leben auf der Erde, wurde in Milliarden Jahren geschaffen und geformt. Ein Gesamtkunstwerk, von dem wir Menschen so viel lernen können. Hier passt alles zusammen. Es hat sich ein Gleichgewicht der verschiedenen Kräfte eingestellt, das auf Veränderungen reagieren und sich anpassen kann, wenn denn genügend Zeit gegeben wird. Die Sonne, die uns Licht und Wärme gibt und ohne die wir nicht existieren könnten; der Mond, der Ebbe und Flut bestimmt; die Tiere und Pflanzen, von denen sich alle Arten ihren Weg zu überleben erkämpft haben und die sich gegenseitig beeinflussen und ergänzen. Eine Natur, die aber nicht nur friedlich ist. Fressen und gefressen werden gehört ebenso dazu wie der unbedingte Wille zur Fortpflanzung, zum Erhalt der eigenen Art. Doch insgesamt hatte sich ein Gleichgewicht, eine Stabilität eingestellt: Die Ozonschicht war dicht und schützte Menschen und Tiere. Der natürliche CO_2-Ausstoß wurde von den Pflanzen zum Wachstum genutzt, Sauerstoff wurde produziert, den die Menschen und Tiere zum Atmen brauchen. Der CO_2-Gehalt in der Atmosphäre lag in den vergangenen 10 000 Jahren konstant bei 280 ppm *(parts per million)*. Bis zur Industrialisierung. Extreme Wetterereignisse mit verheerenden Zerstörungen und manchmal katastrophalen Folgen für die Menschen kamen immer wieder vor. Aber sie hielten sich in Grenzen. Das Klima war stabil. Das war eine gute Basis für das Überleben auf unserer Erde und die Entwicklung unserer menschlichen Zivilisation.[1]

Welch ein Wunder und gleichzeitig Zufall ist es, dass es unseren Planeten gibt und dass wir Menschen uns entwickeln und entfalten konnten!

Respekt und Demut, das war ein wichtiger Teil meiner Erziehung und Erfahrung.

Ob man es nun die Bewahrung der Schöpfung nennt oder Nachhaltigkeit: Es ist klar, dass wir diese außergewöhnlich guten Lebensbedingungen, die gerade in Deutschland und Europa besonders vorteilhaft erfahrbar sind, erhalten müssen, für uns und unsere Kinder.

Eltern wollen, dass sie ihren Kindern und Enkeln bessere Lebensbedingungen hinterlassen, als sie selbst vorgefunden haben. Dahinter steht die Idee des Fortschritts, die seit Jahrhunderten unser Denken bestimmt. Technik und Wissenschaft, Kunst, Kultur und Politik tragen in komplexen Aushandlungsprozessen dazu bei, dass sich die Lebensbedingungen ständig verbessern. Lange Zeit hat das funktioniert, nicht nur bei uns, sondern weltweit: Die medizinische Versorgung wurde besser, Krankheiten wie die Pocken nahezu vollständig ausgerottet, der Hunger in vielen Regionen der Welt erfolgreich bekämpft.

Spätestens seit den Demonstrationen von Fridays for Future sollte jedoch klar geworden sein, dass – vielleicht zum ersten Mal seit langer Zeit – eine Generation heranwächst, deren Zukunftsaussichten völlig anders aussehen. Obwohl wir es schon seit spätestens circa fünfzig Jahren, als die ersten Umweltbewegungen an Bedeutung gewonnen haben, ahnen und vielleicht wissen, spüren wir erst jetzt, dass wir vor einer unumstößlichen Tatsache stehen: Das natürliche Gleichgewicht der Erde und der Natur ist aus dem Takt geraten, und zwar durch unsere Lebensweise. Das hat bereits und wird weiterhin zunehmend gravierende Folgen haben – für die Natur, aber auch für unsere Lebensweise. Schon jetzt häufen sich Extremwetterereignisse überall auf der Welt. Seit den Überschwemmungen im Ahrtal und an der Erft, seit den Hitzeperioden in den letzten beiden Sommern können auch wir in Deutschland und Europa das kaum mehr leugnen. Eine Krise löst die andere ab, sie folgen immer schneller aufeinander, und die Kosten zur Beseitigung ihrer Effekte werden zu einer immer größeren Belastung.

Das zieht weitere Folgen nach sich: Weltweit nehmen Flüchtlingsbewegungen zu, einerseits infolge von Extremwetterereignissen und andererseits, weil um die knapper werdenden Ressourcen, vor allem um Wasser, ein immer härterer Kampf entsteht. Solange es uns nicht gelingt, den Verbrauch fossiler Energien zu stoppen und mit den knapper werdenden Ressourcen hauszuhalten, wird das zu weiteren Konflikten bis hin zu Kriegen führen. Es wird also noch mehr Klima- und Kriegsflüchtlinge geben.

Wir werden, das ist die bittere Erkenntnis dieser Tage, unseren Kindern und Enkeln eine Welt übergeben, die ihnen schlechtere Lebensbedingungen bietet. Zum ersten Mal brechen wir damit das Fortschrittsversprechen, das so lange Zeit Motor gesellschaftlicher Entwicklung war.

Vom Urknall zur Entstehung der Menschheit! Welch ein Wunder!

Ich sitze mit vielen Menschen zusammen in einem runden Raum, die Sessel sind bequem. Wir werden aufgefordert, die Rückenlehne nach hinten zu stellen, so liegen wir fast, und unsere Blicke gehen nach oben an die Decke des Raums. Es wird dunkel, wir schauen in die Projektion eines unfassbar dichten Sternenhimmels und haben eine spannende Stunde vor uns, in der wir die Entwicklung des Alls über einen Zeitraum von fast 14 Milliarden Jahren erleben werden: Die Veranstaltung heißt

»Vom Urknall zum Menschen« und wird in vielen Planetarien Deutschlands gezeigt.

Es brauchte über zehn Milliarden Jahre seit dem Urknall, bis die Bedingungen entstanden, die auch uns Menschen eine Lebenschance ermöglichen sollten.

Etwa 4,5 Milliarden Jahre ist unser Sonnensystem alt, und durch absolute Zufälle bildete sich nach circa einer Milliarde Jahren seiner Existenz das erste Leben. Aus einfachen chemischen Elementen formten sich Erbinformationen, Organismen, die immer komplexer wurden und sich von Einzellern bis zu den Säugetieren und letztlich zum Menschen ausdifferenzierten. Eine Evolution, die eine unfassbar große Breite von hochspezialisierten Lebensformen bei Pflanzen und Tieren hervorgebracht hat.

Erst in den letzten sechs Millionen Jahren beginnen die Ursprünge des Menschen. Würde man als Maßstab für die Entstehung der Erde, also diese 4,5 Milliarden Jahre, einen Tag ansetzen, wäre der Mensch – so erklärt uns die Wissenschaft anschaulich, gerade mal in den letzten beiden Minuten vor Mitternacht aufgetaucht.

Bisher suchen wir unverdrossen, aber vergeblich nach einem weiteren Himmelskörper, auf dem wir Wasser und Leben entdecken. Dass unser Planet darüber hinaus auch noch wunderschön aussieht, wissen wir spätestens, seit wir ihn auf Fotos aus dem All gesehen haben. Der blaue Planet fasziniert bei jeder Nachricht, die Weltraumfahrer aus dem All senden, aufs Neue.

Noch vor 60 Jahren, als ich ein Kind war, wäre die Generation meiner Eltern nicht auf die Idee gekommen, dass dieser große, wunderbare Planet durch uns kleine Menschen nur gut ein halbes Jahrhundert später an die Grenze seiner Belastbarkeit kommen würde – und dass diese Entwicklung schon beinahe ein Jahrhundert zuvor ihren Anfang genommen hat. Denn wenn sechs Millionen Jahre Menschheitsgeschichte im Verhältnis zur Entstehung der Erde nur zwei Minuten eines Tages sind – wie kurz ist dann die Zeit der industriellen Revolution, die mit der Optimierung der Dampfmaschine durch James Watt in England vor 250 Jahren begann und mit der Stromgewinnung durch Kohle im Jahr 1882 in London erst vor weniger als 150 Jahren Fahrt aufnahm. Richtig dramatisch entwickelte sich der Raubbau an unserem Planeten in den letzten 75 Jahren. Diese letzten 75 Jahre sind, gerechnet auf einen Tag Erdentstehungsgeschichte, ein Bruchteil eines Wimpernschlages. Und doch haben sie die stabile Situation, die wir auf unserer Erde vorgefunden haben, ins Wanken gebracht.

Wir haben das lange nicht gesehen. Wohl auch deshalb, weil genau diese wenigen Jahrzehnte eine beispiellose Erfolgsgeschichte darstellen: In den Industrieländern entstand die Grundlage für unseren jetzigen Wohlstand; aber auch weltweit nahmen Hunger und andere Belastungen ab. Diese Entwicklung hatte ein enormes Bevölkerungswachstum zur Folge. Wir in Deutschland haben heute ein vergleichsweise angenehmes Leben, in geheizten Häusern, mit modernen Sanitäranlagen und schneller Mobilität und Kommunikation. Wir haben das Wissen und die Erfahrung, auch mit tödlichen Seuchen und Pandemien umgehen zu können, selbst wenn sie sehr herausfordernd sind – wie die letzten Jahre gezeigt haben. Aber Pest und Cholera aufgrund unhygienischer Verhältnisse wie im Mittelalter, als es in Ermangelung von frischem Trinkwasser auch für Kinder vor allen Dingen Bier zu trinken gab, gehören in Europa lange der Vergangenheit an.

Bei meiner derzeitigen Tätigkeit in Afrika bin ich in weit entlegenen Dörfern unterwegs und begegne dort vielen Menschen, die in großer Armut leben. Sie haben keinen Zugang zu Strom und Wasser, zünden Kerzen an, um nachts Licht zu haben, und müssen jeden Liter Wasser von weit her beschaffen. Wenn ich diesen Menschen erzähle, dass ich als Studentin selbst einige Jahre in einer Bauernkate mit Plumpsklo und Brunnen ohne Wasseranschluss gelebt habe, wollen sie mir das gar nicht glauben. Doch es macht deutlich, wie rasant sich die Situation in den Industrieländern verändert hat.

EINSETZENDE INDUSTRIALISIERUNG, RASANTER VERLAUF DER KLIMAKRISE

Die Industrialisierung: der große Aufbruch

Es ist also noch gar nicht lang her, dass sich die Lebensbedingungen für einen großen Teil der Menschen drastisch gewandelt haben. Die Veränderung kam mit der Industrialisierung. Zwar bestand die Fähigkeit, aus Kohle Energie zu gewinnen, schon seit Hunderten von Jahren, aber erst als James Watt 1776 seine wirklich effiziente Dampfmaschine baute, löste das den entscheidenden Schub aus. Dampfmaschinen konnten andere Maschinen antreiben, und Anfang des 19. Jahrhunderts entstanden große mechanisierte Fabrikanlagen.

Thomas Alva Edison als weiterer Erfinder dieser Zeit entwickelte 1880 nicht nur die erste praxistaugliche Glühbirne, sondern investierte auch in die ersten Stromnetze, um Energie besser zugänglich zu machen. Das erste Verbrennerauto, erfunden von Carl Benz im Jahr 1886, förderte die Entwicklung der Mobilität wesentlich. Zwei Fotos der 5th Avenue in New York belegen die Dynamik der damaligen Zeit. Das erste Foto von 1900 zeigt über 100 Pferdekutschen und ein Auto, das zweite Foto aus dem Jahr 1913 zeigt lauter Autos und eine Pferdekutsche. In nur 13 Jahren hatten die Autos die Pferdekutschen nahezu vollständig verdrängt! Die Zahl der registrierten Autos stieg in Amerika von 9000 im Jahr 1900 auf 900 000 im Jahr 1912. Damit begann gleichzeitig das Jahrhundert des Öls.

Eine solche Zeit ist aber nicht nur von Fortschritt und Entwicklung gekennzeichnet, sondern auch von Brüchen und Verlierern.

Mechanische Webstühle verdrängten z. B. die Handarbeit. Der Weberaufstand von 1844 machte die verheerenden sozialen Folgen der Modernisierung für viele Arbeiter und ihre Familien sichtbar. Durch die Industrialisierung in England drängten maschinell gefertigte Textilien in häufig besserer Qualität zu erheblich geringeren Kosten auf den Kontinent und erhöhten damit den Druck auf die Arbeit der Weber in Schlesien, die noch handgefertigte Textilien produzierten. Da gleichzeitig Lebensmittelknappheit und damit hohe Lebensmittelpreise die Menschen in Not brachten, trieb sie die Angst um ihre Arbeitsplätze auf die Straße.[2]

Dass diese Wirtschaftsweise auch zu ökologischen Problemen führen könnte, war damals noch kein relevantes Thema. Meinem kindlichen Gefühl, dass die Erde unendlich ist, entsprach die gesellschaftliche Gesamtsicht. Die Schätze der Erde gibt es umsonst!

Umso erstaunlicher scheint, wie bald sich – damals noch unbemerkt – ökologische Schäden einstellten. Erst langsam, dann immer schneller, weil immer mehr Länder der Entwicklung Großbritanniens folgten und sich die Industrialisierung ausbreitete.

Kohle, Öl und Gas, die über Hunderte Millionen von Jahren unter der Erde als Ablagerungsprodukte entstanden waren, wurden gefördert und in wenigen Jahrzehnten verbrannt.

Die CO_2-Konzentration in der Atmosphäre erhöhte sich von ihrem Ausgangspunkt mit 280 ppm zunächst langsam, lag im

Jahr 1950 bei 311 ppm, um dann immer schneller auf 417 ppm im Jahr 2022 anzusteigen. Parallel dazu begann dann auch die globale Erwärmung.[3]

Die Grenzen des Wachstums werden erstmals diskutiert

Es ging aber nicht nur um das Verbrennen von fossilen Energien. 1962 erschien das Buch der Biologin Rachel Carson *Der stumme Frühling*, das die Menschen weltweit aufschreckte. Sie beschrieb darin ausführlich die biologischen Kreisläufe und welche Folgen Eingriffe durch den Menschen hervorrufen. Im Fokus ihres Buchs stehen die Auswirkungen der Pestizide und hier insbesondere des Insektizids DDT, eines hochgiftigen Stoffs. Er wurde zwischen 1940 und 1972, als er endlich verboten wurde, im Krieg gegen Läuse oder Fleckfieber eingesetzt, diente der Malariabekämpfung oder wurde später großflächig in der Landwirtschaft versprüht. Auf diese Weise sind circa zwei Millionen Tonnen DDT in die Umwelt gelangt. Aber nicht nur die Malariamücke oder Läuse wurden damit getötet, sondern auch andere Tiere oder Pflanzen kontaminiert wie z. B. Regenwürmer, die wiederum von Vögeln gefressen wurden. Bei den Vögeln führte die DDT-Belastung u. a. dazu, dass die Eierschalen der Brut zu dünn waren und zerbrachen. Beim Menschen gilt eine Belastung mit DDT als krebserregend.

Ganz langsam wurde deutlich, dass Umwelt Schutz braucht, der Begriff »Umweltschutz« fand Eingang in die deutsche Sprache. Auch in der Politik tat sich etwas. 1969 wurde erstmals im Bundesministerium des Inneren eine Abteilung eingerichtet, die sich um Wasser- und Luftbelastungen kümmern sollte.

In Kanada wurde 1971 Greenpeace gegründet, eine Organisation deren Aktionen sich zunächst gegen Atomtests und den

Walfang richteten. Der BUND (Bund für Umwelt und Naturschutz Deutschland) entstand 1975 als nationale Umweltorganisation, die sich nicht allein dem Naturschutz oder Vogelschutz widmete, sondern auch weitere Umweltthemen aufgriff. Dabei stand auch in Deutschland der Kampf gegen die Atomkraftwerke im Mittelpunkt.

In dieselbe Zeit fiel die Gründung des Club of Rome. Den italienischen Unternehmer Aurelio Peccei trieb die Sorge um die Zukunft der Menschheit an, und er fragte, »… wie wir Menschen weiter auf der Erde leben können, ohne Ressourcen aufzubrauchen und die Umwelt zu zerstören«. Zusammen mit Gleichgesinnten gründete er den Club of Rome, ein Gremium mit Experten aus vielen Ländern, die sich mit dieser Frage weiter beschäftigen sollten.[4]

Schon damals kamen seine Mitglieder zu dem Schluss: Das aktuelle Wirtschaftssystem ist verantwortlich für diverse Krisen auf der Welt. Zum Ziel setzten sie sich daher eine gerechtere, sozialere und ökologischere Welt. Um einen Weg dorthin aufzuzeigen, wurde ein Team von Wissenschaftlern um das Ehepaar Donella und Dennis Meadows beauftragt. 1972, vor gut 50 Jahren, erschien dann der Bericht des Club of Rome zur Lage der Menschheit unter dem Titel *Die Grenzen des Wachstums*.[5]

Die Wissenschaftler arbeiteten mit einem damals revolutionären Rechenmodell, in dem soziale, ökologische und wirtschaftliche Faktoren für die Zukunft simuliert wurden. Das Buch wurde über 30 Millionen Mal verkauft, und es wurde in 30 Sprachen übersetzt. Es war für seine Zeit deshalb so sensationell fortschrittlich, weil es schon damals die Zusammenhänge von ökologischen, sozialen und ökonomischen Faktoren als Kern der Nachhaltigkeit berücksichtigte.

Für uns Studenten war das Buch so etwas wie die Umweltbibel.

Zwei einfache, aber extrem wichtige Erkenntnisse habe ich nach der Lektüre und für mein späteres Leben mitgenommen:

Auf einer begrenzten Erde kann es kein unbegrenztes Wachstum geben.

Schon 1972 gab es in diesem Buch erste Hinweise, dass diese Grenzen in absehbarer Zeit erreicht sein würden, wenn wir weiter so lebten wie bisher und keine Konsequenzen zogen. Das galt sowohl in Hinsicht auf die Begrenztheit der Rohstoffe, die sich über Jahrmillionen gebildet hatten und nun in den letzten Jahrzehnten verstärkt ausgebeutet wurden, als auch hinsichtlich der begrenzten Möglichkeiten der Erde, die immer größer werdende Menge an Schadstoffen aufnehmen zu können.[6]

Innerhalb weniger Jahrzehnte war es durch die sogenannte industrielle Revolution zwar zu mehr Einkommen für viele Menschen gekommen, und Hunger und Armut konnten in den Industrieländern zurückgedrängt werden, aber ebenso wurden die ersten Stimmen laut, dass diese Art von Wachstum die Erde überfordere und damit auch unsere Lebensgrundlage bedrohe. Für den Wohlstand eines Teils der Menschheit wurde ein hoher Preis bezahlt: Wir hatten begonnen, unsere Lebensgrundlagen aufzubrauchen, sie zu vernichten und das Gefälle zwischen den reichen und armen Ländern zu vergrößern.

Ein ungezügeltes Wachstum, eine Wirtschaft, die unsere Lebensgrundlage zerstört, kann auf Dauer nicht funktionieren.

Wir brauchen eine Ökonomie, die die Umwelt, unsere Lebensgrundlage, bewahrt und nicht vernichtet.

Wir reden hier über die 150 Jahre der Industrialisierung, eigentlich sogar nur über die letzten 75 Jahre. Seitdem haben wir erste Hinweise, dass unsere Emissionen zu viel sind für diese Erde. Bis jetzt hat unser blauer Planet eine Entwicklung von Milliarden von Jahren durchlaufen. Wir sind tatsächlich lebende Zeugen dieser Entwicklung. Wir Menschen haben es geschafft, unseren Planeten innerhalb weniger Jahrzehnte so aus dem Gleichgewicht zu bringen, dass das Überleben der Menschheit nun konkret in Gefahr gerät. Es ist deutlich geworden, dass wir schnellstens gegensteuern müssen: Es bleibt nicht mehr viel Zeit.

Schmelztiegel Ruhrgebiet

Was diese hemmungslose Nutzung fossiler Ressourcen bedeutet, wird in Deutschland deutlich am Beispiel des Ruhrgebietes, in dem ich nun bereits seit 45 Jahren lebe. Um 1800 war das Ruhrgebiet ein ländliches Gebiet mit Dörfern, in denen ein paar Hundert oder ein paar Tausend Menschen wohnten. Zwischen 1850 und 1925 stieg die Bevölkerungszahl dann extrem an, von 400 000 auf 3 800 000 Menschen in nur 75 Jahren. Heute ist es der größte Ballungsraum Deutschlands mit fünf Millionen Menschen, in dem eine Stadt in die andere übergeht.

Eine entscheidende Erfindung für die Entwicklung des Ruhrgebietes war der Einsatz der Dampfmaschinen. Warum? Die Kohleflöze liegen im Ruhrgebiet nicht parallel, sondern schräg zur Oberfläche. Im Süden des Ruhrgebietes treten sie offen zutage, im Norden liegen sie 1200 Meter tief unter der Erde. Als der Bedarf nach Kohle massiv anstieg, musste für den systematischen Abbau der Kohle auch in tieferen Schichten das nachströmende Grundwasser abgepumpt werden. Schnell waren Kohleflöze in Tiefen von 700 Metern erreicht. Die Bergleute mussten im Förderkorb zu der Kohle gebracht werden, die Kohle musste nach oben transportiert werden. Dafür war Energie, waren Dampfmaschinen notwendig. Es entstanden Kohlekraftwerke, die Strom lieferten, Kokskohle wurde produziert, es siedelte sich die Eisen- und Stahlindustrie an. Die Infrastruktur mit Eisenbahn, Straßen und Häfen wurde ausgebaut. Immer mehr Arbeitsplätze entstanden. Die Menschen wanderten aus unterschiedlichen Ländern ein: aus Polen und Osteuropa, später waren es Menschen aus Südeuropa, Nordafrika, der Türkei. Das Ruhrgebiet wurde ein Schmelztiegel von Einwanderern aus Ost, Süd und West. Es herrschte Goldgräberstimmung. Zwar hatte Friedrich Krupp seine Firma zur Fertigung von Gussstahl schon 1811 gegründet, aber erst sein Sohn Alfred machte ab 1830, als durch den Eisenbahnbau die Nachfrage nach Gusseisen für Schienen und Achsen stieg, aus einer verschuldeten Firma mit sieben Mitarbeitern das zeitweise größte Industrieunternehmen Europas. Sein Sohn Friedrich Alfred wiederum übernahm das Unternehmen 1887 mit 20000 Arbeitern. Die Firma Krupp verdiente an Produkten für den Ausbau der Eisenbahn. Insbesondere die drei nahtlosen Eisenbahn-Radreifen, die auch das Firmenlogo darstellen, eine Erfindung aus dem Jahre 1852/53, brachten Aufträge.

Hohe Gewinne wurden aber auch durch die Waffenproduktion gemacht. Krupp verdiente am Deutsch-Dänischen Krieg von 1864, am Deutsch-Französischen Krieg 1870 und später an beiden Weltkriegen.

Der Kohleabbau, die Stromproduktion, die weiterverarbeitende Industrie, die Zahl der Arbeitskräfte, alles wuchs.

Im Norden des Ruhrgebietes siedelte sich vor allen Dingen die Industrie mit ihren Emissionen an, sodass nicht nur das Wasser, sondern auch die Luft und der Boden entsprechend belastet wurden. Das war die Region, in der die Arbeiterfamilien nah an ihren Arbeitsplätzen wohnten. Die Villen der Industriellen lagen dagegen im Süden des Ruhrgebietes, etwa die Krupp'sche Villa Hügel, erbaut im Jahr 1873, mit Blick auf den Baldeneysee, mit einem großen Park und einem eigenen Gleisanschluss, den ab und zu der Kaiser benutzte, um sich mit den neuen Fürsten, den Industriellen, zu treffen.

Auch im Zweiten Weltkrieg war die Firma Krupp im Ruhrgebiet die Waffenschmiede für das NS-Regime. Entsprechend stark waren die Zerstörungen im Ruhrgebiet während des Zweiten Weltkriegs.

Die Entwicklung im Ruhrgebiet begann mit der Steinkohle, die im Süden des Ruhrgebietes offen zutage trat. Während der beiden Weltkriege und auch für den Wiederaufbau in den 50er-Jahren war die heimische Kohle gefragt. Aber schon 1957/58 wurde deutlich, dass mehr Kohle gefördert als nachgefragt wurde. Kohle, die im Ruhrgebiet aus 1000 Metern Tiefe oder mehr abgebaut werden musste, konnte wirtschaftlich nicht mit der Tagebaukohle aus anderen Ländern mithalten. Heizöl war kostengünstig geworden, und die Bahn rüstete die Dampflokomotiven auf Diesel und Strom um. Zu dieser Zeit arbeiteten noch gut 450 000 Menschen im Ruhrgebiet allein im Steinkohlebergbau. Mit den zusätzlichen indirekten Arbeitsplätzen gab es so mehr als eine Million Arbeitsplätze. Hinzu kamen die Beschäftigten in der Stahlindustrie, in der Eisen- und Metallverarbeitung und in der Chemieindustrie. 1965 begann die Subventionierung von Kohle für die Verwendung in Kraftwerken, 1974 wurde der Kohlepfennig eingeführt.

1968/69 wurde als eine Antwort auf die Kohlekrise die Ruhrkohle AG (RAG) gegründet, in der 19 Bergbauunternehmen zusammengeschlossen wurden.

Für das Ruhrgebiet begann die lange Zeit der Krise Ende der 60er-Jahre. Zehn Jahre später war die erste Bergbaukrise bereits Vergangenheit, Bergleute wurden mit 50 Jahren in eine Art Vorruhestand mit sogenanntem Anpassungsgeld geschickt, sie bekamen für ihre bisher geleistete harte Arbeit ein gutes monatliches Entgelt. Das war wahrlich notwendig, denn die Arbeit war nicht nur körperlich hart, sondern gefährdete auch die Gesundheit der Bergleute. Bei über 40 Grad Celsius unter Tage arbeiteten sie im Kohlestaub. Das bedeutete für die meisten einen frühen Tod durch die sogenannte Staublunge, eine Berufskrankheit der Bergleute. Kleinste Kristalle zerschneiden die Lungenbläschen, die Lungenoberfläche wird immer kleiner, die Luftaufnahme immer schwieriger. Die meisten erstickten langsam. Der Spruch »Er ist weg vom Fenster« geht auf die Bergleute zurück. Sie standen am offenen Fenster, legten sich ein Kissen auf den unteren Fensterrahmen, um sich darauf zu stützen und nach draußen zu schauen, aber vor allen Dingen, um mehr Luft zu bekommen. Wenn ein Bergmann dann, meist frühzeitig, starb, war er »weg vom Fenster«.

1990 war die Belegschaft in der Steinkohle auf unter 100 000 Arbeitsplätze geschrumpft, 2010 waren es weniger als 20 000 Arbeitsplätze.

Ab dem Jahr 2000 wurden auch Unternehmen aus der Chemiesparte, dem Kraftwerksbau oder dem Immobilienbereich von der RAG zugekauft, die 2007 in die RAG-Stiftung überführt wurden.[7] Die gesamte staatliche Fördersumme für die Steinkohle von 1950 bis 2008 liegt laut einem Gutachten des FÖS (Forum Ökologisch-Soziale Marktwirtschaft) für Greenpeace, hochgerechnet auf Preise von 2008, bei 330 Milliarden Euro.

Eigene Betroffenheit spornt an, aktiv zu werden

1978 – nach Beendigung des Studiums – waren mein damaliger Mann und ich mit unseren beiden Söhnen (2 1/2 und 1 Jahr) vom landwirtschaftlich geprägten Schleswig-Holstein ins Ruhrgebiet nach Oberhausen zu meinen Schwiegereltern gezogen, um dort Arbeit zu finden. Es war genau die Zeit der geschilderten wirtschaftlich wenig stabilen Entwicklung und der immer stärker werdenden Emissionen und außerdem eine Periode hoher Arbeitslosigkeit für Berufsanfänger und Berufsanfängerinnen.

Der Ruhrpott hatte damals einen eindeutigen Ruf: harte Arbeit, viel Dreck und Gestank. Willy Brandt machte in den 60er-Jahren mit dem Slogan »Der Himmel über dem Ruhrgebiet muss wieder blau werden« Wahlkampf. Meine Mutter erzählte ihren Bekannten, ihre Tochter sei ins Rheinland gezogen. Das hörte sich doch viel besser an als der dreckige Ruhrpott.

Die Belastungen durch die Industrieabgase waren trotz erster Anstrengungen, gegen die Umweltverschmutzung anzugehen, enorm.

Unser kleiner Sohn feierte einige Tage nach dem Umzug seinen ersten Geburtstag. Er war gesund, kräftig, konnte schon gut laufen, das sprühende Leben! Wir wohnten wenige Hundert Meter entfernt von einer noch aktiven Kokerei, mitten im Ruhrpott, in einer Bergarbeitersiedlung. Mein Schwiegervater war selbst jahrzehntelang Bergmann gewesen. Die Bergleute bekamen neben ihrem Lohn eine bestimmte Menge Kohle für ihre Heizung, die Deputatkohle. Die ohnehin hohen Emissionen der Industrie wurden zusätzlich durch die Abgase aus den häuslichen Schornsteinen verstärkt.

Es dauerte nur einige Monate, bis deutlich wurde, dass unser kleiner Sohn krank und immer schwächer wurde: Erkältungen, Atemnot, Schwäche. Er lag mehr auf dem Sofa, als dass er spielte, er litt offensichtlich. Der Kinderarzt meinte, wir sollten uns keine Sorgen machen, das sei hier halt so, unser Sohn habe Bronchitis, und verschrieb fortlaufend Antibiotika.

Wir merkten, dass Urlaub an der Nordseeküste unserem Sohn sichtbar gut bekam. Dort ging es ihm schnell besser, und er wurde wieder der lebenslustige kleine Junge von früher. Wir zogen in einen anderen Stadtteil, weg von den Emissionen der Kokerei.

Mit enormem persönlichem Einsatz konnten wir unserem kleinen Sohn helfen. Ich selbst wurde aktiv in der Politik, um gegen genau diese Gesundheitsgefahren anzugehen.[8]

Am 18. Januar 1985 wurde erstmals in der deutschen Geschichte Smogalarm (Smog = Smoke and Fog) der Stufe 3 in großen Teilen des Ruhrgebietes ausgerufen. Es gab ein Fahrverbot für Autos, die Produktion wurde eingeschränkt, die Schule fiel aus. Die Emissionen konnten unter der Dunstglocke nicht in höhere Schichten entweichen, die Gesundheitsbelastung für die Menschen war selbst aus Sicht der damaligen Zeit zu hoch.[9]

Diese Emissionen kamen aus den Schornsteinen, ihre negative Wirkung war sichtbar, sie verursachten direkte gesundheitliche Schäden. Sie machten die Menschen krank. Es war z.B. aufgrund der hohen Bodenbelastung in vielen Gebieten verboten, Gemüse aus dem eigenen Garten zu essen, weil es zu stark mit Schwermetallen und Giften belastet war.

Aber es gab Lösungen. Auch durch landesweiten Protest der ersten Umweltgruppen konnte erreicht werden, dass das Umweltproblem von Schwefeldioxid durch Entschwefelung gelöst wurde. In den 90er-Jahren wurden dann Filter gegen die hochgiftigen Dioxine und Furane aus den Müllverbrennungsanlagen und der Stahlindustrie eingebaut.

Engagierte Kinderärzte aus dem Ruhrgebiet, mit denen ich als Landtagsabgeordnete Kontakt aufnahm, hatten mir von den hohen Schwermetallkonzentrationen berichtet, die sie im Blut von Kindern feststellen konnten, und wiesen auf dauerhafte Schäden für diese Kinder hin.

Als Ministerin habe ich mich deshalb Ende der 90er-Jahre um die besonders belastete Stadt Duisburg gekümmert und dort einen Luftreinhalteplan umsetzen lassen. Durch gezielte Maßnahmen – wie z. B. Filter – konnten die Dioxine und Furane in der Luft in Duisburg um 95 Prozent reduziert werden, und so konnte die Lebensqualität für die Menschen in dieser Stadt erheblich verbessern werden.

Dass der CO_2-Ausstoß schon zur damaligen Zeit jedes Jahr nicht nur in Deutschland, sondern auch in anderen Industrieregionen extrem zunahm, war dagegen für die Öffentlichkeit vor der Jahrtausendwende noch kein Thema. Die Energieproduktion im Ruhrgebiet war der Motor, der nach dem Zweiten Weltkrieg Deutschlands Aufschwung vorantrieb. Allerdings mussten die Menschen hier einen hohen Preis dafür bezahlen. Insbesondere der Boden und das Wasser haben auch jetzt noch an den Schäden dieser Zeit zu tragen.

Aus der Kloake einen Park machen

Es sind oft einzelne Menschen, die große Dinge anstoßen und Hoffnung machen. So zu sehen am Beispiel des Flusses Emscher.

Die Ruhr, der Fluss im Süden des Ruhrgebietes, wurde als Trinkwasser für die wachsende Bevölkerung genutzt, die Emscher im Norden wurde Europas größte Abwasserkloake. Die Unternehmen leiteten ihre Abwässer ungeklärt in den Fluss, später wurden drei große Klärwerke gebaut, die das Wasser reinigten, bevor die Emscher in den Rhein mündete. Zwischen den Kläranlagen lebten Menschen im Gestank der Abwässer. Der kanalisierte Fluss hieß bei den Menschen nur noch Köttelbecke (Kot-Bach), und bis heute stehen Schilder mit der Aufschrift »Lebensgefahr« an seinem Ufer. Dabei war der Begriff »Köttelbecke« eher verharmlosend. Denn zu den häuslichen Abwässern kamen hoch belastete Industrieabwässer hinzu. Die Warnschilder mit dem Bild eines Menschen, der in die Köttelbecke fällt, waren sehr berechtigt. Der Fluss war kanalisiert worden, es stank erbärmlich, und keiner mochte sich vorstellen, in diese Kloake zu fallen und nicht mehr herauszukommen. Vor der Reinigung war das leicht ersichtlich viel schlimmer und gefährlicher als heute.

Eine Beschreibung der Emscher im Jahr 1882 lautet wie folgt: »Der schöne, liebliche Emscherfluss von damals ist vollständig verschlammt und voller Morast, eine dunkle, chaotische, jauchige, stinkige Masse kriecht träge durch das Emscherbett dahin, und fortwährend aufsteigende Blasen verpesten mit ihren verderblichen Hauchen fortwährend die Luft, besonders an feste Stoffe, Kot und Dünger, Küchenabfälle, Kehricht, Schutt, Asche feuer- und explosionsgefährliche Stoffe ...«[10] Den Kindern wurden schaurige Geschichten erzählt, was passieren würde, wenn sie in die stinkende, mit Chemikalien und anderen Schadstoffen belastete Brühe fielen.

Was die solchermaßen geschundene Emscherregion anging, hatte ein Abteilungsleiter im Städtebauministerium von Nordrhein-Westfalen eine geniale Idee: Professor Karl Ganser. Er ist der Vater der Internationalen Bauausstellung (IBA) Emscher Park, eines umfassenden Programms für den notwendigen Strukturwandel, den Umbau und die Neuausrichtung der Region. Abgesehen vom traurigen Zustand des Flusses, waren mit dem Niedergang der Kohle und der Stahlkrise Unternehmen abgewandert, die Industriegebäude standen leer, die Bahntrassen lagen verwaist, und viele Menschen waren arbeitslos.

Aus dieser gebeutelten Region sollte die IBA Emscher Park werden? Aus einer Kloake ein Park? Grotesk! Das auf zehn Jahre angelegte Zukunftsprogramm IBA Emscher Park startete 1989, endete 1999 und setzte Akzente. Waren die verantwortlichen Kommunalpolitiker anfangs und teilweise auch während der Umsetzung noch skeptisch, wurde erreicht, dass die Menschen, die dort wohnen, die Region heute ganz anders und viel positiver erleben. Der Weg zur blauen Emscher war lang. Aus der Kloake Emscher ist mithilfe der Emschergenossenschaft und des Landes NRW ein sauberer Fluss geworden. Die Abwässer der Industrie werden unter der Erde in Kanälen zur nächsten großen Kläranlage geleitet, wodurch der schlimmste Gestank für die Anwohner beseitigt worden ist. Der Umbau der Emscher war allerdings ein Mammutprojekt nicht nur von zehn Jahren, sondern von 30 Jahren. Ende 2021 wurde die Abwassereinleitung in die Emscher beendet. Der Emscherumbau hat 5,5 Milliarden Euro gekostet.

Ähnliche Entwicklungen sieht man auch an anderen Stellen im Ruhrgebiet. Hieß es früher, wenn die weiße Wäsche zum Trocknen rausgehängt wurde, war sie am Abend schon wieder dreckig vom Ruß, ist heute rund um die einst stinkende Emscher eine Kultur- und Naturlandschaft entstanden, die mit dem Fahrrad wunderbar zu erkunden ist.

Professor Ganser hat dieser dreckigen, verlassenen Industrieregion zu einer neuen Perspektive verholfen. Alte Industriekomplexe wurden zu Kunst- und Kulturstätten. Neben dem Weltkulturerbe Zeche Zollverein in Essen gibt es den Gasometer in Oberhausen mit Ausstellungen, die Millionen von Menschen anziehen. Im Landschaftspark Nord in Duisburg können die Besucher den Hochofen 5 ersteigen und bekommen den Prozess der Stahlproduktion auf Schautafeln erklärt. Sie können die alten Öfen anfassen und besichtigen und bekommen am Ende aus 70 Metern Höhe einen schönen Überblick über die Region. Im Gasometer auf diesem Stahlwerksareal kann man jetzt tauchen. Die Türme und die Wände der Rohstofflager werden vom

Alpenverein für Kletterübungen genutzt. In Bochum finden in der Jahrhunderthalle Kulturveranstaltungen statt. Überall auf den Halden gibt es Landmarken, die zum Besuch einladen. Auf den alten Bahntrassen zwischen den Industriestandorten sind Fahrradwege entstanden, kreuzungsfrei, teilweise spektakulär, sodass man über Hunderte von Kilometern durch Grünzüge inmitten einer fünf-Millionen-Metropole von einem der Industriekulturdenkmäler zum nächsten mit dem Fahrrad fahren kann.

Es ist also möglich und machbar, schlimmste regionale Umweltverschmutzungen in überschaubarer Zeit zu beseitigen. Aber es braucht eine Vision, einen Plan und den politischen Willen.

Pumpen für die Ewigkeit

Der Kohleabbau hat dem Ruhrgebiet seinerzeit Einnahmen verschafft, und den Wirtschaftsaufschwung in Deutschland nach dem Zweiten Weltkrieg möglich gemacht. Mittlerweile ist das alles Geschichte. Die letzte Zeche wurde im Dezember 2018 geschlossen. Unternehmen sind weitergezogen und haben vor allen Dingen im Boden Verunreinigungen durch nicht entsorgte Schadstoffe zurückgelassen. Der Strukturwandel wird in vielen der Ruhrgebietsstädte durch hohe Arbeitslosigkeit, verschuldete Kommunen, Altlasten, Bergschäden und die Folgekosten des Bergbaus, die sogenannten Ewigkeitskosten, sichtbar. Dadurch, dass das Gebiet durch den Kohleabbau circa zehn Meter abgesackt ist, würde das Ruhrgebiet in einem See versinken, wenn nicht das Oberflächenwasser permanent, also ewig, abgepumpt würde.[11]

Außerdem sind giftige Abfälle unter Tage verbracht worden. Gerätschaften sind dort verblieben, z. B. Maschinen oder Stempel mit PCB-belasteten Ölen. Es ist in solchen Fällen nur eine

Frage der Zeit, wann das Gift das Wasser kontaminiert. Das Grubenwasser muss also unter Tage behandelt werden. Durch ehemalige bergbauliche Betriebe wie z. B. Kokereien sind Altlasten entstanden, der Boden ist verseucht. Dort muss das Grundwasser überwacht und gereinigt werden. Hierfür wurde eigens die RAG-Stiftung (Ruhrkohle AG) eingerichtet. Die profitablen Unternehmen der RAG, u. a. 54,9 Prozent Aktienanteil an dem Chemieunternehmen Evonik, wurden in die Stiftung überführt und sorgen für die Finanzierung der Ewigkeitskosten.

WAS IST DER PREIS?

Die ökologischen Verwerfungen gefährden unsere Lebensgrundlage

Nach dem Schock der hohen Ölpreise 1973 begann die Krise der Stahlindustrie. Der Ölpreis hatte sich vervierfacht. In vielen Schwellenländern und auch in Japan wurden teilweise hoch subventioniert eigene Stahlproduktionen aufgebaut. Der hohe Energiepreis und die internationale Konkurrenz mit weltweiten Überkapazitäten führten zur Konzentration der Stahlproduktion in Duisburg und zur Schließung von Stahlstandorten wie z. B. in Dortmund. Die Phönix-Hütte und auch die Kokerei Kaiserstuhl wurden demontiert und nach China verkauft. Auch Chemieanlagen, Zinkfabriken, Aluminiumschmelzen u. v. m. wanderten ab. Die Arbeitsplätze sind verloren gegangen. Die Menschen dagegen sind geblieben. Mit den daraus folgenden sozialen und Umweltproblemen fühlen sie sich häufig allein gelassen. Die öffentliche Hand und die Steuerzahler bleiben auf den Kosten für diese Verwerfungen sitzen. Ein Verursacherprinzip, das Unternehmen bei ihren Investitionen und ihren Produktionen verantwortlich haftbar machen würde, gibt es de facto nicht.

Wenn man bedenkt, dass diese rasante Entwicklung erst ein paar Jahrzehnte alt ist, dann wird klar: Die Schnelligkeit der Entwicklung wird immer mehr zum Problem. Unser Wirtschaftssystem ist nicht in der Lage, die negativen Auswirkungen von bahnbrechenden Erfindungen auf unseren Planeten abzufedern. So gibt es neben sozialen vor allem große ökologische Verwerfungen. Das Problem, dass Ressourcen fast immer mit einem nicht ausreichenden Preis versehen sind, führt zu ökologischen Folgeschäden, die in der Regel die Allgemeinheit zu tragen hat. Weil die Kosten der Folgeschäden aber immer höher werden, gerät diese internationale Wirtschaftsweise in eine immer schlimmere Krise. Die Grenzen der Belastbarkeit unseres Planeten sind mittlerweile erreicht und in einigen Regionen und Bereichen schon überschritten. Die Folgen für unsere Kinder und Enkel werden immer erdrückender.

Nun stellt sich die Frage: Werden wir Lösungen für die globale Klimakrise und die Gefährdung unserer gesamten Lebensgrundlage finden und die damit verbundenen sozialen, gesellschaftlichen Unruhen unbeschadet überstehen? Es ist eine Mammutaufgabe, für die uns ein immer kleiner werdendes Zeitfenster bleibt. Denn wir haben die notwendigen Reformen so lange hinausgezögert und verdrängt, dass die Krisen sich massiv zuspitzen. Um die Klimakrise zu meistern, müssen wir in den nächsten zehn bis fünfzehn Jahren wichtige Transformationen unserer Wirtschaft auf den Weg bringen, sonst wird sich die Krise massiv verschärfen. Mehr Zeit bleibt uns nicht, wollen wir die Erderwärmung nicht immer gefährlicher ansteigen lassen und damit immer mehr mit ihr zusammenhängende Extremwetterereignisse in Kauf nehmen. Beim jetzigen Ausstoß von klimaschädlichen Gasen wird ein Temperaturanstieg von 1,5 Grad um das Jahr 2030 erwartet. Wenn wir in den nächsten Jahren weltweit die Klimakrise endlich energisch angehen und die CO_2-Emissionen wirklich reduzieren, können wir Zeit gewinnen.

Danach sieht es aber momentan nicht aus. Der neueste Bericht der Klimaforscher sieht die Welt auf einem Pfad hin zu einer Erwärmung eher um drei Grad als um zwei oder 1,5 Grad.

Was das für die Wetterextreme bedeutet, kann sich jede:r ausmalen. Schließlich werden die Auswirkungen von gut 1,1 Grad Erwärmung, die inzwischen schon erreicht wurden, jedes Jahr sichtbarer. Selbst in Europa sind die Wetterextreme inzwischen angekommen: Trockenheit und Hitzerekorde in den Sommern 2022 und 2023 in Südeuropa mit schweren Unwettern, Trockenheit im Winter 2022/23 in Frankreich, Portugal, Spanien und Italien, Überflutungen im Mai 2023 in Norditalien. Das sind nur einige wenige Extremwetterereignisse aus Europa.

Da es circa 500 Jahre braucht, um die CO_2-Konzentration in der Atmosphäre wieder auf ein erträgliches Maß von 350 ppm zu reduzieren, dürfen wir auch nicht damit rechnen, dass sich die Balance schnell wiederherstellt, wenn wir nur bald den CO_2-Eintrag stoppen.

Wie stark Extremwetter in Zukunft noch zunehmen werden, wird sich also entscheiden zu einer Zeit, in der ein großer Teil auch von uns Älteren noch lebt oder die viele von uns noch erleben möchten.

Die Folgen unseres Wirtschaftssystems, das die planetaren Grenzen negiert und nicht einpreist, führen zu Krisen, die sich immer stärker überschlagen und die in den Auswirkungen immer dramatischer werden. Anstatt die gemeinsamen Ursachen aller Krisen anzugehen, wird die Auswirkung jeder einzelnen Umweltkatastrophe zwar aktiv und engagiert begleitet, was gut und notwendig ist, aber ein grundsätzlicher und systematischer Ansatz fehlt. Damit findet eine Bekämpfung nicht wirklich statt. Wir sind gut in der Nachsorge. Vorsorge, der Wille, diese sich häufenden Krisen und vor allem deren Ursachen endlich anzugehen, ist nicht erkennbar.

Es stellt sich die Frage, wer das alles bezahlen soll und wie das alles bezahlt werden kann. Wir müssen endlich dazu kommen, die Ursachen der Krisen zu bekämpfen und nicht immer nur die Folgen mit viel Geld zu beseitigen.

Besorgt und doch optimistisch

Als Mutter bin ich, motiviert durch die Krankheit meines Sohnes, in der Politik aktiv geworden. Dabei habe ich im Verlauf meiner politischen Karriere immer wieder erlebt, dass Lösungen nicht schnell genug vorangetrieben wurden.

Zu groß sind die Widerstände und Blockaden. In den 90er-Jahren habe ich mich im Rahmen des Kampfs um die Genehmigung des Braunkohletagebaus Garzweiler 2 intensiv mit dem Klimaschutz beschäftigt. Damals stand ich als Fraktionssprecherin und dann später als Umweltministerin zusammen mit meiner Partei in NRW ziemlich allein da, nur wenige teilten unsere Position zur Klimakrise. Es gab den BUND, es gab Kirchengemeinden in der betroffenen Region, es gab Anwohner, die nicht ihre Häuser, ihr Dorf, ihre Gemeinschaft verlieren wollten. Aber wir waren sehr, sehr wenige. Klimaschutz spielte als Thema in der gesellschaftlichen Debatte kaum eine Rolle. Große Demonstrationen, wie sie Fridays for Future auf die Straße gebracht hat, waren überhaupt nicht denkbar.

Mit dem Erneuerbare-Energien-Gesetz wurde dann zwar vor gut zwanzig Jahren endlich bundesweit ein wichtiger Vorstoß zur Lösung der Klimakrise auf den Weg gebracht, aber schon einige Jahre später zeigte sich, dass es politisch zwar angesagt war, CO_2-Reduktionsziele zu beschließen, diese Reduktionsziele in der täglichen Praxis aber nicht ernst genommen wurden. Nach dem Motto »Die Karawane zieht weiter« reagierten Politik und Medien auf Umweltkatastrophen und die damit verbundenen aufschreckenden Bilder verbal, verfielen dann aber schnell zurück in den gewohnten Alltag.

Auch damals schon galten Umweltschutz und Klimaschutz als zu teuer. Politiker:innen fürchteten, eine nachhaltige Politik würde zu Restriktionen und Einschränkungen führen, Widerstände bei den Wählerinnen und Wählern hervorrufen, und bei der nächsten Wahl würden sie dafür an der Wahlurne abgestraft.

Bis dato unbekannte Umweltkrisen wie die Klimakrise trafen auf den Umstand, dass notwendige Veränderungen Proteste auslösten. Das wissen Politiker:innen, deshalb scheuen sie wirkliche Reformen. Stattdessen, so wurde es in Bezug auf die Klimakrise zur Regel, beschrieb man die Probleme in Sonntagsreden als ernst und äußerte Besorgnis, um dann von Montag bis Freitag so weiterzumachen wie bisher. Um von eigenem Fehlverhalten abzulenken, schob man Scheinargumente vor: Die notwendigen Maßnahmen führten zu Wettbewerbsnachteilen gegenüber denjenigen Staaten, die den Klimaschutz nicht ernsthaft angingen. Man müsse das Problem international angehen. Außerdem sei für die Lösung ja noch viel Zeit. Jeder schob die Verantwortung auf den anderen. Kurzum: Es gab immer noch ein anderes Problem, das Vorrang hatte und das deshalb vorher noch gelöst werden musste. So wurden die Ziele, die in zehn oder fünfzehn Jahren erreicht werden sollten, immer ehrgeiziger, wobei Politiker:innen wissen, dass zehn oder fünfzehn Jahre in ihrer aktiven Phase eine lange Zeit sind und sie dann selbst wahrscheinlich gar nicht mehr in der Verantwortung stehen. Die Wahl in ein paar Monaten oder Jahren ist kurzfristig immer wichtiger.

Gleichzeitig stieg der weltweite CO_2-Ausstoß pro Jahr weiter an! Dabei ist klar, wenn die Klimaneutralität erreicht werden soll, müssen die Emissionen von Jahr zu Jahr weniger werden und nicht immer weiter wachsen. Das Problem wurde also nicht nur nicht gelöst, sondern es verschärfte sich sogar noch von Jahr zu Jahr.

Industrieländer und zunehmend auch die Schwellenländer, die es den Industrieländern verständlicherweise nachmachten, um so deren Wirtschaftsentwicklung und Lebensstandard zu erreichen, nahmen weiterhin keine Rücksicht auf die Begrenztheit der Erde. Auch sie veränderten ihr Verhalten nicht, im Gegenteil. Das Abschmelzen des Eises am Nordpol wurde als Chance begriffen, in Zukunft neue, kostengünstigere Schifffahrtswege nutzen zu können, und man sah die Möglichkeiten, endlich neue Ölfelder zu erschließen und Erz und Gold am Meeresboden abzubauen.

Viele politische Treffen, die sich mit dem Klimaschutz befassen wollten, mussten kurzfristig umgeplant werden, weil aktuelle krisenhafte Ereignisse dazwischenkamen. Da ging es kurzfristig um die Finanzkrise, die Eurokrise, die Atomkatastrophe von Fukushima, die vielen Flüchtlinge aus den Kriegs- und Krisengebieten. In den letzten Jahren galt es, die Covid-19-Pandemie und die Folgen des Angriffskrieg Russlands in der Ukraine in den Griff zu bekommen. Sie forderten die ungeteilte Aufmerksamkeit von Politik und Öffentlichkeit. Die Überwindung der Klimakrise konnte schließlich noch etwas warten.

Das alles sind Fakten, die in ihrer Tendenz entmutigen. Sie könnten zu Resignation führen. Es ist doch sowieso nicht mehr zu schaffen! Was kann ich als einzelner Mensch schon tun? Auffassungen wie diese sind in der Bevölkerung weit verbreitet. Tatsächlich wäre Nichtstun jedoch das Schlimmste. Denn wir würden die Situation nur immer weiter verschlechtern. Weitermachen wie bisher und damit ungebremst in die nächsten, noch schlimmeren Katastrophen zu rasen, ist definitiv keine Lösung.

Ich bin aber Optimistin. Ich glaube fest daran, dass wir mit Druck von unten, von der Zivilgesellschaft, auf die Politik die notwendigen Änderungen auch heute noch rechtzeitig umsetzen können.

Viele bereits existierende, vor allen Dingen private Initiativen in verschiedenen Bereichen wie im Natur- und Umweltschutz sowie sozial engagierte Gruppen zeigen, dass sowohl ein breites Interesse für die Themen vorhanden ist als auch das notwendige Engagement, bei der Lösung der Krisen mitzuhelfen. Die Mehrheit der deutschen Bevölkerung hat die Ernsthaftigkeit des Problems erkannt und ist bereit, persönlich zu seiner Lösung beizutragen. Insbesondere durch die erhöhten Energiepreise infolge des russischen Angriffskrieges in der Ukraine haben viele Menschen in Photovoltaikanlagen investiert oder bewusst Energie eingespart.[12]

Kein Klimaschutz ist teurer als jeder Klimaschutz

Der anerkannte Wirtschaftswissenschaftler Niclas Stern ging im Jahr 2006 im Auftrag der britischen Regierung in seinem »Stern-Bericht« der Frage nach, wie viel die Klimakrise uns kosten wird. Der renommierte Ökonom hatte zuvor einige Jahre für die Weltbank gearbeitet. Er kam zu der Erkenntnis, dass es um ein Vielfaches (fünf- bis zwanzigmal) billiger sei, die

Klimakrise effektiv zu bekämpfen, statt immer nur ihre Auswirkungen, die Folgeschäden der Klimakrise, zu reparieren. Sein Report, unterstützt von dem damaligen Premierminister Tony Blair, sorgte weltweit für Aufsehen, wurde kontrovers in der Wissenschaft diskutiert, aber in der Annahme grundsätzlich geteilt: Konsequente Gegenmaßnahmen, um die Klimakrise zu bekämpfen, seien kostengünstiger, als abzuwarten und die Beseitigung der Schäden durch die Klimaveränderung zu bezahlen.

Auch wenn wir uns die Zukunft oft nicht vorstellen können, kann man Sterns Erkenntnisse intuitiv ganz gut erfassen. Dass der Starkregen im Sommer 2021 an Ahr und Erft so schwere Schäden anrichtete, hat auch mit kurzsichtigen Entscheidungen bei der Bebauung und Bewirtschaftung zu tun. Um nur eines von vielen Beispielen zu nennen: In Reaktion auf eine Flut im Jahr 1910 plante man im Ahrtal ein riesiges Hochwasserrückhaltebecken. Doch noch während der Planung befand man es als zu teuer und stellte das Vorhaben ein. In den folgenden Jahrzehnten kamen andere Fehler bei der Flurbewirtschaftung, der Versiegelung von Flächen und mehr dazu. Bei der Flut 2021 waren über 200 Tote in Deutschland und Belgien zu beklagen, 9000 Gebäude wurden zerstört, Tausende von Menschen verloren alles. Die Flutkatastrophe »war mit 40,5 Milliarden Euro das Extremwetterereignis mit den größten Schäden in der deutschen Geschichte«. Die Bundesregierung rechnet in einer Studie des Bundesministeriums für Klimaschutz bis 2050 mit zukünftigen Kosten zwischen 280 und 900 Milliarden Euro.[13]

Angesichts dieser »Kosten« im doppelten Sinne kann man eigentlich nur staunen, wenn öffentliche oder privatwirtschaftliche Ausgaben für den Klimaschutz für eine Zumutung gehalten werden.

2021, fünfzehn Jahre nach seinem ersten Bericht, stellte Stern den Nachfolgereport vor und hatte auch positive Nachrichten im Gepäck. Die Technologien zur Überwindung der Klimakrise, wie erneuerbare Energien, also Strom aus Wind und Sonne, sind sehr viel schneller kostengünstig geworden als noch 2006 angenommen. »Während die Treibhausgasemissionen weiter gestiegen sind und sich die Auswirkungen des Klimawandels schneller und stärker als erwartet bemerkbar gemacht haben, sind die Kosten für klimafreundliche Energien weiter und schneller als erwartet gesunken.«

Stern tritt entschieden der Argumentation entgegen, dass Investitionen für den Klimaschutz teuer seien und der Wirtschaft schaden würden. Das Beispiel der Ahrtalflut, aber auch die Verwüstungen durch den Taifun Haiyan mit 6300 Toten auf den Philippinen, die 43 000 Toten im Jahr 2022 allein in Somalia durch die schlimmste jemals erlebte Dürre und viele Katastrophen in den USA, Australien und anderen Ländern machen deutlich: Kein Klimaschutz wird sehr viel teurer!

Aber nicht nur das: Stern und viele andere Fachleute prognostizieren seit Jahren, dass die Transformation zu einer klimaneutralen Wirtschaft mit einem großen Wachstumsschub verknüpft sein wird. Das wird neue Arbeitsplätze und Wertschöpfung schaffen.

Dafür aber müssten Politik und Gesellschaft sich entscheiden, die große Aufgabe auch anzunehmen. Stattdessen erleben wir momentan Streit, Relativierung, Uneinigkeit und damit Verunsicherung der Bevölkerung. Was fehlt, ist eine gemeinsame, geschlossene Haltung, sich der Aufgabe voller Energie zu stellen. Die technologischen Lösungen haben wir. Was fehlt, ist der politische Wille.

Der heute 77-jährige Wirtschaftsexperte Niclas Stern fordert jetzt eine höhere Staatsverschuldung, um die Klimakrise so schnell wie möglich in den Griff zu bekommen. »Man kann die Neuverschuldung zurückfahren, wenn die Technologien und

Disruptionen im Kampf gegen den Klimawandel in der Breite angekommen und die Herausforderungen bewältigt sind«, sagt Stern. Er verweist auf die Fehler, die nach der Finanzkrise und Eurokrise gemacht wurden. In der globalen Klimakrise dürfe man sich nicht durch die Schuldenregeln des Wirtschafts- und Stabilitätspaktes einschränken lassen, sondern müsse beherzt den Wandel zu einem nachhaltigen Wirtschaftssystem vorantreiben. Anders als vor 15 Jahren liegen die technischen Lösungen jetzt auf dem Tisch. Sie sind machbar, kostengünstig und schaffen Arbeitsplätze. Klimaschutz sollte nicht als Last gesehen werden, sondern als eine notwendige Aufgabe, die außerdem viele Chancen bietet.

Entscheidend ist, die notwendigen Strukturveränderungen jetzt anzustoßen und positiv nach vorne zu treiben.[14]

Ökologie braucht langfristige Entscheidungen: die Nachhaltigkeit

Ein Hamburger Kaufmann, ein Familienunternehmen oder Waldbesitzer werden in ihren Planungen berücksichtigen, dass ihre Kinder die Unternehmungen in der Zukunft weiterführen sollen. Kurzfristige Gewinne, die nur zu erreichen sind, indem die Grundlage des Betriebes ruiniert wird, können nicht in ihrem Interesse sein. Um langfristig Bestand zu haben, muss ein Betrieb nachhaltig arbeiten, sonst hat er keine Zukunft.

Der Begriff der Nachhaltigkeit kommt aus dem Forstbereich. Wer heute Bäume pflanzt, insbesondere Laubbäume wie die in unseren Breiten gängige Buche oder Eiche, wird von diesen Pflanzungen selbst nicht mehr profitieren können, denn diese Bäume wachsen langsam, und es dauert, bis man ihr Holz nutzen kann. Dieses wird erst Kindern und Enkeln zugutekommen.

Waldbesitzer, die mehr Holz aus dem Wald entnehmen als nachwächst, leben von der Substanz. Das kann viele Jahr gut gehen, aber nicht auf Dauer. Ähnlich haben wir in den Industrieländern in den letzten etwa 75 Jahren von der Substanz gelebt und stellen nun fest, dass diese Art des Wirtschaftens nicht mehr funktioniert. Wir müssen sie verändern.

»Wir haben die Erde von unseren Kindern nur geborgt«, heißt ein alter Plakatspruch der Grünen. Wir haben die Verpflichtung, unseren Nachkommen die Erde so zu überlassen, wie wir sie von unseren Eltern erhalten haben. Wenn wir die Natur, die uns Nahrung liefert, zerstören, wenn wir Umweltbedingungen wie das Klima, unverbrauchte Böden und vieles mehr zerstören oder drastisch verändern, können wir nicht überleben. Wir werden lernen müssen, langfristig zu denken.

DER ERDÜBERLASTUNGSTAG

Das Morgen ins Heute ziehen

Wir Menschen haben in unserer Evolution gelernt, mit akuten Problemen umzugehen. Wenn der Tiger aus dem Busch springt, wenn die Überflutung der Elbe oder der Ahr zu Tod oder Verletzung von Hunderten von Menschen und zu massiver Zerstörung führt, wenn durch Smogalarm und Umweltvergiftung die Gesundheit unserer Kinder gefährdet ist, wenn eine Region so geschunden ist wie das nördliche Ruhrgebiet, dann reagieren wir, je nach Gefährdungspotenzial, sofort oder etwas langsamer.

Aber wie können wir das besondere Problem der Klimakrise sichtbar machen? Wie können wir vor allen Dingen begreifbar machen, dass sich die Klimakrise und der Verlust der Artenvielfalt gegenseitig bedingen? Wie können wir drohenden und ab einem bestimmten Zeitpunkt nicht mehr reparierbaren Schäden rechtzeitig begegnen? Derzeit bekommen wir die Anfänge der Klimakrise in Form von ungewöhnlichen Extremwetterereignissen zu spüren. Aber es wird schlimmer, je länger wir warten. Selbst, wenn wir vollständig aufhören würden, klimaschädliche Emissionen in die Atmosphäre zu verbringen, würden wir damit erst einmal nur erreichen, dass sich die Situation nicht weiter verschlechtert. Eine Verbesserung folgte daraus für lange Zeit noch nicht.

Sind wir in der Lage, vorsorgend zu agieren? Ja! Wir bauen z. B. Brandmelder ein, um unser Haus und uns vor Feuer zu schützen. Wir machen Erfahrungen und lernen daraus für das nächste Mal. Aber haben wir die Fähigkeit, rechtzeitig zu handeln, wenn eine Katastrophe auf uns zukommt, deren Auswirkungen wir noch niemals erlebt haben? Wenn wir auf die Erfahrung, wie schlimm solche Auswirkungen sein werden, noch nicht zurückgreifen können? Oder springen wir, wie das fälschlich von den Lemmingen behauptet wird, gemeinsam in den Tod?

Vorrangig beschäftigen wir uns mit aktuellen Krisen. Es gibt so viel zu tun an tagtäglichen Aufgaben, dass gar keine Zeit bleibt, für alle möglichen Gefahren vorzusorgen. Dennoch können die meisten von uns ihre Zukunft planen, für ihre Kinder vorsorgen und längerfristige Lösungsstrategien entwickeln. Diejenigen, die das im täglichen Leben beherzigen und praktizieren, haben eindeutig einen Vorteil.

Bei der Klimakatastrophe ist das viel schwieriger. Gerade hier in Deutschland stellen viele die Frage: Ist das denn wirklich so schlimm, wenn es ein oder zwei Grad wärmer wird? Können wir uns nicht an die Klimaerwärmung anpassen, wenn wir sie schon nicht aufhalten können? Können wir nicht Deiche bauen, wenn der Meeresspiegel steigt? Ja, das können wir. Aber ist das angesichts immer heftigerer Wetterereignisse eine Erfolgsstrategie, wenn Häuser weggeschwemmt werden und es kein Wasser mehr für die Landwirtschaft oder für den privaten Gebrauch gibt?

Darüber hinaus dürfen wir nicht nur die Klimakrise im Auge haben. Der Verlust der Artenvielfalt ist ein ebenso drängendes Problem, und es gibt viele weitere, auf die ich noch zu sprechen komme. Nicht nur finanzielle Schulden belasten unsere Kinder und Enkel, auch die nicht nachhaltige Nutzung der Erde und ihrer Ressourcen macht das Leben auf unserem Planeten für nachfolgende Generationen immer unwirtlicher.

Als Studentin hatte ich ein Poster mit der Weisheit der Cree-Indianer an meiner Wand hängen: »Erst wenn der letzte Baum gerodet, der letzte Fluss vergiftet, der letzte Fisch gefangen ist, werdet ihr feststellen, dass man Geld nicht essen kann.«

Der Tag, ab dem wir auf Pump leben

Um die Übernutzung der Erde zu bewerten, haben Umweltschützer:innen und Wissenschaftler vom Global Footprint Network (GFN), einer Non-Profit-Organisation, sowohl die Aufnahmefähigkeit der Erde mit Schadstoffen als auch die Ressourcenentnahme in ihre Modelle einbezogen.[15]

Seit 1961 wird der Tag im Jahr berechnet, an dem die Welt ihr Jahresbudget an Ressourcen aufgebraucht hat, der sogenannte Earth Overshoot Day oder Erdüberlastungstag. Die Erde und die Natur arbeiten fantastisch: Sie bauen Ressourcen auf und sind in der Lage, Emissionen abzubauen, aber nur in begrenztem Maße. Vor allen Dingen braucht es Zeit. Wenn wir also mehr Ressourcen verbrauchen, leben wir, die hoch entwickelten

Industrieländer, ab diesem Zeitpunkt – dem Erdüberlastungstag – für den Rest des Jahres sozusagen auf Pump, zulasten und auf Kosten der heute und zukünftig lebenden Menschen, der Armen und Hungerleidenden, zulasten zukünftiger Generationen, unserer Kinder und Enkel.

In den ersten Jahren der Messungen lag der Erdüberlastungstag noch in den letzten Dezembertagen, die Übernutzung der Erde war also überschaubar. Seitdem trat er zu immer früheren Terminen ein, seit der Jahrtausendwende sogar im Sommer. 2023 fiel er auf den 2. August. Allein in einem Jahr leben wir somit fünf Monate auf Pump. Wir »fressen« mit unserer Wirtschaftsweise die Ressourcen unserer Erde immer schneller auf. Der Earth Overshoot Day, berechnet allein für Deutschland, war sogar der 4. Mai 2023. Drei Erden wären damit nötig, wenn die gesamte Weltbevölkerung auf dem hohen Konsumniveau von Deutschland leben würde.

Bei der Übernutzung der Erde geht es nicht nur um die Klimakrise. Auch in anderen Bereichen sind die planetaren Belastungsgrenzen mittlerweile überschritten oder gefährdet. Hinzu kommt, dass viele der Probleme, die sich uns stellen, zusammenhängen: die Klimakrise, der Verlust der Artenvielfalt, die Verschmutzung des Wassers mit Nitrat oder Müll, die Rodung von Wäldern, die Degradierung von Ackerflächen, die Überlastung mit gefährlichen oder langlebigen Abfällen, die Gier der Menschen, sich auch noch die letzten nicht erschlossenen Bereiche der Erde, wie etwa den Meeresboden in großen Tiefen oder die von Eis befreiten Bereiche der Arktis einzuverleiben.

Planetare Grenzen sind überschritten

Der international renommierte schwedische Wissenschaftler Johan Rockström, inzwischen einer der beiden wissenschaftlichen Direktoren des Potsdam-Instituts für Klimafolgenforschung (PIK), hat vor über zehn Jahren zusammen mit einem internationalen Team neun Bereiche identifiziert, für die Belastbarkeitsgrenzen des Planeten Erde eingehalten werden sollten, um die Lebensgrundlage der Menschheit nicht zu gefährden.[16] Überschreiten wir diese sogenannten planetaren Grenzen, werden sich die Umweltbedingungen noch stärker verändern, als das z. B. beim Klima bereits spürbar ist. Die Umweltbedingungen, die sich aus dem Zusammenspiel der untersuchten Bereiche ergeben, sind seit etwa 10 000 Jahren so stabil, dass sich unsere Zivilisationen entfalten und entwickeln konnte.

Die neun Bereiche, für die Rockström und seine Kollegen planetare Grenzen bestimmt haben, stehen miteinander in Wechselwirkung. Warum? Die Erwärmung des Klimas beeinflusst auch andere Bereich wie z. B. den Verlust der Artenvielfalt. So wird es durch die Klimakrise in vielen Gebieten zu extremen Dürren kommen. Für viele Menschen ist das existenzbedrohend. Sie müssen fliehen und versuchen, in anderen Regionen zu überleben. Tiere und Pflanzen sind weder so beweglich, noch können sie sich so schnell anpassen. Also sterben sie aus.

Wenn das Wasser durch zu viel Nitrat belastet ist und sich gleichzeitig durch die Klimakrise aufheizt, hat das negative Auswirkungen auf Fische und viele Pflanzen. Wenn der Boden versiegelt wird oder Flächen übernutzt werden, steht uns weniger Raum für den Anbau von Nahrungsmitteln oder den Erhalt der Natur zur Verfügung.

Das Neue und Spannende an der Theorie der planetaren Grenzen ist, dass die für den Erhalt unserer Lebensgrundlagen wichtigsten Bereiche definiert werden und wir so eine Vorstellung davon bekommen, wie wir die Prozesse in einigen der genannten Bereichen messen, vergleichen und auch besser einordnen können.

Die Wissenschaftler kommen zu dem Schluss, dass die planetaren Grenzen für vier dieser neun Bereiche bereits überschritten wurden und deshalb ein erhöhtes Risiko für gravierende Folgen besteht. Diese vier Bereiche sind:

- der Verlust an Artenvielfalt
- die Belastung – insbesondere der Gewässer – durch Nitrat und Phosphat
- die Klimakrise
- die Degradierung und Umnutzung von Flächen.

WAS ALLES KAPUTT IST

DIE NATUR BRAUCHT DEN MENSCHEN NICHT, ABER DER MENSCH BRAUCHT DIE NATUR

Was passiert, wenn die Arten aussterben?

In den letzten Jahren wird zunehmend deutlich, dass der Verlust der Artenvielfalt die planetaren Grenzen längst überschritten hat. Wir befinden uns im Bereich der Alarmstufe Rot. Die Risiken für unsere Kinder und Enkel sind massiv, denn was wir unwiederbringlich zerstören, ist quasi die Festplatte des Lebens.

Der Verlust der sogenannten Biodiversität hat negative Folgen für unsere Lebensbedingungen. Um unsere Lebensmittel zu erhalten, bedürfen wir einer intakten biologischen Vielfalt. Der Wasserhaushalt, unser sauberes Trinkwasser, wird uns durch den Kreislauf der Natur zugänglich gemacht. Ein großer Teil unserer Kleidung, viele Arzneimittel, all das verdanken wir der Natur. Ökosysteme, also Seen, Flüsse, Meere, Wälder und Wiesen, bestimmen unsere Lebensbedingungen.[17]

Ein wesentlicher Grund für den Verlust der Artenvielfalt in Deutschland ist die Verkleinerung der Schutzgebiete für die Natur durch Versiegelung und Bebauung. Außerdem werden Gebiete für die Natur häufig zerschnitten, z. B. durch den Bau einer neuen Straße. Viele Arten brauchen ein Gebiet von einer gewissen Größe, um überleben zu können. Deshalb ist es notwendig,

Biotope zu verbinden, wenn sie durch eine Straße zerschnitten werden. Dazu gibt es in den letzten Jahrzehnten einige Lösungsvorschläge, wie z. B. Grünbrücken.[18]

Daneben sind die Nährstoffe und Schadstoffe aus der intensiven Landwirtschaft, der Industrie und dem Verkehr eine weitere Ursache für den Verlust vieler Arten in Deutschland.[19]

Das bekannteste Beispiel für die katastrophalen Folgen, die »gut gemeinte« Eingriffe des Menschen in das komplexe Geflecht der Arten haben, kennen wir aus China. Mao Zedong verkündete 1958 den großen Sprung nach vorn, der China entwicklungsmäßig an die Industrieländer des Westens führen sollte. Dazu gehörte auch, die Ernährung für die Bevölkerung zu sichern und zu steigern. Ausgemacht wurden vier Feinde, die vier Plagen: die Ratten, die Fliegen, die Stechmücken, und vor allen Dingen die Spatzen. Die Vögel waren immer wieder dabei beobachtet worden, dass sie Körner aus der Ernte fraßen. Sie verringerten damit die Ernte für die Menschen. Also wurde die große Jagd auf die Spatzen ausgerufen. Das ganze chinesische Volk beteiligte sich. In einem Gedicht von Guo Moruo heißt es:

»Spatz, du bist ein Mistvogel, ein Verbrecher seit Tausenden Jahren. Heute rechnen wir mit dir ab. Wir schlagen dich und zerstören deine Nester. Am Ende werden wir dich verbrennen. Wenn du und alle vier Übel vernichtet seid, ist die Welt wieder in Harmonie.«

600 Millionen Chinesen begannen generalstabsmäßig an einem Tag Lärm zu machen, sodass der Spatz nicht landen konnte. Die Nester wurden zerstört, die Vögel, die nicht erschöpft vom Himmel fielen wurden mit Zwillen oder Gewehren erschossen. Zwei Milliarden Spatzen sollen so innerhalb weniger Tage verendet sein.

Die Folgen waren verheerend: Der Spatz fraß nämlich nicht nur Körner, sondern auch Heuschrecken und andere Insekten, die sich ohne ihren Feind sehr gut vermehren konnten. Heuschreckenschwärme verdunkelten den Himmel und fraßen viel mehr von der Ernte auf, als der Spatz vorher stibitzt hatte. Es kam zu Missernten. Um die Insekten zu reduzieren, wurden Insektizide eingesetzt. Diese Insektizide vernichteten nicht nur die Insekten, sondern auch die Bienen, die bisher z. B. die Obstbäume befruchtet hatten. Ohne Befruchtung jedoch können keine Früchte entstehen und heranwachsen. Die Folge ist eine erheblich verringerte Ernte. Es gibt auch Pflanzen, die sich durch den Wind bestäuben oder selbst Bestäuber sind, aber insbesondere die Obstbäume brauchen die Hilfe der Bienen. Circa 30 Prozent der Ernteerträge gehen auf die Bestäubung der Bienen zurück.[20] Tatsächlich war dieser Eingriff in die Natur neben vielen anderen Fehlentscheidungen mitverantwortlich für die große Hungersnot, die Millionen von Chinesen das Leben kostete.

Das Artensterben geht schneller voran als in den letzten zehn Millionen Jahren.

Im Jahr 2019 hat der Weltbiodiversitätsrat (IPBES, Intergovernmental Science-Policy Platform on Biodiversity and Ecosystem Services) der Vereinten Nationen seinen globalen Bericht der Öffentlichkeit vorgestellt. Mehrere Hundert Expert:innen aus 50 Ländern haben drei Jahre lang vorhandene Studien ausgewertet. Die Ergebnisse sind erschreckend. Bis zu eine Million Pflanzen- und Tierarten sind vom Aussterben bedroht – von schätzungsweise acht Millionen Arten, die es auf der Welt gibt. Das Aussterben ist heute zehn- bis einhundertmal höher als im Durchschnitt der letzten zehn Millionen Jahre.

Viele Experten sprechen deshalb vom sechsten großen Massenaussterben der Erdgeschichte.

Insekten, Vögel, Meerestiere und Säugetiere sind vom Aussterben bedroht. Die Ursache ist in der menschlichen Zivilisation zu finden. Es ist die Übernutzung durch unsere Wirtschaftsweise. Die Meere werden überfischt, die Landflächen degradiert. Dadurch sind inzwischen 75 Prozent aller Landflächen und 66 Prozent der Ozeane negativ verändert worden.

Hinzu kommen invasive Arten: In großen Mengen von einer Erdregion in die andere verschleppt, verdrängen sie heimische Arten.[21]

Die Ausbeutung der Natur, die Klimakrise, die Verschmutzung der Umwelt, das alles führt dazu, dass sich die Lebensbedingungen der Pflanzen und Tiere in der Natur und letztlich auch für den Menschen selbst verschlechtern.

Wenn indigene Völker vertrieben und Wälder gerodet werden, immer mehr Düngemittel und Pestizide die Umwelt belasten, um noch mehr Profit zu erzielen, dann verlieren wir unseren großen Schatz, die Natur. Wenn immer mehr Wälder abgeholzt werden, steigt die Gefahr neuer Krankheiten und Pandemien, wie eine Studie des WWF Brasilien zeigt.[22]

Wenn Fischer immer weniger Fisch nach Hause bringen, weil die Küsten überfischt werden, suchen sie nach anderen tierischen Lebensmitteln. Sie verdrängen andere Menschen, die ebenfalls wieder nach neuen Nahrungsquellen suchen müssen. Letztlich dringen Menschen immer weiter in Waldgebiete vor, kommen wilden Tieren und damit auch Krankheiten immer näher, für die wir Menschen bisher keine Immunität aufgebaut haben.

Aufgrund der wachsenden Weltbevölkerung, insbesondere in Asien, leben viele Menschen mit ihren Tieren eng unter einem Dach zusammen. Auch hierdurch steigt das Risiko der Übertragung von Krankheiten der Tiere auf den Menschen.

Der Weltbiodiversitätsrat ist nach dem Ausbruch der Covid-19-Pandemie dieser Frage nachgegangen und kommt in seiner Studie im September 2020 zu dem Schluss, dass es durch die dramatische Naturzerstörung ein wachsendes Risiko neuer Pandemien gibt. Wenn hier nicht gegengesteuert wird, werden solche Pandemien häufiger auftreten, sich schneller verbreiten und möglicherweise tödlicher sein als die Covid-19-Pandemie.[23]

Auf der Weltnaturschutzkonferenz im Dezember 2022 wurden wieder einmal gute Ziele verabschiedet:

Mindestens 30 Prozent der Landschaft und der Meere sollen bis zum Jahr 2030 zu Schutzgebieten erklärt werden.

Es soll mehr Geld in den Schutz der Artenvielfalt investiert werden. Dazu verpflichten sich die Länder. Damit das auch ärmere Länder leisten können, sollen reichere Länder die ärmeren bis 2025 mit rund 20 Milliarden Dollar jährlich unterstützen.

Die Risiken, die durch den Einsatz von Pestiziden und Düngemitteln für die Natur entstehen, sollen halbiert werden.

Tatsächlich gibt es, wenn man den dramatischen Verlust von Arten betrachtet, große Parallelen zur Klimakrise. Das Problem sowie die Ursachen sind seit Jahrzehnten bekannt. Die Ziele werden international gemeinsam verabschiedet. Der Verlust der Artenvielfalt geht jedoch weiter und verstärkt sich sogar. Die EU-Staatschefs hatten sich auf ihrem Gipfeltreffen in Göteborg 2001 das Ziel gesetzt, bis zum Jahr 2010 den Verlust der biologischen Artenvielfalt zu stoppen.[24]

Das wurde nicht erreicht.

2010 wurde der nächste Versuch unternommen. Auf der UN-Konferenz zum Schutz der Biodiversität in Nagoya beschlossen die Unterhändler in den beiden Kernzielen (Aichi-Ziele) 12 und 13 das Artensterben bis 2020 zu stoppen und die genetische Vielfalt von Nutzpflanzen und -tieren zu erhalten.[25]

Wieder blieben bis zum Jahr 2020 selbst minimale Erfolge aus, die für das Jahr geplante UN-Konferenz fand wegen Corona gar nicht statt und wurde auf 2022 verschoben. Jetzt soll der Verlust der biologischen Vielfalt bis 2030 gestoppt werden. Erneut fragt man sich, ob auch diese Beschlüsse wieder nur Absichtserklärungen bleiben oder ob den Beschlüssen endlich Taten folgen.

Den Verlust der Artenvielfalt scheinen wir noch viel weniger aufhalten zu können als die Klimakrise, weil die Ursachen so vielfältig sind. Neben der intensiven Landwirtschaft in Europa sind die Hauptursachen in Südamerika die Abholzung des Regenwaldes und in Asien und Afrika das Bevölkerungswachstum. Mit Blick auf die Meere kommt neben der Überfischung hinzu, dass die Ozeane zunehmend als Müllkippe für Abfälle und Plastik dienen.[26]

Solange wir das nicht ändern, werden wir in unserem auf Geld und Profit basierenden Wirtschaftssystem den Verlust der Artenvielfalt nicht bremsen können.[27]

Auch die ansteigenden Temperaturen beschleunigen das Artensterben, weil viele Tiere und Pflanzen nur in einem bestimmten Temperaturbereich überleben können. Wird dieser überschritten, müssen sie in kühlere Regionen ausweichen. Ist das nicht möglich, sterben sie aus. Das eigentliche Problem ist dabei, dass alles in so kurzer Zeit passiert und damit die Anpassung der Natur an die neuen Gegebenheiten nicht rechtzeitig möglich ist.

Bundesumweltministerin Steffi Lemke

Die Bundesministerin für Umwelt und Naturschutz der aktuellen Bundesregierung setzt sich mit den Möglichkeiten ihres Amtes besonders für den Artenschutz ein, der ansonsten in der öffentlichen Debatte noch zu wenig Aufmerksamkeit gegenüber dem bekannteren Thema des Klimawandels hat. Ich habe deshalb ein Interview mit ihr geführt.

Vorab aber einige ganz persönliche Worte zu Steffi Lemke. Für mich ist Steffi Lemke als Bundesministerin für den Naturschutz die Idealbesetzung in der aktuellen Bundesregierung. Wir beide kennen uns schon seit mehr als 25 Jahren aus unserer gemeinsamen politischen Tätigkeit. Ich schätze ihre Arbeit sehr, weil sie engagiert und tief im Thema verwurzelt ist. Von 2013 bis 2017 waren wir als Bundestagsabgeordnete Mitglieder im Umweltausschuss, sie als zuständige Abgeordnete für Naturschutz, ich als Vorsitzende. Wie sehr Steffi Lemke dem Naturschutz nicht nur fachlich, sondern auch persönlich verbunden ist, wurde mir noch einmal besonders deutlich, als sie 2022 die Laudatio auf Michael Succow anlässlich der Verleihung des Umweltmedienpreises an ihn hielt. Er war 1990 stellvertretender Minister für Natur- und Umweltschutz in der DDR und schaffte es in den wenigen Monaten seiner Amtszeit, das Nationalparkprogramm auf den Weg zu bringen, das sieben Prozent der Fläche der DDR für Nationalparks und Biosphärenreservate unter strengen Naturschutz stellte.[28]

Beide verbindet eine lange Geschichte in der DDR, mit Michael Succow als Vorbild für die damals junge Steffi Lemke in der Zeit der Protestbewegung und Wende in der DDR.

Steffi Lemke macht als Bundesministerin den Naturschutz zu einem wichtigen Thema. Sie ist persönlich präsent auf internationalen Konferenzen und schafft es damit, dem großen Thema Naturschutz und dem Verlust von Artenvielfalt viel mehr Aufmerksamkeit in der Öffentlichkeit zu verleihen. Das ist die Grundvoraussetzung für die Lösung der Probleme. Hier mein Interview mit ihr:

1. *Du hast schon in der Bundestagsfraktion der Grünen Naturschutz als Schwerpunkt deiner Arbeit gewählt. Welchen Bezug hast du persönlich zum Naturschutz?*

Das geht auf Erfahrungen zurück, die schon meine Kindheit und Jugend geprägt haben. Meine Heimatstadt Dessau liegt an Mulde und Elbe, die von der DDR zu Abwasserkanälen des Chemiedreiecks Leuna-Buna-Schkopau gemacht worden waren. Die Mulde war ein dreckiger, oftmals stinkender Fluss mit Schaumkronen. Aber auch das Waldsterben in den 1980er-Jahren durch den sauren Regen, die Braunkohletagebaue und die Reaktorkatastrophe von Tschernobyl haben eine Rolle gespielt. Ich fand, dass eine Gesellschaft, ein Staat nicht das Recht haben, die Natur und damit unsere Lebensgrundlagen so zu zerstören, als gäbe es kein Morgen.

Es war aber nicht nur der Widerstand gegen die Zerstörung. Die schönen Dinge in der Natur, Flüsse, Pflanzen, Vögel, Moore und das Meer – die haben mich schon immer begeistert. Ich bin deshalb immer gerne draußen gewesen. Das hat sich nicht geändert.

2. *Welche Möglichkeiten gibt es hier in Deutschland, die Ursachen für den Verlust der Artenvielfalt zu verringern, und gibt es finanzielle Mittel im Umweltbereich, um die Klimaauswirkungen abzufedern?*

Das Artenaussterben bedroht unsere Existenzgrundlagen. Insofern ist es auch existenziell, den Trend zu stoppen. Dafür brauchen wir gesunde Ökosysteme, eine andere Art der Landwirtschaft, einen anderen Umgang mit Wasser und dem Boden. Mit dem Aktionsprogramm Natürlicher Klimaschutz werden wir in den nächsten Jahren vier Milliarden Euro in unsere Natur investieren, mehr als jemals zuvor. Eine gesunde Natur, also Wälder und Moore, Meere und Gewässer, Grünflächen in der Stadt und auf dem Land, bietet Lebensräume für viele verschiedene Tier- und Pflanzenarten. Der natürliche Klimaschutz sorgt dafür, dass die Natur für uns arbeitet: dass Tier- und Pflanzenarten erhalten bleiben und auch weiter ihre für Natur und Mensch wichtigen Funktionen und Leistungen wie Bestäubung, Erholung, saubere Luft und gesunder Boden, erbringen können. Unabhängig davon: Wir Menschen sollten nicht den ganzen Globus für uns und unsere Interessen beanspruchen. Wir bewohnen die Erde nicht alleine. Und das wäre im Übrigen auch eine ziemlich einsame Veranstaltung.

3. *Experten weisen darauf hin, dass das sechste Massensterben der Arten momentan stattfindet. Was bedeutet ein solcher Verlust an Arten für uns Menschen, und welchen Einfluss hat ein solche Massensterben auf unsere Lebensgrundlage?*

Das Artenaussterben hat bedrohliche Ausmaße angenommen, sowohl was die Zahl der aussterbenden Arten wie auch die Geschwindigkeit betrifft, mit der das geschieht. Vermutlich sind dieser Verlust und die damit verbundenen Konsequenzen vielen Menschen noch nicht ausreichend bewusst. Es ist wichtig, dass wir verstehen, dass neben der Klimakrise auch das Artenaussterben Leben und Wohlstand auf unserem Planeten gefährdet.

Deshalb werde ich immer wieder deutlich machen, welche Funktionen der Natur wir zum Leben brauchen und in

Anspruch nehmen. Das reicht von Wasser über Nahrungsmittel, Medizin, Rohstoffe und Energie bis hin zu Freizeit, Erholung und Urlaub. Aber diese Funktionen stehen nicht unbegrenzt zur Verfügung. Mit der bisherigen Art, zu wirtschaften und zu konsumieren, würden wir die Ökosysteme weiter zerstören und werden viele weitere Arten aussterben – obwohl wir doch so sehr auf sie angewiesen sind.

4. *Auf der Weltnaturkonferenz in Montreal im Dezember 2022 warst du dabei und hast das beschlossene Weltnaturabkommen mit ausgehandelt. Die Ziele in diesem Beschluss sind sehr gelobt worden. Wie können wir es schaffen, diese Ziele auch umzusetzen und den Verlust der Artenvielfalt zu stoppen?*

Wir leben in Zeiten von großen geopolitischen Veränderungen. Das hat ganz allgemein die Chancen auf internationale Verständigungen nicht erhöht. Auch deshalb war das Abkommen von Montreal ein so großer Erfolg. Die Weltgemeinschaft kann also trotz des Krieges in der Ukraine und der vielen anderen Konflikte noch Probleme angehen, von denen ja alle betroffen sind!

Die globale Vereinbarung hat zwei ganz prominente Handlungsziele. Mit dem Schutzgebietsziel sollen mindestens 30 Prozent der weltweiten Land- und Meeresfläche bis 2030 unter effektiven Schutz gestellt werden. Dabei sollen die Rechte indigener Völker und lokaler Gemeinschaften gewahrt werden. Mit dem Wiederherstellungsziel sollen mindestens 30 Prozent der geschädigten Ökosysteme an Land und im Meer bis 2030 wiederhergestellt werden.

Diese weitreichenden Ziele sind eine große Chance, um den Verlust der Artenvielfalt zu stoppen. Dafür müssen alle Staaten jetzt ihre Hausaufgaben machen und die Ziele in nationales Recht und in konkrete Maßnahmen umsetzen.

5. *Auf der UN-Wasserkonferenz wurde noch einmal die dramatische weltweite Wasserkrise deutlich. Welchen Einfluss hat die Klimakrise darauf, und was bedeutet der Beschluss?*

Die Dürresommer der letzten Jahre haben uns eines gelehrt: Deutschland als wasserreiches Land, das entspricht nicht mehr in allen Teilen unseres Landes der Realität. Die Klimakrise wird diese eingetretenen Veränderungen weiter verschärfen. In diesem Jahr verheißen die Nachrichten über die Winterdürre in Frankreich, Italien und Spanien nichts Gutes. Und nun noch die schlimmen Überschwemmungen in Italien.

Viel zu wenig oder manchmal auch viel zu viel Wasser: Diese Extreme drohen als Folgen der Klimakrise zu einer neuen Normalität zu werden.

Bei der Wasserkonferenz der Vereinten Nationen in New York sind die Staatengemeinschaft, internationale Organisationen und andere Akteure weitgehende, wenn auch freiwillige Verpflichtungen eingegangen. Das gemeinsame Signal war: Wir müssen uns um unser Wasser besser kümmern. Ich verbinde damit die Erwartung, dass das eine Trendwende in der globalen Wasserpolitik einläutet.

Um den Herausforderungen gerecht zu werden, hat Deutschland jetzt erstmals eine nationale Wasserstrategie erarbeitet, gemeinsam von Bund, Ländern, Wasserwirtschaft und gesellschaftlichen Gruppen. Sie ist eng verzahnt mit dem Aktionsprogramm Natürlicher Klimaschutz. Beide verfolgen das Ziel, einen naturnahen Wasserhaushalt herzustellen und das Wasser in der Landschaft zu halten. So können wir systematisch dafür sorgen, dass auch in den kommenden Jahrzehnten ausreichend sauberes Wasser für Mensch und Natur zur Verfügung steht.

6. *Auf der internationalen Hochseekonferenz im März 2023 ging es auch um Tiefseebergbau. Warum ist es so wichtig, hier Standards festzusetzen?*

Der erfolgreiche Abschluss des UN-Hochseeschutzabkommens ist ein wirklich bedeutender Meilenstein für den Meeresschutz und den Multilateralismus. Mit dem Abkommen werden erstmals verbindliche Regelungen für den Schutz der Meeresnatur in weiten Teilen der Weltmeere, der sogenannten Hohen See und für die Tiefsee aufgestellt. Die Hohe See macht rund zwei Drittel des Ozeans aus und umfasst rund die Hälfte der Erdoberfläche. Und die Tiefsee ist in sehr weiten Teilen noch unerforscht.

Beim Tiefseeschutz sind wir gerade an einem entscheidenden Punkt. Steigende Rohstoffpreise und zunehmende Nachfrage haben den Abbau von Rohstoffen am bisher unberührten Meeresboden in den Fokus gerückt. Ihr Abbau könnte die Meeresumwelt jedoch unwiederbringlich schädigen. Deutschland hat daher eine »vorsorgliche Pause« beim Tiefseebergbau gefordert und erklärt, dass es bis auf Weiteres keine Anträge auf kommerziellen Abbau von Rohstoffen in der Tiefsee unterstützen wird. Dies gilt, bis die Tiefseeökosysteme und mögliche Risiken des Tiefseebergbaus ausreichend erforscht sind und bis strenge Abbauregularien vorliegen, die ernsthafte Umweltschäden ausschließen.

Eine ganze Reihe von Staaten teilt diese Position. Unser gemeinsames Ziel ist es, in die Tiefseeforschung zu investieren, um Wissenslücken zu schließen, bevor falsche und schädliche Entscheidungen getroffen werden.

7. *Was kannst du älteren Menschen empfehlen für den Erhalt unserer Lebensgrundlage zu tun?*

Wir müssen mit unseren Lebensgrundlagen in allen Bereichen verantwortungsbewusst umgehen: Wirtschaft, Energie, Mobilität, Ernährung, Konsum und so weiter. Dafür ist man nie zu alt. Und die gesammelte Lebenserfahrung ist dabei ein sehr wertvoller Schatz. Als die heute ältere Generation aufwuchs, 20 oder 30 Jahre alt war, gab es viele Dinge, die unser Leben heute angenehm machen, noch nicht. Es gab aber auch manche Verschwendung noch nicht, manchen Überfluss und manchmal einen sorgsameren Umgang mit Dingen, die schlichtweg knapp waren. Aus diesen Erfahrungen können wir ganz ohne Nostalgie etwas lernen.

8. *Willst du uns noch etwas Wichtiges mitgeben?*

Wir leben mit dem Krieg Russlands gegen die Ukraine, mit großen ungelösten globalen Fragen in schwierigen Zeiten. Eine friedlichere und gerechtere Weltordnung, mehr Freiheit, Bildung und Gesundheit und weniger Hunger und Unterdrückung können helfen und sind notwendig, um die großen ökologischen Krisen unserer Zeit wirksam zu bekämpfen. Deshalb ist wirklich jede einzelne Stimme, die beherzt dafür eintritt, demokratische Mehrheiten für unsere gemeinsame Zukunft zu erstreiten, von großer Wichtigkeit.

Tote Insekten an der Autoscheibe

Am 13. Januar 2016 hatte ich als Vorsitzende des Umweltausschusses eingeladen zu einem öffentlichen Fachgespräch zur Lage der Insekten in Deutschland.[29] Als Experte war auch Josef Tumbrinck, damals Vorsitzender des Naturschutzbundes (NABU) Nordrhein-Westfalen, eingeladen. Er machte uns auf eine wichtige Untersuchung aufmerksam. Ehrenamtliche des NABU und des Entomologischen Vereins Krefeld hatten seit 1989 Malaisefallen (Insektenfallen) aufgestellt. In den vergangenen 27 Jahren war die Biomasse der Insekten dort untersucht und die Ergebnisse festgehalten worden. In den ausgewählten Naturschutzgebieten von Nordrhein-Westfalen und Rheinland-Pfalz konnte durch diese akribische Arbeit der Verlust von 75 Prozent der Biomasse von Insekten nachgewiesen werden.

Dieser Datenschatz war nun durch das Fachgespräch in Berlin, im zuständigen Ausschuss, bei den Bundestagsabgeordneten angekommen.

Natürlich ahnten und wussten wir, dass es einen massiven Rückgang an Insekten gegeben haben musste. Wer erinnert sich von den Älteren nicht an Fahrten mit dem Auto. Damals war es nötig, in regelmäßigen Abständen die Windschutzscheibe von toten Insekten zu säubern. Das ist heute kein Problem mehr, es gibt die Insekten einfach nicht mehr.

Die Daten aus Krefeld sind ein wirklicher Schatz und eine großartige zivilgesellschaftliche Leistung von ehrenamtlich tätigen Menschen. Durch das Fachgespräch bekamen diese Informationen nun eine öffentliche Wirkung und konnten damit zu Konsequenzen führen. Sie waren jetzt einer breiten Öffentlichkeit bekannt geworden.

Jeder, der schon mal im Sommer im Garten gegessen oder gearbeitet hat, wird sich nun vielleicht fragen, ob es nicht auch ein Vorteil ist, wenn einem nicht so viele Insekten um den Kopf schwirren und auch stechen. Aber wir wissen natürlich, dass in der Natur alles mit allem zusammenhängt. Wo weniger Insekten sind, sind weniger Vögel, Fledermäuse, Amphibien und Fische, die dann wieder in der weiteren Nahrungskette fehlen.

Wo weniger Insekten sind, werden die Pflanzen weniger bestäubt, die Ernte ist geringer.

Im Umfeld dieser öffentlichen Debatte wurde natürlich auch der Verlust der Bienen thematisiert.

Bundestagsbienen

Ich hatte als Vorsitzende des Umweltausschusses mit meinem Team zusammen die Idee, Bienenvölker im Bundestag, vor meinem Bürofenster im Paul-Löbe-Haus, anzusiedeln. Das war ein anfangs schwieriges Unterfangen, weil es viele Bedenken und Vorbehalte gab und ich die Erlaubnis des Bundestagspräsidenten brauchte.

Aber als erst einmal im Jahr 2015 das erste 2000-Bienen-Demo-Volk gut angekommen war, ging es schnell voran. 2016 fanden schon 50 000 fleißige am Bundestag angesiedelte Bienen im nahe gelegenen Tiergarten und Unter den Linden genügend Nahrung, um 50 Kilogramm Honig der Marke »Bundestagsblüte« zu produzieren. Von dem Erlös der ersten großen Honigernte gab ich eine Metastudie zur Bienengesundheit in Auftrag, die die Situation der Bienen in Deutschland aufarbeiten sollte.[30]

Das Ergebnis im Januar 2017 überraschte uns. Bienen in der Stadt sammeln mittlerweile fast doppelt so viel Honig wie auf dem Land. Sie finden in der Stadt bessere Lebensbedingungen als auf dem Land. Das ist doch absurd!

Die Experten im öffentlichen Fachgespräch im Deutschen Bundestag klärten über die Gründe für den Verlust insbesondere der Wildbienen auf. Ausgeräumte Landschaften und Überdüngung, der Verlust von Hecken und immer mehr Monokulturen sind die Ursachen. Die Hälfte der Wildbienenarten in Deutschland ist vom Aussterben bedroht.[31] Insbesondere Wildbienen, die auf einige wenige Pflanzen spezialisiert sind, sind natürlich besonders gefährdet. Aber auch durch Monokulturen kommt es dazu, dass nach einer Ernte die Nahrung für die Bienen fehlt, weil andere Kulturen angepflanzt werden. So fehlt den Wildbienen die Lebensgrundlage, sie werden geschwächt und sind dann anfälliger für Krankheiten. Entscheidende Ursache ist aber auch der höhere und intensivere Pestizideinsatz in der Landwirtschaft. Insbesondere die Neonicotinoide, eine Gruppe von Insektiziden, setzen den Bienen und Insekten zu, wie die Experten im Fachgespräch erläuterten. Das Problem ist, dass die Pestizide, in diesem Fall die Insektizide, immer wirkungsvoller werden. Häufig werden hormonell wirkende Stoffe eingesetzt, die insbesondere die Brut oder die Jungtiere extrem gefährden – bis dahin, dass die Fortpflanzung der Tiere gestört wird.

Der Bestand der Honigbienen hat sich in Deutschland inzwischen erholt. Auch weil insbesondere in den Städten viele Menschen sich kundig gemacht und Bienenstöcke errichtet haben, weshalb nun der Nachwuchs an Imkern tatsächlich eher in der Stadt als auf dem Land zu finden ist.

Zurück zu den Daten der Krefelder Naturschützer. 2017 wurden ihre Daten wissenschaftlich veröffentlich und führten 2019 dann zum Volksbegehren »Artenvielfalt & Naturschönheit in Bayern – ›Rettet die Bienen!‹« im Freistaat, das zu einem grandiosen Erfolg wurde.[32]

Innerhalb von 14 Tagen trugen sich 1,741 Millionen von 9,493 Millionen stimmberechtigten Bürger:innen in Bayern ein. Sie mussten dafür zur örtlichen Verwaltung gehen und zum Teil lange Wartezeiten in Kauf nehmen. Dennoch war es das erfolgreichste Bürgerbegehren aller Zeiten in Bayern.

Obwohl die Landesregierung das Volksbegehren abgelehnt hatte, änderte sie ihre Meinung nach dem überraschenden und überragenden Erfolg. Sie ließ es nicht mehr zum Volksentscheid kommen, sondern setzte das Volksbegehren um. Sie beschloss aber auch finanzielle Kompensationen für die Bauern, um ihnen für die nun notwendigen Auflagen und Einschränkungen einen Ausgleich zu zahlen.

Massentierhaltung für Bienen

Die wirtschaftliche Leistung der Insekten wird nach einer Studie der Universität Hohenheim allein für Deutschland mit 3,8 Milliarden Euro ausgewiesen, die Bestäubungsleistung der Bienen beträgt davon knapp die Hälfte. Die Honigbiene ist neben Rind, Schwein und Huhn das ertragreichste Nutztier in Deutschland.[33]

In den USA wird nicht nur über die Massentierhaltung von Schweinen oder Geflügel diskutiert, sondern auch über die Massentierhaltung von Bienen. Vor 15 Jahren gab es ein Massensterben der Bienen in den USA, das als Colony Collapse Disorder (CCD) bekannt wurde. Der Film *More than Honey* von Markus Imhoof machte auch in Deutschland auf die dramatischen Zustände aufmerksam, die damals in den USA herrschten.

Aus Kalifornien kommen 80 Prozent aller weltweit erzeugten Mandeln. Während der Mandelblüte stellen nahezu alle professionellen US-amerikanischen Imker, aber auch einige aus anderen Ländern ihre Bienenvölker dort gegen eine hohe Bezahlung auf. Eine solche Konzentration und die intensive Haltung, der starke Einsatz von Pestiziden und ein vorbeugender Einsatz von Medikamenten führen insgesamt zur Schwächung der Bienenvölker mit gravierenden negativen Folgen. Treten dann noch weitere Faktoren hinzu, kann es zu Ereignissen wie dem beschriebenen Massensterben kommen.

Ähnlich wie bei den Nutztieren erleben wir bei einer solchen Bienenhaltung, dass die Tiere zu immer größeren Leistungen gebracht werden.[34]

Die Liebe zur Natur – nur wer sie kennt, kann sie bewahren

Bienenvölker haben also grundsätzlich bessere Voraussetzungen in den Städten, weil viel weniger Pestizide eingesetzt werden und eine größere Pflanzenvielfalt gegeben ist. Wer dafür sorgt, dass in Gärten oder auf Balkonen bienenfreundliche Pflanzen stehen, trägt mit zur Artenvielfalt bei, denn die Honigbiene ist auch ein Leittier für viele andere Insekten, die ähnliche Lebensräume benötigen wie sie selbst. Zugepflasterte Flächen oder Kiesvorgärten hingegen haben eine gegenteilige Wirkung.

Aber die Zunahme von Bienenvölkern in der Stadt zieht neue Anforderungen nach sich. Das Imkern will gelernt sein. Wenn Fehler gemacht werden, breiten sich Bienenkrankheiten aus, insbesondere wenn Bienenstöcke zu dicht beieinanderstehen. Viele Städte und Gruppen bieten zu dem Thema Veranstaltungen und Kurse an.

Was wir brauchen, ist daher ein größeres Allgemeinwissen über das Leben, die Haltung und die Bedürfnisse von Tieren und Pflanzen in der Bevölkerung. Gerade bei uns Älteren war der Zugang zur Natur noch häufig Teil unserer Bildung und Lebenserfahrung. Viele von uns – wie auch ich – hatten Kontakt zu Verwandten auf dem Bauernhof, und wir verbrachten dort unsere Ferien. Mein Spielzimmer war die Natur. Wir sind auf Bäume geklettert, haben Hütten gebaut, mit Laub, Eicheln und Ästen gespielt oder in einer Blumenwiese gelegen, den Duft wahrgenommen und die Wolken beobachtet.

Während meiner Zeit als Bundestagsabgeordnete habe ich einige Tage gemeinsam mit einer sehr armen Familie in Uganda gelebt. Da es in der Familie auch kleine Kinder gab und meine Enkelkinder etwas älter waren, habe ich den kleinen Kindern Spielzeug meiner Enkelkinder mitgebracht, natürlich nur pädagogisch wertvolles. Interessant war, dass sich die beiden kleinen Kinder für das Spielzeug überhaupt nicht interessierten. Für sie war – ähnlich wie bei mir damals – die Natur viel interessanter als teures Spielzeug. Heute fehlen vielen Kindern solche Naturerlebnisse. Ein noch so wunderschöner Film über die Natur kann die praktische Anschauung nicht ersetzen. Dieses Wissen, das wir damals nebenbei gelernt haben, fehlt einem großen Teil der jungen Generation.

Wenn ich als Umweltministerin mal wieder mit einem Problem durch einen »Schädling« konfrontiert wurde, haben wir oft die Fachleute der Naturschutzverbände kontaktiert. Die Menschen mit einem solchen Spezialwissen werden aber immer älter. Wenn sie nicht mehr aktiv sind, geht ein großer Wissensschatz verloren. Der BUND hat für den Wissenstransfer ein besonderes Programm aufgelegt: Es heißt »Artenkenner« und hat zum Ziel, Wissen über die Natur zu vermitteln und an die jüngere Generation weiterzugeben, damit es nicht verloren geht.

Heute gibt es auch über Apps die Möglichkeit, Tiere und Pflanzen zu bestimmen und schnell spezielles Wissen abzufragen. Aber die persönliche Begegnung mit der Natur sowie die Möglichkeit, durch Fachleute an ihre Schönheiten herangeführt zu werden, bleiben doch etwas ganz Besonderes – Erlebnisse, die dazu beitragen, den Wert der Natur schätzen zu lernen.

Natur ist eben eine ganze Menge mehr als nur ihr wirtschaftlicher Nutzen für den Menschen. Wir sind nur ein kleiner Teil der Natur. Die Natur gibt uns nicht nur Nahrung und biologische Stabilität, sondern sie hat auch eine beruhigende Wirkung auf uns. Wir gehen in die Natur, um uns zu erholen, Kraft zu tanken und über ihre grandiose Schönheit zu staunen.

In Nordrhein-Westfalen gibt es Waldschulen, in denen Schulklassen während einiger Tage mehr über den Wald erfahren können. Ich musste in meiner Zeit als Ministerin lernen, dass viele Kinder aus der Großstadt hier die Möglichkeit bekommen haben, zum ersten Mal einen richtigen Wald zu besuchen. Das war für mich erschreckend. Denn wenn Kinder kaum noch Bezug zur Natur haben, fällt es ihnen schwerer, Liebe zur Natur zu entwickeln, ihren Wert zu schätzen und diesen Wert später bei Entscheidungen zu berücksichtigen. Deshalb war es mir ein Anliegen, die Zahl der Waldschulen zu erhöhen.

Neben den Waldschulen für ältere Kinder und Jugendliche haben Waldkindergärten eine ganz besondere Funktion für die Kleinen. Hier lernen sie die Natur zu verstehen, sie zu respektieren, und es bereitet ihnen eine besondere Freude, im Freien zu sein. Einige Kindergärten bieten einen Tag in der Woche im Wald an. Wenn die Kinder aus dem täglichen Stress und der Reizüberflutung am Wochenende in den Wald kommen, machen die hohen Bäume großen Eindruck auf sie. Die Stille, unterbrochen nur durch das Gezwitscher einiger Vögel, beruhigt die Kinder. Dass die Natur auf Kinder eine ungewöhnliche Wirkung hat, erlebe ich auch immer wieder persönlich am Beispiel meiner Enkelkinder. Traditionell fahren wir eine Woche im Jahr mit den kleinen Enkelkindern auf den Bauernhof. Darauf freuen sie sich immer ganz besonders.

DIE BÖDEN – SO WICHTIG UND DOCH ZU WENIG BEACHTET

Unser Langzeitgedächtnis

Wenn die Luft mit Schadstoffen belastet ist, wenn das Wasser verschmutzt ist, wird das relativ schnell sichtbar. Ganz anders ist es mit dem Boden. Boden, Luft und Wasser sind die drei wichtigen Umweltmedien, Lebensräume für viele Arten. Aber den Boden und seine Funktion vergessen wir oft, obwohl wir ihn elementar für unsere Ernährung brauchen. Der Boden beherbergt viel mehr, als die meisten wissen. Da wühlen nicht nur Maulwürfe oder bauen Hamster ihre Gänge, es wimmelt in einem guten Boden von Regenwürmern, Gliederfüßern, Asseln, Fadenwürmern, Springschwänzen, Wimperntierchen, Pilzen und Bakterien.[35]

Böden sind darüber hinaus große Speicher. Sie lagern Wasser und Nährstoffe ein, aber auch Schadstoffe, die über die Luft oder das Wasser aufgenommen werden. Der Boden hat eine Filterfunktion und kann Schadstoffe neutralisieren, allerdings nur in begrenztem Maße. Schadstoffe können sich relativ unbemerkt immer stärker anreichern. Gefährlich ist es, wenn die schädliche Wirkung zu spät erkannt wird, etwa weil es oft Jahre oder Jahrzehnte dauert, bis Gifte ins Grundwasser gelangen und dort erstmals gemessen werden. Es braucht dann große Anstrengungen und extrem viel Zeit, um die Schäden zu reparieren.

Seit gut 100 Jahren hat der Einsatz von Kunstdünger die Ernteerträge in der Landwirtschaft auf revolutionäre Weise erhöht. Den beiden Chemikern Fritz Haber und Carl Bosch gelang es, mit ihrem Verfahren künstlich Ammoniak als Basis für seine

Produktion herzustellen. Hinzu kamen weitere Erfindungen wie die der Pestizide. Insgesamt führten diese Entwicklungen zu beträchtlichen Steigerungen der Ernteerträge für die Bauern. Innerhalb kurzer Zeit konnten so in den Industrieländern Hungersnöte, die früher regelmäßig aufgetreten waren, überwunden werden. Die Zahl der Menschen stieg hier stark an, und auch die Weltbevölkerung wuchs. Gab es 1927 zwei Milliarden Menschen auf der Erde, waren es 1960 schon drei Milliarden, und inzwischen ist die Weltbevölkerung auf acht Milliarden Menschen angewachsen.[36]

Letztendlich war der Kunstdünger der Einstieg der Chemieunternehmen in die Welternährung. Als ich zum ersten Mal als Landwirtschaftsministerin auf der Grünen Woche in Berlin war, wunderte ich mich noch etwas über die vielen Vertreter:innen der Chemieunternehmen. Aber es ist nur folgerichtig. Die chemische Industrie liefert nicht nur den Kunstdünger, sie liefert auch die Pestizide, Futtermittelzusatzstoffe, Antibiotika und andere Medikamente für die Tierhaltung, Nahrungsmittelzusatzstoffe und weltweit zunehmend auch gentechnisch verändertes Saatgut. Damit haben Chemieunternehmen insbesondere über ihre Patente immer mehr Kontrolle über die gesamte Nahrungsmittelproduktion und damit über unser Essen.

Die landwirtschaftliche Produktion hat sich in den letzten Jahrzehnten dramatisch verändert. Wollen konventionelle Betriebe überleben, müssen sie sich der Subventionspolitik innerhalb der EU anpassen. Schließlich machen Subventionen über 40 Prozent ihrer Einnahmen aus. Aber auch die Preispolitik der Supermärkte bestimmt ihre Ausrichtung. Um unter diesen Rahmenbedingungen überleben zu können, spezialisieren sich Landwirte – und vor allen Dingen müssen sie wachsen. Zu oft kommt es unter solchen Bedingungen zu Monokulturen oder zu Massentierhaltung.

Was hat das für Auswirkungen? Zunächst stellt sich die Frage: Was wird auf unserer Agrarfläche überhaupt angebaut?

Laut dem Bundesumweltamt wurden in Deutschland 2019 von den 16,7 Millionen Hektar landwirtschaftlicher Fläche 9,6 Millionen für Futterpflanzen genutzt, 4,4 Millionen für pflanzliche Lebensmittel und 2,1 Millionen für Energiepflanzen. Auf 57 Prozent der landwirtschaftlichen Flächen werden Futtermittel für Masttiere angebaut. Ähnliche Zahlen gelten für Europa. Von der Gesamtfläche für Futtermittel besteht die Hälfte allerdings aus Wiesen und Grünland, das oft nicht als Ackerfläche genutzt werden kann. Neben dem Futtermittelanbau wird außerdem viel Futter importiert, insbesondere Soja. Im Jahr 2020 wurden knapp 3,9 Millionen Tonnen Soja importiert. Auf 26 Prozent der Fläche wachsen pflanzliche Lebensmittel und auf knapp 13 Prozent Pflanzen zur Energiegewinnung – also Mais für Biogasanlagen[37] oder Raps für Biokraftstoffe.[38]

Weltweit sind die Zahlen für den Futtermittelanbau geringer. Dafür ist der Anteil von Weide- und Graslandflächen für die Tierhaltung allerdings erheblich höher. In Europa werden wie in Deutschland 60 Prozent der landwirtschaftlichen Fläche für die Fleischproduktion genutzt.[39] Eine Reduzierung des Fleischkonsums würde mehr Fläche für die Erzeugung von Lebensmitteln für die Menschheit bedeuten und damit viel mehr Menschen satt machen können.

Wir wissen, was die Intensivierung der Landwirtschaft für die Tierhaltung und den Tierschutz bedeutet, aber was bedeutet sie für den Boden? Ein gesunder Boden hat eine Humusschicht, die von vielen Lebewesen und Mikroorganismen unter der Erde gebildet wird. Die Arbeit des Regenwurms besteht darin, die Erde aufzulockern, Pflanzenreste zu vertilgen und Luft unter die Erde zu bringen. Ameisen fressen abgestorbene Pflanzenreste und schaffen dadurch Biomasse für den Boden.

Da sind aber auch die Pilze, die in Symbiosen mit Pflanzen über der Erde treten. Besonders interessant sind die Bakterien, hier vor allem die Rhizobien. Sie bilden Symbiosen mit bestimmten Pflanzen, den Hülsenfrüchten, den Leguminosen. Diese Pflanzenfamilie kann Stickstoff (CO_2) aus der Luft binden und für die Pflanzen im Boden verfügbar machen. Insbesondere der Ökolandbau arbeitet mit Leguminosen, weil Kunstdünger im Ökolandbau verboten ist.

Der Boden hat die wichtige Funktion, Wasser zu speichern. Außerdem bindet er auch große Mengen CO_2 oder andere klimaschädliche Gase. Moore z. B. speichern klimaschädliches Methan. Wenn sie trockengelegt werden, der Torf gewonnen wird, wird das Methan frei. Das Moor hat also auch eine wichtige Funktion für die Überwindung der Klimakrise.[40]

Eine intensive Landwirtschaft mit großen Maschinen verdichtet den Boden. Immer schwerere Maschinen drücken den Boden zusammen, Kunstdünger und Pestizide verhindern den natürlichen Aufbau der Humusschicht.

Wenn bei uns im Garten im Frühjahr die Amseln über den Rasen hüpfen und den einen oder anderen Regenwurm aus dem Boden ziehen, dann spricht das für die Qualität des Bodens.[41]

Mein Mitarbeiter, der Leiter der Abteilung Naturschutz im Ministerium, hat mir einige Gründe für das Aussterben des Feldhamsters einmal sehr drastisch erklärt. Die Maschinen der Bauern wurden immer größer und schwerer, der Boden wurde durch intensive Bearbeitung verdichtet, die Tunnel der Hamster unter der Erde stürzten unter dem Gewicht ein, die Hamster wurden verschüttet. Ein großer Teil der Hamster starb. Als Nächstes kam der Güllewagen, und die Tunnel liefen voll, der größte Teil der verbliebenen Hamster ertrank.

Unter diesen Anbaubedingungen gibt es aber auch weniger

Insekten, weniger wertvollen Humusboden, der Boden degradiert. Die Ernteerträge sinken, wenn nicht mit künstlichem Dünger und dann folgend weiter mit Pestiziden gearbeitet wird. Die Fruchtfolge oder das Brachliegen von einem bestimmten Prozentsatz der Felder führt zur Erholung der Böden und der Artenvielfalt. Dazu kommt es aber aufgrund kurzfristiger Wirtschaftsüberlegungen meistens nur in so weit, wie es gesetzlich vorgeschrieben wird.

Der Ökolandbau

Diese Art der intensiven Landwirtschaft stieß aus vielen Gründen bei einzelnen Bauern auf Widerspruch. Schon vor hundert Jahren begannen die ersten Landwirte deshalb sehr bewusst, alternative Landwirtschaft zu betreiben. Neben der notwendigen Nährstoffzufuhr wird dabei auf die Stärkung der Humusschicht durch eine Belebung des Bodens gesetzt. Ein alternativer biologischer Kreislauf wird aufgebaut, der ohne die Zufuhr chemischer Zusatzstoffe auskommt. Anstelle des Kunstdüngers wird deshalb die Tierhaltung genutzt, um mit dem Mist und Dung der Tiere den Boden zu düngen.

Diese Art der Landwirtschaft erhielt eine größere gesellschaftliche Bedeutung, als sich einzelne ökologische Bauernverbände gründeten. Einen weiteren Schub hat der Ökolandbau durch die Festlegung eines europäischen Standards, das Ökosiegel, erfahren. Es ist also ganz entscheidend, dass die Qualität eines Produktes durch Kontrollen garantiert wird und eine einfache Kennzeichnung den Verbraucher:innen die Wahl erleichtert. Bioprodukte sind inzwischen leicht zu erkennen, und immer mehr Menschen fragen sie nach.

Der Flächenfraß

Der Flächenverbrauch in Deutschland beträgt pro Tag circa 55 Hektar, die für Siedlungs- und Verkehrsflächen neu ausgewiesen werden. Das entspricht ungefähr der Fläche von 78 Fußballfeldern. Nicht alle diese Flächen sind auch versiegelt, also zubetoniert oder asphaltiert.

Ende 2021 lag der Anteil der Siedlungs- und Verkehrsflächen in Deutschland bei 14,49 Prozent. Davon waren 45 Prozent versiegelt, was 6,5 Prozent der Gesamtfläche unseres Landes ausmacht.

Die Versiegelung von Flächen führt zu gravierenden Problemen. Zum einen gehen wertvoller Ackerboden oder Flächen für die Natur verloren, zum anderen wird der Wasserkreislauf gestört. Das Wasser kann bei Starkregen nicht mehr im Boden versickern, es fließt ungehindert über die versiegelten Flächen in die Kanalisation ab. Durch die Wassermassen kommt es zum Überlauf, weil die Infrastruktur gar nicht so groß dimensioniert werden kann, wie es für solche Situationen nötig wäre. Hierdurch gelangt viel Schmutzwasser ungeklärt in die Flüsse. In den Städten führen Starkregen, wie wir sie durch die Klimakrise verstärkt erleben, zu Überschwemmungen, zu Überflutungen und zu Schäden in den Häusern und Wohnungen.

Es geht also um Strategien, den Flächenfraß zu reduzieren und mithilfe von Entsiegelungsprogrammen Abhilfe zu schaffen. Das Ziel der Bundesregierung ist es, bis 2030 den Flächenverbrauch auf unter 30 Hektar pro Tag zu verringern.[42]

SAUBERES WASSER WIRD KNAPP

Übernutzung der Erde – Nitratbelastung im Wasser

Die Erfindung des Kunstdüngers und der Pestizide sowie der verstärkte Einsatz von Chemie in der Landwirtschaft waren Segen und Fluch zugleich. Zum einen ermöglichten sie höhere Ernteerträge und damit mehr wirtschaftliches Wachstum, zum anderen ging ihr massiver Einsatz zulasten der Natur und des Klimas. Die Zahl der Insekten und Vögel ging dramatisch zurück, und die hohen Nitrateinträge führten zu massiven Belastungen des Wassers.

Denn auch das Trinkwasser wird durch die intensive Landwirtschaft mit ihrer hohen Zahl an Tieren pro Hektar extrem belastet. Insbesondere in Niedersachen und im Norden von Nordrhein-Westfalen führt die Massentierhaltung von Geflügel und Schweinen zu einem sehr stark erhöhten Gülleeintrag ins Wasser und damit zu einer übermäßigen Nitratbelastung. Auf knapp 30 Prozent der Fläche in Deutschland waren die Grundwasserleiter vor zehn Jahren stärker mit Nitrat belastet, als die EU es zulässt.

Schon in meiner Zeit als Landwirtschaftsministerin in NRW vor mehr als 25 Jahren wurde Deutschland von der EU gemahnt, die Nitratwerte im Wasser zu senken. Erst im Juni 2023 konnten der Bundeslandwirtschaftsminister und die Bundesumweltministerin eine Einigung mit der EU-Kommission erzielen, sodass das seit mehr als zehn Jahren laufende Nitrat-Vertragsverletzungsverfahren der EU gegen Deutschland eingestellt wurde und damit ein drohendes Zwangsgeld von einer Million Euro pro Tag vermieden werden konnte.

Der hohe Nitratanteil im Wasser hat übrigens auch für ganz

normale Bürger:innen in Deutschland Auswirkungen. Wasserwerke in den betroffenen Regionen hatten wegen der hohen Nitratwerte schon vor Jahren Alarm geschlagen. Die Gebühren für Trinkwasser stiegen erheblich an, weil die Wasserwerke einen hohen Aufwand hatten, um die Wasserqualität für ihre Kund:innen einhalten zu können. Letztendlich zahlen die Verbraucher:innen in diesen Regionen über die Wassergebühren den Preis für die Fehlentwicklungen in der intensiven Landwirtschaft.

In den letzten Jahren ist durch die Folgen der Klimakrise und die damit verbundene Trockenheit das Wasser knapp geworden. In Fachkreisen wird deshalb schon seit einiger Zeit sehr konkret diskutiert, wie knapp werdendes Wasser zwischen Nutzern wie der Landwirtschaft, der Industrie und den Haushalten, also den Verbraucher:innen, aufgeteilt werden muss.

Selbst das überschaubare, begrenzte Problem der Nitratbelastung im Grundwasser hat also Jahrzehnte gebraucht, um ernsthaft aufgegriffen und bearbeitet zu werden. Begleitet wurde die Lösung von großen gesellschaftlichen Auseinandersetzungen. Das macht deutlich, was bei der Überwindung der Klimakrise auf uns zukommt, wenn sehr viele verschiedene Einzelinteressen betroffen sind.

Der Bauernpräsident Freiherr Heereman: Erst im Alter kommt das Umdenken

Als ich 1995 in Nordrhein-Westfalen Landwirtschaftsministerin wurde, die erste grüne Landwirtschaftsministerin überhaupt, war das der Doppelschock für die Bauernfunktionäre. Grüne und Frau, schlimmer ging es nicht!

Ich hatte es mit vier Bauernpräsidenten zu tun: den beiden Bauernpräsidenten aus Westfalen und dem Rheinland und den beiden Bauernpräsidenten der entsprechenden Landwirtschaftskammern.

Constantin Freiherr Heereman, der Bauernpräsident von Westfalen, war gleichzeitig deutscher Bauernpräsident und auch auf europäischer Ebene aktiv. Die Älteren werden sich an diese markante Persönlichkeit erinnern. Weil ich selbst aus einer Familie stamme, die sowohl mütterlicherseits als auch väterlicherseits bäuerliche Wurzeln hat, fanden wir trotz der sehr unterschiedlichen Auffassungen und großen kontroversen Vorstellungen eine gewisse Verständigungsebene. Dabei half sicherlich auch die Erfahrung von Freiherr Heereman.

Kurz vor dem Ende meiner Amtszeit lud er mich zu einem Besuch auf seinem Hof ein. Das war schon ein beeindruckendes Erlebnis: Man biegt von der Straße in eine sehr schöne lange Allee ein, dann erst wird das Gebäude mit runder Auffahrt – früher für Kutschen, heute für Autos – sichtbar. Freiherr Heereman erwartete mich oben auf der Freitreppe mit seiner Frau. Das Erstaunliche bei diesem Besuch waren aber nicht so sehr das Haus und die Allee, sondern in erster Linie der Kuhstall. Ich hatte damals für einen Boxenlaufstall für Rinder geworben, der den Tieren mehr Luft und Bewegung verschafft, was aber durchaus nicht bei allen Bauern auf Zustimmung stieß. Freiherr Heereman zeigte mir mit gewissem Stolz seinen neu errichtete Boxenlaufstall! Ich war beeindruckt!!

Im Dezember 2016 feierte Freiherr Heereman seinen 85. Geburtstag. Einige Wochen vor seinem Geburtstag rief mich sein Sohn Philipp an und fragte, ob ich kommen würde: Ich sagte zu, weil ich lang und kontrovers, aber letztlich verlässlich mit Baron Heereman zusammengearbeitet hatte, und ich fragte ihn, wie lang denn die Rede sein sollte. Es würden ja sicherlich viele Reden gehalten. Nein, sagte sein Sohn, sein Vater wünsche, dass ich die einzige Rede halten solle.

Das war eine große Verantwortung für mich, alle Bauernpräsidenten waren anwesend und dann dieser Überraschungscoup. Warum hat Freiherr Heereman das gemacht? Der Bauernpräsident, der vor langer Zeit genau die von mir so kritisch betrachtete Schweineproduktion in Westfalen vorangetrieben hatte, fragte mich als einzige Rednerin auf seinem 85. Geburtstag an.

Er war durch seine Politik mit verantwortlich dafür, dass in Deutschland die Schweine- und Geflügelfleischproduktion erheblich gesteigert worden war. Sie liegt seit langer Zeit über dem Bedarf Deutschlands mit entsprechenden negativen Umweltauswirkungen für das Grundwasser, die Böden und die Luftqualität in einem so dicht besiedelten Land wie Nordrhein-Westfalen.

Freiherr Heereman hatte für sich realisiert: Zu viel ist zu viel! Er hatte die negativen Entwicklungen erkannt, und er wollte eine gemeinsame Lösung: Er wollte einen gemeinsamen Ausweg und dafür eine Angleichung zwischen CDU und Grünen, zwischen Landwirtschaft und Umweltschutz finden.

Das ist bisher leider nicht wirklich gelungen. Es gibt die Bauern, die am Rande der Grünen Woche in Berlin mit Treckern gegen Nitratauflagen protestieren. Es gibt die anderen, die jedes Jahr auf der »Wir haben es satt!«-Demo mit ihren Treckern zusammen mit vielen Verbraucher:innen für eine nachhaltige Landwirtschaftspolitik dort sind.

Gerade bei der Nitratbelastung geht es immer nur um wenige Betriebe, die besonders problematisch sind. Trotzdem gibt es eine fast geschlossene Front, vertreten durch die Landesbauernverbände und den Deutschen Bauernverband, um das umweltschädliche Verhalten dieser wenigen Betriebe zu schützen. Warum? Letztendlich leiden dann alle Betriebe unter den Auflagen.

Der Interessenkonflikt in der Bauernschaft ist groß. Durch die EU-Agrarsubventionen werden viele Betriebe von Bauernfunktionären und Landwirtschaftskammern in die Expansion getrieben. Das Motto heißt »Wachsen oder weichen«. Dabei gilt gerade für viele bäuerliche Familienbetriebe im Westen Deutschlands, dass sie auf Dauer nicht mit den Großbetrieben in den USA, in Lateinamerika und in den ostdeutschen Ländern mithalten können. Es braucht also ein alternatives Überlebensmodell für Familienbetriebe. Gerade in einem so dicht besiedelten Land wie Deutschland muss viel mehr Rücksicht auf den Gewässerschutz und die Artenvielfalt genommen werden. Es braucht mehr Qualität in der Produktion durch Biobetriebe, Regionalvermarktung und Fleisch aus artgerechter Tierhaltung. Wir benötigen andere Agrarsubventionen und mehr Konsument:innen, die teurere hochwertige Produkte kaufen und damit Familienbetrieben hier in Deutschland ein nachhaltiges Betriebskonzept ermöglichen.

Todeszonen in den Gewässern

Gewässer sind weltweit zu sehr mit Nährstoffen belastet, was zur sogenannten Eutrophierung führt. Seit Jahrzehnten erleben wir einen übermäßigen Eintrag von Nährstoffen in die Gewässer nicht nur in Deutschland, sondern weltweit. Der Haupteintrag kommt durch die Überdüngung der Felder, insbesondere Nitrat und Phosphat gelangen in zu hohen Konzentrationen ins Wasser. Das Problem ist so gravierend, dass es zu einem der vier Bereiche gehört, bei denen die Belastungsgrenzen unseres Planeten überschritten sind. Von den Feldern gelangt das Nitrat ins Grundwasser oder über Bäche und Flüsse letztendlich ins Meer. In der Ostsee ist es besonders schädlich, weil der Eintrag über die vielen angrenzenden Länder sehr hoch ist und der Wasseraustausch mit der Nordsee und dem Atlantik dagegen zu gering. Die Folgen sind verheerend. Durch den starken Nährstoffeintrag kommt es zu verstärktem Algenwachstum. Dadurch wird viel Sauerstoff verbraucht. Wenn dann die Algen, die sich unter diesen Bedingungen explosionsartig vermehrt haben, absterben und zu Boden sinken, bauen Bakterien sie ab, wofür sie ebenfalls Sauerstoff benötigen. Hierdurch kann der Sauerstoffverbrauch derart steigen, dass sogenannte Todeszonen entstehen. In der Ostsee haben sich diese Todeszonen in den letzten 100 Jahren um das Zehnfache ausgedehnt.[43]

Fischsterben in Flüssen und Seen

2018 ereignete sich ein großes Fischsterben im Aasee in Münster. In einer Nacht kam es zum Kippen des Sauerstoffgehalts im See, das so gravierend war, dass der größte Teil der Fische verendete. In der Folge wurden 20 Tonnen toter Fische aus dem See geborgen.

Mehrere Ursachen haben zu dieser Umweltkatastrophe geführt. Zum einen wurden über Jahre durch die Landwirtschaft zu viele Nährstoffe in das Gewässer eingetragen. Der See ist flach, und das Sediment des Bodens ist deshalb durchsetzt mit Schad- und Nährstoffen. Zum anderen kam ein sehr warmer Sommer mit hohen Temperaturen hinzu.

2022 starben 200 bis 400 Tonnen Fische in der Oder. Das war circa ein Viertel bis die Hälfte des gesamten Fischbestandes.

Wie bei der Katastrophe im Aasee wurden auch in der Oder sogenannte Kipppunkte überschritten. So verschlechterte sich der Zustand des Gewässers derart, dass massives Fischsterben einsetzte. Wieder waren mehrere Ursachen verantwortlich. Der hohe Salzgehalt, die hohen Temperaturen und die geringe

Wassermenge durch den heißen Sommer führten zur starken Vermehrung einer giftigen Brackwasseralge.

In beiden Fällen haben sich negative Entwicklungen gegenseitig beeinflusst und potenziert. Durch die Klimakrise steigen die Temperaturen, durch eine zu hohe Belastung des Wassers mit Schadstoff- und Nährstofffrachten kommt es zu Störungen des Lebensraums der Fische und damit zu massenhaftem Fischsterben und zum Verlust der Biodiversität.

Es gilt also, nicht nur eine Krise zu bekämpfen. Es geht darum, ein Konzept zur Bewältigung aller Krisen zu entwerfen, um der Komplexität des gesamten Systems gerecht zu werden.[44]

ÜBERALL MÜLL

Ich habe mich durch den geplanten Bau einer Sondermüllverbrennungsanlage in Oberhausen Mitte der 80er-Jahre intensiv mit dem Thema Müll befasst. Unser kleiner Sohn war schon durch die bestehenden Industrieanlagen schwer erkrankt. Dann sollte auch noch eine – wie wir das nannten – Giftmüllverbrennungsanlage neben die schon bestehende Hausmüllverbrennungsanlage gebaut werden. Ich organisierte mit anderen zusammen den Widerstand dagegen. Es waren vor allem Mütter von kleinen Kindern, die sich zusammentaten. Nach langem Kampf schaffen wir es damals, den Bau der Sondermüllverbrennungsanlage zu verhindern. Aber das Thema ließ mich nicht los. Es reicht eben nicht, immer nur gegen etwas zu sein, wir müssen auch für etwas sein. Es ging also darum, eine Alternative zu schaffen und für diese zu kämpfen. In diesem Fall heißt sie: Vermeiden und Verwerten von Abfall, statt ihn zu verbrennen. Insbesondere der wachsende Plastikabfall war uns ein Dorn im Auge, denn Plastik führt bei seiner Verbrennung in den inzwischen reichlich vorhandenen Müllverbrennungsanlagen zur Bildung des gefürchteten Dioxins. Wir machten Werbung für Jute statt Plastik.

Mit diesem Thema kandidierte ich 1990 für den Landtag in Nordrhein-Westfalen. Die Umweltgruppen hatten so lange Druck gemacht, bis Filter in die Müllverbrennungsanlagen eingebaut wurden, um das Dioxin zurückzuhalten.

Grundsätzlich sind aber Müllvermeidung und stoffliche Verwertung dringend nötig. Auch auf diesem Gebiet ist Deutschland nicht wirklich vorangekommen.

Als ich als Umweltministerin vor 20 Jahren zu einer Umweltkonferenz in Marokko eingeladen wurde, war ich entsetzt über die Hunderte und Tausende von blauen Plastiktüten, die über die Felder flogen. Die Menschen behandelten Plastikmüll wie den Abfall der Natur, der einfach in der Natur belassen werden kann.

Eine Bananenschale etwa ist eine tolle Verpackung und hilft, wenn die Banane gegessen wurde, als Bioabfall zum Aufbau von organischem Dünger. Ebenso werden Eierschalen oder tote Tiere von der Natur in den Kreislauf integriert.

Erst durch den Abfall künstlich erzeugter Materialien ergibt sich ein Problem. Die meisten verwendeten Plastiksorten werden nicht organisch abgebaut, sondern sammeln sich in der Natur an und vermüllen sogar unsere großen Ozeane. Die Bilder von riesigen Plastikbergen, die durch die Meere schwimmen, die Bilder von Fischen, Vögeln oder Schildkröten, die sich im Plastik verfangen haben und elendiglich sterben, die Bilder von Menschen, die in den Küstengewässern durch Berge von Müll im Wasser waten, diese Bilder prägen sich ein.

Aber auch das Verbrennen von Plastikmüll ist keine Lösung. Denn bei der Verbrennung von chlorhaltigem Plastik wie PVC entstehen bei einer bestimmten Temperatur Dioxine. Und auch andere krebserregende Stoffe werden beim Verbrennen von Plastik freigesetzt.

Da Müll aus Industrieländern oft in Ländern des Südens landet, führt das dort zu schrecklichen Müllkippen, auf denen ganze Familien unter katastrophalen und gesundheitsgefährdenden Bedingungen noch Verwertbares aus den Müllbergen sammeln. Hier werden Plastikummantelungen von Kabeln verbrannt, um an das Kupfer zu kommen. Dabei werden genau die Gifte freigesetzt, die wir durch Schadstofffilter in den Müllverbrennungsanlagen auffangen. Genauso war es vor 45 Jahren bei meinem Schwiegervater üblich. Im Badeofen wurde gut brennbarer Müll entsorgt. Die Joghurtbecher verbrannten mit Flammen in leuchtenden Farben.

Natürlicher Abfall wird als Teil eines Kreislaufs abgebaut, während künstlicher Abfall nicht verschwindet. Er verteilt sich und lagert sich ab. Ein Loch zu buddeln und den Abfall zu lagern, wie es Jahrzehnte lang mit den Deponien gemacht wurde, führt zu massiven Problemen. Denn die Schadstoffe gelangen schließlich ins Grundwasser und gefährden unsere Trinkwasserversorgung.

Darüber hinaus gibt es sogar noch viel problematischere Abfälle als Plastik. Ob eingesetzte Pestizide in der Landwirtschaft, ob giftige Abfälle aus dem Bergbau oder der Atommüll in der Schachtanlage Asse – alle giftigen Stoffe finden wir nach einer bestimmten Zeit im Wasser wieder.

Unsere Aufgabe sollte es also sein, möglichst wenig Abfall zu erzeugen und langlebige und reparaturfähige Produkte zu produzieren. Tatsächlich werden seitens der Hersteller immer häufiger bewusst Verschleißteile in die Produkte eingebaut, die nach einer bestimmten Zeit kaputt gehen. Die Reparatur ist dann teurer, als sich ein neues Produkt zu kaufen. Dieser geplante Verschleiß wird auch Obsoleszenz genannt.

Im Ruhrgebiet gibt es sehr viele Altlasten. Insbesondre auf den ehemaligen Geländen der Industrieanlagen haben sich giftige Stoffe im Boden angesammelt. Nach dem Verursacherprinzip müssten für diese Schäden die Unternehmen, die für ihre Entstehung verantwortlich sind, aufkommen. Aber auch als Umweltministerin war dieses Prinzip für mich sehr schwer durchzusetzen. Wenn die Gewinne erzielt sind, ziehen viele Unternehmen weiter oder werden bewusst aufgelöst. Einen Verursacher kann man dann nicht mehr fassen. Letztendlich zahlt in den meisten Fällen der Staat, das heißt die Steuerzahler:innen.

Dabei konnte ich in meiner Zeit als Ministerin vielfach erleben, dass Umweltauflagen nicht, wie von den Gegnern befürchtet oder propagiert, die Wirtschaft kaputt und die Menschen ärmer machten. Das Gegenteil ist der Fall! Fast immer führen Umweltauflagen zu Innovationen und neuen Geschäftsmodellen.

Ein Mittelständler, den ich während meiner Ministerzeit besuchte, bedankte sich. Durch schärfere Auflagen der Luftreinigung (Technische Anleitung Luft) seien die Grenzwerte für austretende Flüssigkeit oder gasförmige Stoffe, die durch Leitungen gepumpt werden, verschärft worden. Er habe nun Flansche, also Zwischenstücke zwischen zwei Rohrabschnitten, entwickelt, die viel dichter seien als herkömmliche. Nun sei er Weltmarktführer auf dem Gebiet, ein Hidden Champion. Seine Flansche werden inzwischen nicht nur gekauft, weil das Gesetz es vorschreibt, sondern auch, weil man mit den dichteren Flanschen weniger Verluste beim Transport durch die Leitungen hat.

Tatsächlich wird aber insbesondere von den Wirtschaftsverbänden viel zu häufig gegen Umweltschutzmaßnahmen angekämpft, anstatt die zukünftigen Vorteile für Wirtschaftsunternehmen in einem exportorientierten Land wie Deutschland zu sehen. Wer zuerst die Produkte auf den Markt bringt, hat dann die Nase vorn, wenn auch in anderen Ländern die notwendigen Umweltauflagen umgesetzt werden.

2,9 Millionen Menschen arbeiteten 2019 in Deutschland im Bereich des Umweltschutzes.[45]

DIE KLIMAKRISE – WARUM SIE SO GEFÄHRLICH IST

Die Klimakrise ist anders als alle bisherigen Krisen, denn wir haben nur noch ein CO_2-Budget

In den nächsten zehn bis fünfzehn Jahren wird sich entscheiden, ob es uns gelingt, die schwersten Auswirkungen der Klimakrise aufzuhalten, oder ob wir in eine Welt der Wetterextreme torkeln, in der immer mehr Regionen auf der Erde für Menschen unbewohnbar werden und immer mehr Geld benötigt wird, um menschliches Leid zu mindern und Wetterschäden zu beseitigen oder zu vermeiden. In jedem Fall werden wir viel Geld in die Hand nehmen müssen, um den CO_2-Ausstoß zu verringern und damit dem sich aufschaukelnden Teufelskreis aus Klimaerwärmung und Folgeschäden endlich zu entrinnen.

Der Zusammenhang zwischen dem Ausstoß von klimaschädlichen Gasen, der Erwärmung der Erde und Wetterextremen ist ausreichend und umfassend wissenschaftlich belegt. Leider wird insbesondere das klimaschädliche CO_2 nur sehr langsam abgebaut, zum Teil hält es sich mehr als 1000 Jahre in der Atmosphäre. Um von der jetzigen Konzentration in der

Atmosphäre (417 ppm) wieder auf die Konzentration von 350 ppm im Jahr zu kommen, braucht es etwa 500 Jahre. Der Klimaexperte Professor Ralph Keeling, Direktor des Scripps CO_2 Program, geht sogar davon aus, dass 2035 450 ppm und 2065 500 ppm erreicht werden und es tausend Jahre dauern wird, um wieder das Niveau von 350 ppm zu erreichen.[46]

Dass sich 15 bis 40 Prozent der klimaschädlichen CO_2-Emissionen länger als tausend Jahre[47] in der Atmosphäre halten, bedeutet: Jede weitere Emission führt zu einem weiteren Anstieg der Temperaturen auf der Erde. So lang, bis wir vollständig aufhören, fossile Energieträger zu verbrennen. Je mehr und je schneller CO_2 emittiert wird, desto schneller heizt sich das Klima auf. Auf der anderen Seite gibt es Berechnungen, die eine ungefähre Vorstellung davon geben, was passiert, wenn das Klima sich weiter erwärmt. Dabei spielen sogenannte Kipppunkte eine Rolle, Schwellen, die, wenn wir sie überschreiten, unumkehrbare Prozesse in Gang setzen. Das Abschmelzen großer Eisschilde in Grönland und in der Westantarktis gehört zu diesen Kipppunkten. Jetzt reflektiert das weiße Eis am Nordpol noch das Sonnenlicht. Ist das Eis weg, wird die dunkle Oberfläche die Wärme stärker einfangen und auf der Erde halten, dadurch erwärmt sich die Temperatur in der Atmosphäre weiter – zusätzlich zur berechneten Erwärmung durch unseren CO_2-Ausstoß.

Aber auch eine immer stärkere Freisetzung der im Boden gebundenen klimaschädlichen Gase (Methan) durch das Auftauen der Permafrostböden in Sibirien droht. Damit würden große Mengen klimaschädlicher Gase in die Atmosphäre emittiert.

Auf den internationalen Klimakonferenzen versucht die Weltgemeinschaft deshalb, den Prozess der Erwärmung so zu begrenzen, dass die Folgen zumindest ein bestimmtes Maß nicht überschreiten. Als vernünftiges Ziel gelten die 1,5 Grad, die als Grenze 2015 auf der Pariser Klimakonferenz beschlossen wurden (»deutlich unter zwei Grad, möglichst jedoch auf 1,5 Grad gegenüber dem vorindustriellen Niveau zu begrenzen«, lautet der Beschluss).[48]

Wenn wir diese Grenze einhalten wollen, dürfen wir weltweit nur noch ein begrenztes Budget von klimaschädlichen Gasen in die Luft blasen. Wenn der weltweite Ausstoß klimaschädlicher Gase dem der letzten Jahre entspricht und nicht deutlich zurückgeht, werden wir nach den Berechnungen der Wissenschaftler die 1,5 Grad Erwärmung in circa sechs Jahren, also um 2030 erreichen. Wir müssen also endlich beginnen, die klimaschädlichen Gase erheblich zu reduzieren. Dadurch können wir die Erwärmung verzögern und gewinnen mehr Zeit. Wir können länger mit dem Restbudget auskommen.

Entscheidend auf diesem Weg wird sein, dass wir fossile Energien so schnell wie möglich durch erneuerbare Energien ersetzen, außerdem müssen wir Energie einsparen. Deutschland hat beschlossen, die Wirtschaft, die Stromproduktion, den Wärmesektor und den Verkehr in gut zwei Jahrzehnten klimaneutral umzugestalten. Was eine solche Transformation wirtschaftlich, sozial und politisch bedeutet, kann sich jeder von uns ausrechnen, der den Ausstieg aus der Steinkohle im Ruhrgebiet noch im Gedächtnis hat und sich an die Diskussion um den Ausstieg aus der Braunkohle erinnert. Auf die Diskussion um das Aus für das Verbrennerauto in 2035 und die Wärmepumpen will ich gar nicht hinweisen.

Ist die Situation wirklich so schlimm?

Warum schreibe ich dieses Buch? Weil ich sehr besorgt bin. Mit jedem Jahr wird es schwieriger, die Klimakrise noch rechtzeitig zu meistern.

Seit der Pariser Klimakonferenz sind schon wieder acht Jahre vergangen. In den vergangenen Jahrzehnten wurde wertvolle Zeit verloren, der jährliche weltweite Ausstoß klimaschädlicher Gase ist heute höher als vor 30 Jahren, aber die Zeit, die uns bleibt, das Problem zu lösen, hat sich bereits um mehr als die Hälfte verkürzt.

Der Zusammenhang zwischen der Emission von klimaschädlichen Gasen, der stetigen Erwärmung und den Extremwettern ist wissenschaftlich erwiesen, und damit auch, dass wir noch schlimmere Unwetter und höhere Temperaturen verhindern können – und müssen.

Warten nützt nichts.

Wir merken es ja inzwischen auch in Deutschland. Der heiße Sommer 2022 hat die Frachtschifffahrt auf dem Rhein lahmgelegt, die Lieferketten wurden unterbrochen, die Preise stiegen. In Frankreich mussten Atomkraftwerke stillgelegt oder gedrosselt werden, weil die Flüsse nicht mehr genug Wasser zur Kühlung hatten. Die Atomkraftwerke mussten heruntergefahren werden, obwohl die Behörden in Frankreich die zulässige Temperatur des Wassers, das vom Atomkraftwerk für die Kühlung in den Fluss eingeleitet werden darf, kurzfristig extra erhöht hatten – zulasten der Fische im Fluss.

Deutschland musste Frankreich Strom liefern. Dafür wurden die Braunkohlekraftwerke hochgefahren. Durch die gestiegene Stromnachfrage erhöhte sich auch der Strompreis in Deutschland, der durch die Auswirkungen des russischen Krieges in der Ukraine ohnehin schon gestiegen war.

Was dringend sofort zu tun ist

Lützerath, das Dorf im Braunkohletagebaugebiet Garzweiler 2, ist in den letzten Jahren ein Ort der Demonstrationen und des Widerstands geworden. Lützerath wurde für Fridays for Future zum Symbol für die Überschreitung der 1,5 Grad Erwärmungsgrenze. Die Protestbewegung argumentierte, dass Deutschland seinen Beitrag zur Erreichung des Ziels, die globale Erwärmung auf 1,5 Grad zu begrenzen, nicht mehr einhalten könne, wenn die Kohle unter Lützerath abgebaggert würde.

Solche Auseinandersetzungen werden wir in Zukunft immer häufiger erleben.

Tatsächlich spitzt sich die Lage zu. Nach Aussagen der Wissenschaft befinden wir uns momentan weltweit nicht auf dem Pfad zu 1,5 Grad Erwärmung – wie in Paris als Ziel beschlossen –, sondern eher auf einem Pfad zu 2,7 bis 3 Grad.

Wir müssen also den Ausstoß klimaschädlicher Gase sehr schnell verringern, um uns weitere Zeit für die notwendige Transformation zu verschaffen. Natürlich wird der klimaschädliche Ausstoß nicht allein durch die Braunkohleverstromung verursacht. Auch im Verkehrsbereich muss sich dringend etwas tun. Das ist der Bereich, der seit 1990 praktisch keinen Beitrag zur Emissionsminderung geleistet hat. Hier benötigen wir ein völlig neues Mobilitätskonzept, das auch die Bahn, das Fahrrad und die Fußgänger miteinbezieht. Verkehrsmaßnahmen im Autoverkehr, vom Tempolimit über die Umgestaltung des Dienstwagenprivilegs bis zur Umstellung auf Elektromobilität müssen jetzt schnell umgesetzt werden.[49]

Nicht eine einzelne Maßnahme zur Überwindung umweltschädlicher Auswirkungen ist ausschlaggebend, sondern erforderlich ist die Verantwortung aller Sektoren.

Der Ausbau der erneuerbaren Energien ist dabei zentral. Alle bisherigen fossilen Energieträger, also Diesel und Benzin für Verbrennerautos, Öl oder Gas für Heizungen, müssen durch klimafreundlichen Strom ersetzt werden. Erneuerbare Energien müssen den benötigten Strom liefern. Hilfreich sind natürlich Einsparungen beim Strombedarf oder bei der Heizenergie. Auch ein reduzierter Einsatz von Zement im Neubaubereich ist wünschenswert, weil der Baustoff sehr viel Energie verschlingt.

Auf diesem Weg zur Klimaneutralität hat es durch den Angriffskrieg Russlands in der Ukraine Rückschläge gegeben. Es wurde uns nicht nur die Abhängigkeit von fossilen Importen aus Russland deutlich vor Augen geführt, sondern auch die Preise sind explodiert. Schnell musste nach Ersatz gesucht werden. Auch klimaschädliche Kohlekraftwerke mussten wieder Strom liefern.

Umso wichtiger ist es, den Ausbau der erneuerbaren Energien schnell voranzutreiben, denn wir können unsere Sonne und unseren Wind nutzen und sind unabhängiger von fossilen Importen.[50]

Die Klimakrise ist jetzt schon angekommen

Der Sommer 2022 war nicht nur am Rhein eklatant trocken. Berichte über Schäden in der Landwirtschaft insbesondere in Brandenburg häuften sich. Das Frühjahr 2023 war in Südeuropa besonders trocken, danach zerstörten Überflutungen in Norditalien Obstanbaugebiete. Im Juni zog ein schweres Unwetter über Deutschland, nach Hitzetagen und Schwüle. Auch hierbei erlitten Landwirte durch Zerstörungen auf ihren Feldern erhebliche Verluste.

Für einzelne Personen, deren Schicksale gar nicht alle öffentlich werden können, ist das jetzt schon ein Desaster. Ich denke etwa an den Waldbauern bei Hagen, dessen Bäume auf seinem

Waldgrundstück 2007 durch den Sturm Kyrill an einem Tag umgeknickt wurden. Dieser Wald sollte seine Rente sein. Er wollte Baum für Baum ernten und von diesem Erlös leben. Nun war alles in wenigen Stunden zerstört. Für das Holz der abgeknickten Bäume, das jetzt im Überfluss auf dem Markt war, gab es natürlich viel weniger Geld.

Ich denke an die vielen Menschen, die durch die Fluten an der Elbe oder der Ahr Angehörige verloren haben oder deren Häuser und Wohnungen zerstört wurden.

Ich denke aber auch an ein Beispiel, das ich ganz hautnah miterlebt habe. Während meiner Zeit im Bundestag habe ich mir eine Eigentumswohnung in Berlin gekauft. Zu der Zeit vor gut zehn Jahren waren Dachgeschosswohnungen mit Blick über Berlin der Hit. Sie waren als Erstes verkauft und wurden zu den höchsten Preisen angeboten. Auch in dem Gebäude, in dem meine Wohnung liegt – einem klassischen Vorderhaus mit im rechten Winkel zum Hinterhof abgehendem Hinterhaus –, gab es die begehrten Dachgeschosswohnungen. Eine davon war das Goldstück: in der Ecke zwischen Vorderhaus und Hinterhaus mit einer herrlichen offenen Dachterrasse mit Blick auf den grünen Hinterhof! Ich bekam von den glücklichen und stolzen Besitzern eine Einladung und konnte mich überzeugen: wirklich schick! Tolles Wohngefühl!

Vor drei Jahren waren die beiden – ein älteres Ehepaar – auf der Eigentümerversammlung, verstört und verzweifelt. Sie stellten einen Antrag für eine Klimaanlage. Die Sommer wurden immer heißer, der letzte Sommer war so heiß gewesen, dass sie die stehende Hitze, die sich natürlich in der Innenecke des Gebäudes besonders staute, in ihrer Wohnung nicht mehr aushalten konnten. Sie hatten viele verschiedene Lösungen ausprobiert. Es war schon während des Tages extrem heiß, aber besonders in der Nacht war es unerträglich. Eine Klimaanlage in einer Eigentümerversammlung durchzubekommen, ist selbstverständlich immer kompliziert. Auch damals gelang es nicht. Zu viele Fragen grundsätzlicher Art, wie die nach der Lärmbelästigung, konnten nicht ausreichend geklärt werden. Die Entscheidung wurde verschoben. Das Ehepaar war verzweifelt, sie waren den Tränen nah. Noch einen solchen heißen Sommer würden sie in dieser Wohnung nicht durchstehen können. Sie dachten an Verkauf und Auszug. Vom Goldstück war diese Wohnung für sie zum Albtraum geworden.[51]

Gerichte billigen Mietern in Dachgeschosswohnungen bei zu hohen Temperaturen zunehmend das Recht auf Mietminderung oder Kündigung zu, allerdings sind das bisher immer nur Einzelfälle, eine gesetzliche Regelung zu erlaubten Temperaturhöchstwerten in Wohnräumen gibt es bisher nicht.[52]

Tatsächlich ist die Erwärmung durch die Klimakrise in Großstädten und sehr dicht bebauten Städten ein besonders großes Problem.

In Berlin hat sich 2022 ein Aktionsbündnis Hitzeschutz gegründet, das von der Ärztekammer Berlin, der Deutschen Allianz Klimawandel und Gesundheit e. V. (KLUG) und der Senatsverwaltung für Wissenschaft, Gesundheit, Pflege und Gleichstellung initiiert wurde. Es gibt immer mehr Hitzetote, weil die Sommer immer häufiger sehr heiß sind.[53]

In den Städten erwarten Experten um bis zu zehn Grad höhere Temperaturen als auf dem Land. In Berlin gibt es Statistiken darüber, in welchen Stadtteilen sich die Kreislauferkrankungen jetzt schon erheblich erhöht haben und damit zusammenhängend Todesfälle im Sommer ansteigen. Bundesgesundheitsminister Karl Lauterbach hat im Sommer 2023 einen Hitzeschutzplan angekündigt. Er soll sich an Erfahrungen in Frankreich orientieren, die einen solchen Hitzeplan schon vor 20 Jahren, nach dem Hitzesommer 2003, aufgestellt haben.

Gerade ältere Menschen sind von starker Hitze besonders bedroht. Ihr Kreislauf ist nicht mehr so vital, aber auch das Risiko für Herzinfarkte steigt bei längeren Hitzeperioden an. Viele ältere Menschen leben allein, trinken zu wenig, und wenn sie Hilfe brauchen, kommt die oft zu spät.

Das Umweltbundesamt schreibt dazu: »Modellrechnungen prognostizieren für Deutschland, dass zukünftig mit einem Anstieg hitzebedingter Mortalität von ein bis sechs Prozent pro einem Grad Celsius Temperaturanstieg zu rechnen ist, dies entspräche über 5000 zusätzlichen Sterbefällen pro Jahr durch Hitze bereits bis Mitte dieses Jahrhunderts.«[54]

Wie wichtig wird da ein alter Baumbestand, der Schatten spendet. Ich lebe im Ruhrgebiet und erlebe mit Schrecken, wie diese wichtige Funktion von den Entscheidungsträgern auch heute noch weder gesehen noch beachtet wird. Das Laub macht Arbeit, die Pflege der Bäume ist teuer, die Wurzeln stören beim Einparken. Die Entscheidung fällt noch immer zu oft gegen die Bäume und für die Autos. Erst wenn der letzte Baum gefällt ist, werden wir merken, dass Beton nicht gegen die steigende Hitze hilft.[55]

Wir haben ein befreundetes Ehepaar eingeladen. Sie sind in Berlin aufgewachsen und sind deshalb nach ihrer Pensionierung gern in der Stadt. Nun erzählen sie ganz entsetzt, dass der schöne Gendarmenmarkt in Berlin eine große Baustelle ist. Ihr nettes Café und Restaurant dort, wo sie so gerne sitzen, droht dichtzumachen. Der Grund: Der Gendarmenmarkt wird zu einem Schwammplatz umgestaltet. Die Oberfläche wird wasserdurchlässig, und mit einem speziellen Wassersystem können bis zu fünf Millionen Liter Regenwasser versickert werden. Wie in einem Schwamm wird das Regenwasser gebunden und soll so Berlin in extremen Trockenzeiten schützen. Was soll der Unsinn?, fragen sie.

Gerade in Großstädten wie Berlin muss etwas gegen die Hitze und gegen den Wassermangel getan werden. Wenn es regnet, wird dieser Regen zukünftig viel häufiger als Starkregen fallen. Weil in den Städten ungefähr 80 Prozent der Flächen versiegelt sind, läuft das Wasser ganz schnell in die Kanalisation, die diese Wassermassen gar nicht so schnell ableiten kann. In Berlin war in den letzten zehn Jahren mit großer Regelmäßigkeit zu beobachten, wie Starkregen nach kürzester Zeit die halbe Stadt lahmlegten; Keller, aber auch U-Bahn-Eingänge liefen zu, Autos schwammen förmlich durch die Straßen, überall waren Feuerwehren im Einsatz. Also müssen Lösungen gefunden werden, das Wasser aufzufangen. Dafür wird das Schwammprinzip benutzt. Es werden im Boden Materialien verlegt, die das Wasser wie ein Schwamm aufsaugen und es dann peu à peu durch Pflanzen, also Begrünung und Bäume, wieder abgeben. Anstelle von Flächenversiegelung sind also offene begrünte Flächen und vor allen Dingen Bäume, hier insbesondere alte Bäume mit großen Kronen, ein Schritt in die richtige Richtung. Sie holen das in der Schwammstadt im Boden gespeicherte Wasser langsam wieder nach oben und verdunsten es. Begrünte Mulden werden geschaffen, in denen sich Wasser sammeln kann, oder Baumrigolen fangen es an den Bäumen auf, um deren Vertrocknen zu verhindern. Damit erhöhen sie die Luftfeuchtigkeit, schaffen ein angenehmeres Klima und können die Temperatur erheblich senken, was in den überhitzten Städten immer wichtiger wird. Fassadenbegrünung, Blüh- statt Kiesvorgarten, Balkonpflanzen oder Hochbeete gehören zum Konzept der Schwammstadt dazu.

Seit 2018 ist bei Neubauten die Regenwasserbewirtschaftung vorgeschrieben. Unter einem Friedhof in Friedrichshain wurde eine 200 000 Liter fassende Zisterne installiert. Nun ist der Gendarmenmarkt dran. Um Berlin zu einer Schwammstadt umzubauen, wird allerdings mit Kosten von bis zu zehn Milliarden Euro gerechnet.[56]

Die Klimakrise verschärft sich, die Politik ist zu langsam

Mit dem Buch *Die Grenzen des Wachstums* des Club of Rom wurde 1972 das Problem unserer wachstumsorientierten Wirtschaftsweise auf einer begrenzten Erde zum ersten Mal in einer breiten Öffentlichkeit diskutiert. Danach brauchte es weitere zwanzig Jahre bis zum ersten globalen Nachhaltigkeitsgipfel im brasilianischen Rio de Janeiro. Die erste international verbindliche Verpflichtung der Industrieländer, ihre klimaschädlichen Kohlendioxidemissionen zu reduzieren, erfolgte 1997 mit dem Abschluss des Kyoto-Protokolls in Japan, das allerdings erst 2005 in Kraft trat. Seitdem wurden viele weitere Beschlüsse zum Schutz des Klimas gefasst und Versprechungen gemacht, national wie international. Die Ergebnisse bleiben allerdings weit hinter dem Notwendigen zurück und werden nicht nur von Umweltschützer:innen und Klimaaktivist:innen, sondern auch von vielen Wissenschaftler:innen zunehmend kritisiert. So ist die Zeit zur Lösung der Klimakrise immer kürzer geworden, und die zu lösenden Probleme türmen sich weiter auf. Menschen brauchen – das ist die Erfahrung – Zeit für Veränderungen. Doch davon haben wir immer weniger. Deutschland hat sich mit allen demokratischen Parteien verpflichtet, die klimaschädlichen Emissionen bis 2045 auf null zu bringen. Das bedeutet einen großen Transformationsprozess. Der Strom muss zukünftig aus erneuerbaren Energien erzeugt werden, die Wärme darf nicht mehr von fossilen Energieträgern wie Öl, Gas oder Kohle geliefert werden. Der Verkehr muss klimaneutral funktionieren.

Das heißt, sowohl Heizungen als auch Verkehr werden in Zukunft elektrisch beliefert. Mit Strom, der aus erneuerbaren Energien stammt.

MYTHEN UND FAKTEN ZUR KLIMAKRISE

Geht die Klimakrise uns, die Älteren, wirklich nichts mehr an?

Als ich vor dreißig Jahren anfing, mich mit der Klimakrise intensiv zu beschäftigen, habe ich geglaubt, dass ich damit etwas für meine Kinder und Enkel tue und für die Menschen in besonders betroffenen Gebieten wie in großen Teilen Afrikas oder für die Inselbewohner im Pazifischen Ozean. Damals erfasste ich noch nicht, wie dringend das Problem auch für uns in Deutschland und auch heute schon ist. Das änderte sich erst nach einem Schlüsselerlebnis. Ich sollte als Ministerin 2004 in Nordrhein-Westfalen Schülern Preise für besonders gute Projekte überreichen. Ein Schüler sollte ausgezeichnet werden, weil er über die Tornadoentwicklung in Nordrhein-Westfalen recherchiert hatte. Ich dachte: Tornados, die gibt es in den USA. Es gibt hier zwar auch ab und zu eine Windhose, aber die ist doch nicht vergleichbar mit der Zerstörungskraft von Tornados in den USA! Wir sind hier in Deutschland und nicht in Amerika. Trotzdem folgte ich dem Votum meiner Mitarbeiter:innen. Der Schüler bekam für seine Arbeit einen Preis.

Nur einige Wochen später raste ein Tornado durch die Stadt, in der ich lebe, und näherte sich bis auf einen Kilometer unserem Haus. Er hinterließ eine Schneise der Verwüstung. Gut, dass es die jungen Leute gibt, dachte ich da. Die Häufung von

Extremwettern durch die Klimakrise, auch bei uns, auch schon vor fast 20 Jahren, war ganz persönlich bei mir angekommen.

Nun gab es damals und gibt es auch heute immer noch Leute, die sagen: »Aber wir wissen doch gar nicht, ob dieses Unwetter durch die Klimakrise verursacht wurde oder sowieso passiert wäre.« Dieses Argument ist letztlich irrelevant. Es ist nicht entscheidend, ob ein bestimmtes Unwetter auch ohne Klimaerwärmung eingetreten wäre oder ob es ein durch die Klimakrise verursachtes Extremwetter ist. Denn daran, dass sich die Extremwetterereignisse häufen, gibt es weltweite Einigkeit unter den Wissenschaftlern. Diese Situation wird sich verschlimmern, je stärker die Temperaturen steigen. Das ist der entscheidende Faktor, nicht die Frage, ob ein einzelnes Extremwetter von vielen vielleicht auch unabhängig von der Klimakrise eingetreten wäre.

Wir sehen mit Schrecken die Bilder von den Waldbränden in Australien, Kalifornien oder Kanada, deren Rauch 2023 die Luft in New York verpestet hat. Wir sehen die Bilder von aufgrund der Dürren in Afrika hungernden Menschen, wissen von den heißen Temperaturen in Moskau und Sibirien, kennen die Auswirkungen der Taifune in Asien. Aber das alles ist weit weg. In den letzten Jahren sind die Extremwetter jedoch immer häufiger auch in Europa sichtbar. Die Bilder von deutschen Urlaubern auf Rhodos, die wegen der Brände dort ihren Urlaub abbrechen mussten, haben sich eingeprägt. Die Extremwetter in den letzten beiden Jahren sind Anzeichen und Belege dafür, dass die Klimakrise auch in Europa, auch in Deutschland längst angekommen ist.

Aus der Häufigkeit, mit der Extremwetterereignisse heute schon eintreten, wird deutlich, dass es sehr wohl darauf ankommt, was Senior:innen im Rentenalter in den Jahren, die ihnen noch bleiben, zum Klimaschutz beitragen: als Verbraucher:innen, aber auch als einflussreiche Wählerschaft.

Die Klimakrise findet woanders statt und nicht bei uns

In Afrika findet die Klimakrise schon seit vielen Jahren statt. Klimazeugen haben uns schon vor zehn Jahren über die Situation z. B. im Tschad berichtet. Wenn die Temperaturen um 50 Grad betragen, die Trockenheit dazu führt, dass die Viehherden der Nomaden verdursten und diese dadurch ihre Familien nicht mehr ernähren können, werden sie häufig zu Binnenflüchtlingen im eigenen Land. Sie ziehen in Regionen, in denen sie hoffen eine etwas bessere Situation vorzufinden. Dort treffen sie auf Menschen, die selbst nur über wenig Wasser verfügen und deshalb das wenige nicht einfach teilen können.

Konflikte und Machtauseinandersetzungen sind vorprogrammiert, eine ideale Situation für Terrorgruppen, die genau in dieser Region südlich der Sahara ihr Unwesen treiben.

Dabei haben die Menschen im Tschad selbst nichts zur Klimakrise beigetragen. Die Verursacher sind die Industrieländer. Der Tschad verzeichnet einen klimaschädlichen Ausstoß weit unter einer Tonne CO_2e pro Person und Jahr, wir in Deutschland dagegen von über zehn Tonnen CO_2e pro Jahr. (CO_2e sind CO_2-Äquivalente. Methan und andere klimaschädliche Gase werden in CO_2-Äquivalente umgerechnet).[57]

Ostafrika erlebt momentan die schlimmste Dürre seit Menschengedenken. Die Bauern haben kein Wasser für ihre Felder, die Ernte fällt mager aus oder verdorrt ganz, Tiere sterben, und zusätzlich kämpfen die Menschen mit einer katastrophalen Heuschreckenplage. 43 000 Menschen sind im Jahr 2022 allein in Somalia an Hunger und Unterernährung gestorben, die Hälfte davon Kinder.[58] Ähnlich ergeht es den Menschen in Madagaskar und Mosambik, die von Überschwemmungen geplagt werden.

Wir sollten uns das vor Augen halten, wenn wir über die Kosten von Klimaschutzmaßnahmen klagen.

Um sich aus diesen Notlagen zu befreien, suchen die Menschen, die dort leben, nach Lösungen zur Verbesserung ihrer Lebenssituation. Oft wird mühsam Geld zusammengesammelt oder geliehen, um den lebensgefährlichen Weg durch die Wüste und über das Mittelmeer nach Europa zu wagen. Dabei sind fast alle auf skrupellose Schlepperbanden angewiesen. Die Zahl dieser Klimaflüchtlinge wird durch die Auswirkungen der Klimakrise steigen.

Passen wir uns doch einfach an

Viele Menschen, mit denen ich spreche, wehren sich gegen die Dringlichkeit, mit der Klimaaktivisten mehr Engagement von Politik und Gesellschaft gegen den Klimawandel einfordern. Oft höre ich dann eine Reihe wiederkehrender Argumente: Wir haben in der Vergangenheit doch Lösungen für die Umweltverschmutzung im Ruhrgebiet gefunden und haben die Situation der Menschen verbessert. Wir haben das wachsende Ozonloch in überschaubarer Zeit unter Kontrolle gebracht. Wir werden uns doch auch an die Klimakrise anpassen können. Schließlich leben wir Menschen in so unterschiedlichen Regionen wie in den eisigen Zonen des Nordpols und in den Glutöfen der Wüsten. Wir haben doch immer einen Weg gefunden.

Diesmal ist es leider anders, schwieriger, komplexer, gefährlicher.

Umweltprobleme wie im Ruhrgebiet waren regional begrenzt. Beim Ozonloch konnte eine Lösung durch das Verbot der gefährlichen FCKW und ihren Ersatz durch weniger problematische Stoffe gefunden werden. Die FCKW wurden relativ schnell abgebaut, und insofern hat sich das Problem entspannt.

Bei der Klimakrise handelt es sich wie beim Ozon um ein globales Problem, aber durch den langsamen Abbau des CO_2 werden wir es nicht so schnell überwinden können.

Warum können wir uns nicht an den Klimawandel anpassen?

Das Problem sind die Wetterextreme, die Dürren und Überflutungen. Ein erheblicher Teil des schädlichen CO_2 hält sich über tausend Jahre in der Atmosphäre. Und je mehr klimaschädliche Gase sich in der Atmosphäre befinden, desto dramatischer und häufiger sind die resultierenden Extremwetter. Daran kann sich auch der Mensch nur bedingt anpassen.

Vor allen Dingen werden die Kosten, um die Schäden zu reparieren, immer höher. Wenn weiterhin CO_2 in die Atmosphäre emittiert wird, werden die Wetterextreme sich weiter verschlimmern. Wir stehen hier noch am Anfang. Wenn sich Extremwetter häufen, wenn sich also z. B. eine Katastrophe wie der Hurrikan Katrina in New Orleans zeitgleich mit anderen – wie etwa Storm Sandy in New York – ereignet, wird es nicht nur schwieriger werden, spontan Hilfe zu leisten. Die Hilfen für die Reparaturen werden unbezahlbar. Das wird auch für den gesellschaftlichen Zusammenhalt, für die Demokratie zu einer immer größeren Herausforderung.

Auch deshalb müssen wir das Ziel, klimaneutral zu werden, so schnell wie möglich erreichen.

Für die allermeisten Pflanzen und Tiere ist eine Anpassung in kurzer Zeit überhaupt nicht möglich. Sie können sich nur über viele Generationen evolutionär anpassen.

Das Artensterben, das jetzt schon exorbitant ist, wird dramatisch zunehmen, und damit wird auch unsere Ernährung, also unser Überleben, gefährdet.

Übrigens werden sich insbesondere die Menschen im globalen Süden, die in ärmeren Ländern leben, viel schlechter anpassen können als wir, obwohl gerade sie besonders von den Auswirkungen der Klimakrise betroffen sein werden. Sie haben nicht die finanziellen Mittel, um Deiche zu bauen oder ihre Städte so anzupassen, dass sie gegen die Hitze gewappnet sind.

Wenn Nahrungsmittel knapp werden, sind es die Ärmsten, die sich die hohen Preise nicht mehr leisten können. Noch mehr Flüchtlingsbewegungen, noch mehr kriegerische Auseinandersetzungen um Wasser, um Nahrung werden die Folge sein, noch mehr Geld für das Militär und Schutzmaßnahmen gegen die Wetterextreme werden auch die reichen Länder finanziell irgendwann überfordern.

Nicht Deutschland, sondern China und USA müssen handeln

In Deutschland leben ein Prozent der Weltbevölkerung, das Land ist für zwei Prozent der CO_2-Emissionen weltweit verantwortlich. Deutschland ist im Jahr 2021 hinter China, USA, Indien, Russland Japan und dem Iran an siebter Stelle, was die absoluten CO_2-Emissionen angeht.[59]

Alle vor Deutschland liegenden Länder haben mehr Einwohner. Wenn man die Entwaldung miteinbezieht, liegt Deutschland bei den historischen CO_2-Emissionen, also der Menge an klimaschädlichen Gasen, die seit der Industrialisierung in die Luft geblasen wurden, auf dem sechsten Platz hinter den USA, China, Russland, Brasilien und Indonesien.[60]

Wenn also ein Land wie Deutschland mit derart hohen Umweltlasten auf China und die USA verweist und nichts tun will, hätten die anderen 190 Länder der Welt, die in allen Statistiken weniger als Deutschland zu dem Problem beigetragen haben, mit den gleichen Argumenten auch keinen Grund, klimaschädliche Gase zu reduzieren.

Das Pariser Klimaabkommen verpflichtet deshalb alle Länder, auch die Länder des Südens, die bisher nichts zur Klimakrise beigetragen haben, Pläne vorzulegen, wie und wann sie ihren CO_2-Ausstoß verringern wollen. Alle Länder!

Nur wenn wir alle zur Überwindung der Klimakrise beitragen, werden wir gemeinsam erfolgreich sein.

Deutschland will seine Wirtschaft im Jahr 2045 klimaneutral umgebaut haben. Das hat die große Koalition beschlossen, die Ampelregierung hat dieses Ziel bestätigt. Damit gibt es eine große Mehrheit im Bundestag, die hinter diesem Ziel steht.

Die Schneestürme in den USA – das soll Klimaerwärmung sein?

In den letzten Jahren erreichen uns dramatische Bilder von Schneestürmen in den USA.[61]

Viele meinen, hier einen Widerspruch zu erkennen, und schlussfolgern, dass die Erwärmung durch die Klimakrise gar nicht stattfindet. Tatsache ist, dass sich der Windstrom um den Nordpol, der Jetstream, durch die Klimakrise verändert hat. Früher zog er gleichmäßig wie eine Sinus-Cosinus-Kurve um den Nordpol. Je nachdem, an welcher Stelle ihrer Amplitude wir uns befanden, konnten wir mit Kälte oder Wärme rechnen: Befanden wir uns in der offenen Welle nach Norden, drückte kalte Luft in unsere Richtung, befanden wir uns in der offenen Welle nach Süden, dann kam warme Luft zu uns. Aber der Jetstream war in Bewegung, die kalten oder heißen Tage dauerten in der Regel nicht so lange. [62]

Durch die Klimakrise gerät der Jetstream ins Stocken. Es kann passieren, dass entweder warme Luft von Süden über lange Zeit unsere Wetterlage bestimmt oder eben kalte Luft von Norden über viele Tage zu uns strömt. Oder aber ein Regengebiet zieht nicht ab, womit es zu Starkregen kommt.

So kann es sowohl bei uns als auch in Kanada und im Norden der USA vorkommen, dass sich lang anhaltende Wetterlagen mit eisigen Temperaturen einstellen. Also können auch extreme Kaltwettersituationen durch die Klimakrise verursacht sein.

Hinzu kommt ein weiterer Langfristeffekt. Der Golfstrom, der insbesondere in Norddeutschland für mildere Wintertemperaturen als in Kanada und Nordamerika sorgt, schwächt sich durch das Abschmelzen des Nordpolareises als Folge der Klimakrise ab. Langfristig wird das bei uns, aber auch weltweit für Veränderungen sorgen. Köln z. B. liegt viel nördlicher als Toronto, also näher am Nordpol. Dennoch ist es hier deutlich wärmer als in anderen Städten auf dem gleichen Breitengrad, eben weil der warme Golfstrom – noch – für den Unterschied sorgt.

Wir sehen aber auch Hitzerekorde in Kanada oder Südeuropa, Brände in Australien und in den USA, die immer schlimmer wüten, sowie schreckliche Dürren und Überschwemmungen in Afrika. Auch wenn ich mich wiederhole, muss ich es noch einmal sagen: Wissenschaftlich gibt es längst keinen Zweifel mehr daran, dass all diese ungewöhnlichen, oft extremen Wetterereignisse durch den Klimawandel verursacht werden.

WAS IST ZU TUN?

WO SITZEN DIE BLOCKIERER?

Widerstand gegen konkrete Maßnahmen

Der Umbau unserer Wirtschaft wird zu sozialen Spannungen führen, angestammte Arbeitsplätze werden verloren gehen und durch neue, noch unbekannte Aufgabengebiete ersetzt werden. Eine solche notwendige Transformation führt zu berechtigten Ängsten in den Belegschaften von Unternehmen und in den Familien.

Populisten, die uns erzählen wollen, dass alles beim Alten bleiben kann, werden verstärkt Zulauf bekommen. Gleichzeitig werden die Auswirkungen der Klimakrise schlimmer statt besser, denn selbst wenn wir in der Lage wären, die Klimaerwärmung weltweit sofort auf null zu senken, werden wir mit den jetzt schon bestehenden Auswirkungen, insbesondere den Wetterextremen, leben müssen, bis entsprechend viele Klimagase in Hunderten von Jahren abgebaut sind.

Bereits in den letzten Jahrzehnten war unsere Gesellschaft, aber auch jeder Einzelne von uns, enormen Veränderungen ausgesetzt. Die Schnelligkeit der Kommunikation, die Digitalisierung, die unser Leben veränderte und weiter verändert, die künstliche Intelligenz, die immer mehr Arbeitsplätze überflüssig machen wird: Das alles überfordert schon jetzt viele von uns. Verständlich, dass viele sich gegen eine weitere umfangreiche Veränderung, wie sie die Transformation der gesamten Wirtschaft darstellt, wehren. Aber es muss sein, denn Stillstand bedeutet eine dramatische Verschlechterung der Lebensbedingungen. Selbst wenn wir nichts ändern, bleibt nichts, wie es ist.

Nehmen wir endlich die Berichte des Weltklimarats Intergovernmental Panel on Climate Change (IPCC), des wissenschaftlichen Gremiums der Vereinten Nationen zur Erforschung des Klimawandels, zur Kenntnis, in denen Hunderte von Wissenschaftlern warnen, dass uns nur noch wenige Jahre Zeit bleiben! Erst wenn wir das verstanden haben und die Botschaft in unserem Bewusstsein angekommen ist, stellt sich die Frage: Haben wir den politischen Willen, gemeinsam zu handeln?[63]

Das Geschäftsmodell der fossilen Unternehmen

Um zu verstehen, warum es so erbitterten Widerstand gegen Maßnahmen zur Überwindung der Klimakrise gibt, müssen wir in die USA vor 50 Jahren schauen. In den 70er-Jahren kamen die ersten Berichte über die Begrenztheit der Erde auf. Es gab den erwähnten Bericht des Club of Rome *Die Grenzen des Wachstums*, und Wissenschaftler begannen, über das Phänomen der CO_2-Konzentration in der Atmosphäre zu diskutieren.

Auch die Ölkonzerne interessierten sich für das Thema. ExxonMobil hat in den 70er-Jahren Wissenschaftler beauftragt, mehr über die steigenden CO_2-Emissionen und deren Wirkung herauszufinden. Diese Wissenschaftler legten schon damals Berechnungen und Prognosen vor, die den heutigen CO_2-Konzentrationen exakt entsprechen, und sie warnten vor der damit zusammenhängenden Erwärmung und den dramatischen Folgen für die Menschheit.

Inzwischen wissen wir detailliert, dass Exxon bereits 1977 durch den Klimaforscher James Black auf die Schwere der Krise aufmerksam gemacht wurde. 1979 berechnete er Prognosen, die bis in die heutige Zeit reichen, und warnte vor dramatischen Folgen für die Umwelt und die Menschen.[64] Ein Untersuchungsausschuss im Kongress der USA hat im Jahr 2019 Forscher zu diesem Thema befragt, die damals im Auftrag von ExxonMobil die Ergebnisse zusammengetragen und bewertetet haben. In diesem Zusammenhang wurden auch damalige Grafiken diskutiert, die Prognosen zur Entwicklung von CO_2-Konzentrationen in der Atmosphäre und von ihnen bewirkte Klimaeffekte darstellten. Sie stimmt mit dem Verlauf der Kurven, wie sie von heute aus gesehen die tatsächliche Zunahme der Konzentration von CO_2 in der Atmosphäre und die globale Erwärmung bis 2019 beschreiben, exakt überein. Auf die Frage, wie er die Tatsache bewerte, diese Entwicklungen schon 40 Jahre im Voraus präzise vorhergesagt zu haben, sagte Dr. Martin Hoffert, einer der von ExxonMobil beauftragten Wissenschaftler: »We were excellent scientists.« (»Wir waren exzellente Wissenschaftler.«) Dass die Forscher, die damals für Exxon arbeiteten, jetzt an die Öffentlichkeit gehen, hat auch damit zu tun, dass sie über die Reaktionen von ExxonMobil entsetzt waren.[65]

Tatsächlich tat ExxonMobil mit diesen dramatischen Erkenntnissen nicht das, was die Wissenschaftler erwartet hatten. Statt die eigene Geschäftspolitik zu ändern, die Öffentlichkeit zu informieren und zu warnen, verschwand die Studie in der Schublade, und ExxonMobil begann eine Gegenstrategie. Das Unternehmen investierte viel Geld in Kampagnen und Lobbyarbeit, die Zweifel an den Tatsachen des Klimawandels streuen sollten. Es wurden Studien in Auftrag gegeben, die Unsicherheit und Zweifel über die Gefährlichkeit des Klimawandels verbreiten sollten, und man nahm gezielt auf Abgeordnete Einfluss, um möglichst lang weiter mit den alten fossilen Energien Geld verdienen zu können.[66]

Diese Art von Lobbyarbeit war nicht neu. Die Tabakindustrie hatte es bereits vorgemacht. Sie hatte in den 60er- und 70er-Jahren bis zuletzt versucht, Einfluss zu nehmen und mit allen Mitteln zu verhindern, dass Rauchverbote ausgesprochen wurden: mit Kampagnen, der Bezahlung von verharmlosenden Gutachten und dem Säen von Zweifeln an wissenschaftlichen Untersuchungen.

Nach diesem Motto hat offensichtlich auch ExxonMobil gehandelt. Exxon sorgte dafür, dass die Fakten so lange wie möglich geleugnet und verdreht wurden, anstatt die eigene Geschäftspolitik zu ändern und die politisch Verantwortlichen auf die Gefahren hinzuweisen.

Investigative Journalisten haben schon 2015 in intensiver Arbeit Fakten zusammengetragen und erste Erkenntnisse zu den systematischen Verharmlosungskampagnen von ExxonMobil gewonnen. All das dokumentiert unter anderem ein Film des WDR *Die geheimen Machenschaften der Ölindustrie* – ausgestrahlt am 18. April 2018 und immer noch zu sehen auf YouTube.[67]

Inzwischen strengen immer mehr Städte Klage gegen Ölunternehmen an, damit diese für die Schäden bezahlen sollen, die ihr Handeln verursacht hat. Schließlich muss die Behebung dieser Schäden jetzt teuer von den Steuern der Allgemeinheit bezahlt werden. Bisher sind solche Klagen auf Schadensersatz für die Klimaschäden gegen ExxonMobil aber daran gescheitert, dass das Ölunternehmen behauptete, die Erkenntnisse, die dem Konzern vorlagen, seien nicht präzise genug gewesen. Sie hätten von der Gefahr nicht ausreichend gewusst. Diese Sicht der Dinge wird aber immer mehr in Zweifel gezogen, weil zunehmend Einzelheiten ans Licht kommen, die darauf hinweisen, dass die Unternehmen sehr wohl informiert waren.[68] Die Klageaussichten verbessern sich für die Kommunen also momentan, und es drohen den Ölkonzernen damit ähnliche Strafen wie vor Jahrzehnten den Tabakkonzernen für ihr durch Falschaussagen gestütztes Leugnen der Krebsgefahr des Rauchens trotz besseren Wissens.

Durch immer mehr Informationen, die aufgedeckt werden, erhöht sich die Wahrscheinlichkeit, dass die Richter in Zukunft anders urteilen werden als bisher. Wenn man dann noch bedenkt, dass die Ölkonzerne durch den Angriffskrieg Russlands in der Ukraine und die dadurch gestiegenen Kosten für fossile Energien 2022 die größten Gewinne ihrer Geschichte eingefahren haben, dann werden Forderungen nach dem Verursacherprinzip oder einer Gewinnabschöpfung immer verständlicher.[69]

Die Strategie der bewussten Desinformation hat in den letzten Jahrzehnten immer stärker um sich gegriffen. Argumente gegen den notwendigen Klimaschutz, die in den USA bei der Bevölkerung gewirkt haben, werden von Gegnern der Transformation auch in Deutschland und Europa für entsprechende Propaganda eingesetzt. Die Möglichkeiten, solche Fehlinformationen über das Internet und die sozialen Medien breit zu streuen, sind mittlerweile stark gewachsen.

Darüber hinaus werden z. B. in Talkshows gerne Personen mit unterschiedlichen Meinungen eingeladen, um die Diskussion spannender zu gestalten. Das ist völlig in Ordnung, solange es sich um tatsächliche Meinungen handelt – man kann z. B. sehr unterschiedliche Vorstellungen darüber haben, wie die Transformation am besten gelingen kann. Geht es aber um nachweisliche Fehlinformationen, um Fake News und Propaganda, bewegen wir uns nicht mehr im Bereich unterschiedlicher Meinungen. Gibt man solchen Stimmen öffentlichen Raum, haben es auch bereits vielfach widerlegte Argumente leicht, sich Gehör zu verschaffen. Das hat leider zur Folge, dass man immer und immer wieder falsche Behauptungen widerlegen muss, anstatt endlich gemeinsam über die notwendigen Konsequenzen, die gezogen werden müssen, reden zu können und vor allen Dingen zu handeln.

Seit vielen Jahren und erfolgreich werden solche Desinformationskampagnen in den USA praktiziert. Die Tea-Party-Bewegung innerhalb der republikanischen Partei, rechte Radio- und Fernsehsender haben das Diskussionsklima verändert. Ganz in diesem Sinne wurde die Gründung von Fox News, finanziert von Rupert Murdoch, mit langer Vorbereitungszeit betrieben. Es ist der erste Fernsehsender in einer Demokratie, der gezielt für die Durchsetzung eines bestimmten politischen Programms gegründet wurde. Hinzu kommt in den USA die Abhängigkeit der Parteien und der Präsidentschaftskandidaten von Großspenden, mit denen riesige Unternehmen ihre ganz eigenen Interessen verfolgen.

Dieser Trend, mit falschen Informationen, mit Fake News, zu agieren, konnte erst das Feld für einen Populisten wie Ex-Präsident Donald Trump bereiten. Er hat vielfältige Verbindungen zur Öl- und Kohleindustrie, der er seinen Erfolg entsprechend dankte. So kündigte Donald Trump kurz nach seiner Wahl noch im Jahr 2016 an, den Chef des größten US-amerikanischen Energiekonzerns, des besagten Unternehmens ExxonMobil, Rex Tillerson, zum künftigen Außenminister der USA zu machen. Während Trumps Amtszeit stiegen die USA aus dem internationalen Klimaschutzprozess aus, es wurde eine Politik für die fossile Industrie gemacht und verstärkt Argumente zur Verharmlosung und Leugnung der Klimakrise verbreitet.

Trumps Abhängigkeit von der fossilen Lobby hat uns gezeigt, was uns erwartet, wenn Populisten die Angst der Menschen vor Veränderungen ausnutzen und so handeln, als ob alles beim

Alten bleiben könne. Umfragen zeigen, dass diese Politik der Klimaleugner von Trump und vielen Republiken leider Wirkung zeigt.[70]

Die Bevölkerung in den USA ist auch in dieser Frage gespalten. Eine große und detaillierte Umfrage macht deutlich, dass 55 Prozent der Amerikaner alarmiert oder besorgt sind. Sie wissen, dass es die Klimakrise gibt und dass schnell gehandelt werden muss. 19 Prozent wissen nicht genau, wie sie den Klimawandel einschätzen sollen, sie sind unsicher. Sechs Prozent wissen zu wenig, als dass sie sich eine Meinung bilden könnten, und zwölf Prozent glauben, dass der Klimawandel nicht menschengemacht, sondern ein natürliches Phänomen ist. Das eigene Verhalten hat nach ihrer Auffassung mit den beobachteten Auswirkungen gar nichts zu tun. Acht Prozent verbleiben als die wirklichen Klimaleugner. Sie behaupten, der Klimawandel finde gar nicht statt, er sei eine Lüge von Verschwörern, die damit anderes bezweckten.

Es ist schon erstaunlich, dass in einem Land, das jetzt schon viel stärker als Europa von der Klimakrise und den damit verbundenen Wetterextremen betroffen ist, noch so viele Menschen die Klimakrise leugnen. Durch die Hurrikans, die Waldbrände, die extremen Wirbelstürme, die Überflutungen sterben jedes Jahr Hunderte von Menschen oder verlieren ihr Hab und Gut, häufig ihre Existenz.

Aus einer Analyse der *Washington Post*, die Daten für das Jahr 2021 aus Behörden zusammengetragen hat, geht hervor, dass vier von zehn Amerikanern 2021 von klimabedingten Wetterextremen betroffen waren, 80 Prozent litten unter extremer Hitze, 656 Menschen starben, die Schäden beliefen sich auf 104 Milliarden Dollar, wobei die Kosten der Waldbrände, der Dürren oder der Hitzewellen im Westen noch gar nicht eingerechnet waren.[71]

Weihnachten 2022 gab es eine arktische Kältewelle, massive Schneestürme, Windböen, z. T. in Hurrikanstärke. Wieder wurde von einem Bombenzyklon gesprochen, Extremwetter, die es in diesem Ausmaß bisher noch nicht gegeben hatte. Von Texas bis Maine hatten 1,4 Millionen Menschen keinen Strom.[72] Anfang 2023 war auch Kalifornien wieder von Extremwetter betroffen, viele Gebiete südlich von San Francisco waren überflutet.[73] Dass trotzdem so viele Menschen diese Extremwetter negieren und keine Zusammenhänge mit der Klimakrise sehen wollen, ist schwer nachvollziehbar.

Die Strategie der fossilen Lobby zusammen mit den ihnen nahestehenden Politikern ist sehr intelligent, psychologisch ausgefeilt, manipulativ und passt sich Veränderungen an. Am Anfang wurde der Klimawandel noch geleugnet, weil es ja schon immer Warmzeiten gab und das die besten Jahre für die Entwicklung der Menschheit waren. Nun geht es zunehmend darum, die Lösungen anzugreifen und zu diskreditieren. Jetzt heißt es, wir brauchen mehr Zeit, warten wir doch lieber auf Alternativen. Ängste werden geschürt, dass gerade ältere Menschen enorme Summen aufbringen müssten, um die Klimamaßnahmen zu finanzieren.

Das war bei der Coronapandemie ganz anders. Die Maßnahmen zur Überwindung der Coronapandemie waren auch deshalb erfolgreich, weil sich alle demokratischen Parteien gemeinsam für Maskenpflicht und für das Impfen ausgesprochen haben. Bei der Überwindung der Klimakrise werden die schon lang bestehenden inhaltlichen Unterschiede sehr deutlich. Der Begriff »Technologieoffenheit« ist nur ein extrem gutes Framing dafür, dass man die existierende, schnelle Lösung nicht will und die Überwindung der Klimakrise weniger wichtig ist als die Angst, den Menschen die Wahrheit über die Ernsthaftigkeit der Lage und die damit verbundenen notwendigen und schnellen Änderungen sagen zu müssen. Besser scheint es, ihnen das Gefühl zu geben, es kann so bleiben, wie es ist, es hat noch Zeit, wir können noch warten. In dieser Legislaturperiode wollen wir den Menschen lieber nicht so viel zumuten. So können diejenigen, die die Bearbeitung der Probleme viel zu lang vertagt haben und nicht angegangen sind, weiter darauf drängen, mehr Zeit für gute Lösungen zu benötigen. Wohlwissend, dass es immer schwieriger wird, angesichts der kurzen verbliebenen Zeit die vielen Änderungen, die nötig sind, noch durchsetzen zu können.

Systematischer gehen dagegen Klimaleugner vor. Mit den Methoden der bewussten Wissenschaftsleugnung, der Desinformation, wie sie von Klima- oder Coronaleugnern angewendet werden, um die Überwindung der Klimakrise hinauszuzögern oder damals Coronaschutzmaßnahmen zu diskreditieren, beschäftigen sich mittlerweile Wissenschaftler. Die Strategie wird als FLICC (*Fake Experts, Logical Fallacies, Impossible Expectations, Cherry Picking* und *Conspiracy Myths*) oder auf Deutsch PLURV (Pseudoexperten, Logikfehler, unerfüllbare Erwartungen, Rosinenpickerei, Verschwörungsmythen) bezeichnet.[74] Es werden Pseudoexperten ins Feld geführt, die eine abweichende Meinung zu den Klimawissenschaftlern des internationalen Klimaprozesses haben. Oft haben diese Wissenschaftler einen Professorentitel, sind aber nicht mehr beruflich aktiv. Fast immer sind sie allerdings keine Klimawissenschaftler. Dafür kann man ihnen oft die Nähe zu einer der fossilen Firmen nachweisen. Diese Pseudoexperten argumentieren mit einer gewissen Logik, die auf den ersten Blick plausibel klingt und nur von Experten, die sich in dem betreffenden Gebiet auskennen, mit guten Argumenten und dem Aufdecken der Logikfehler widerlegt werden können. Diese Pseudoexperten weisen auf unerfüllbare Erwartungen hin, die angeblich in der Bevölkerung verbreitet sind. Solche Erwartungen machen den Menschen Angst und erzeugen Widerstand gegen die erforderlichen Klimamaßnahmen. Für diese Zwecke nutzen die Pseudoexperten Beispiele und Informationen, die lückenhaft sind und bei näherer Betrachtung nicht als Beleg gegen die Klimakrise herangezogen werden können, also klassische Rosinenpickerei.

Außerdem liefern sie Verschwörungsmythen für alle, die gerne an Verschwörungen glauben. Die Argumentationslogik der Klimaleugner wird mittlerweile auch von AfD-Politiker:innen gerne genutzt.[75]

Wähler:innen sind durchaus für solche Argumente empfänglich. Robert Sesselmann, der im Juni in Sonneberg die erste Landratswahl für die AfD gewann, warb mit den Parolen: »Gegen Windkraft – für Diesel« und »Gegen Sanktionen – für billiges Gas«

Es gibt auch Licht in den USA

Nun könnte man fragen, wenn es in der Bevölkerung der USA so schwierig ist, Klimaschutzmaßnahmen durchzusetzen – in der größten Volkswirtschaft der Welt, die zu den größten CO_2-Emittenten gehört – wie sollen wir dann die Klimakrise überwinden? Aber natürlich gibt es auch in den USA die anderen, die engagierten Kämpferinnen und Kämpfer für die Überwindung der Klimakrise.

Zum einen sind da sehr bekannte Klimaaktivisten, die die weltweite Diskussion durch gute Ideen und Beiträge bereichert und mitbestimmt haben. Einer davon ist Bill McKibben. Er machte im Jahr 2012 in einem Artikel in der Zeitschrift *Rolling Stone* mit drei Zahlen auf eine wichtige Diskrepanz aufmerksam. Bei diesen handelte es sich um

- den Grad der noch zu akzeptierenden Erwärmung,
- das Budget, das für den Ausstoß von klimaschädlichen Gasen noch zur Verfügung steht, um das Erwärmungslimit nicht zu überschreiten, und
- die Menge an fossiler Energie, wie Kohle, Öl und Gas, die als Reserven noch im Boden vorhanden sind, aber schon von Unternehmen oder Staatskonzernen aufgekauft wurden und in den Büchern von Wirtschafts- oder Staatsunternehmen in die Bilanzen eingepreist sind für den Verkauf, sprich für die Verbrennung.[76]

Die beiden letzten Zahlen liegen weit auseinander. Die ausgewiesenen Kohle-, Öl- und Gasreserven sind fünfmal höher als das Klimabudget, das der Weltbevölkerung noch zur Verfügung steht, um unter einem Limit von zwei Grad Erwärmung zu bleiben. Aus dieser Analyse ist die Divestmentbewegung (Verkauf, Veräußerung) entstanden. Sie folgert sehr klar, dass die Unternehmen, die auf diesen fossilen Bilanzen sitzen, zu großen Teilen ihre fossilen Reserven aus Klimaschutzgründen nicht zu Gewinnen werden machen können. Weil die Wetterextreme immer heftiger werden, wird die Verbrennung von fossilen Energien immer stärker eingeschränkt werden müssen. Die Geschäftszahlen werden sich über die Zeit negativ entwickeln, die Unternehmen und damit die Aktien werden an Wert verlieren.

Aufgrund dieser Erkenntnis fordert die Divestmentbewegung: Zieht eure Investments von diesen Unternehmen ab, denn das Geld, das in Kohle-, Öl- und Gasunternehmen investiert ist, ist massiv gefährdet! Es drohen hohe Verluste, weil diese Unternehmen ihre schon in den Bilanzen stehenden Gewinne in der Zukunft nicht mehr realisieren dürfen, wenn wir unsere Lebensgrundlage nicht zerstören wollen. Inzwischen haben viele

Stiftungen, Anlage- oder Staatsfonds und Unternehmen sich dieser Sicht der Dinge angeschlossen, Konsequenzen gezogen und ihre Gelder aus fossilen Unternehmen abgezogen.

Wenn man also nicht den Grenzwert von zwei Grad Erwärmung nimmt, wie 2012 noch McKibben, sondern das schärfere Ziel der Pariser Klimakonferenz anstrebt, möglichst eine Erwärmung von 1,5 Grad nicht zu überschreiten, dann wird dieser negative Trend die fossilen Unternehmen noch früher erreichen.

Einen weiteren Lichtblick stellt die konsequente Klimapolitik von Joe Biden dar. Er hat das größte Klimaschutzprogramm aller Zeiten auf den Weg gebracht. Zwar hat auch hier sein demokratischer Parteifreund, der Kohlelobbyist und Senator Joe Manchin ganze Arbeit geleistet, indem er das Programm monatelang blockierte und verwässerte. Aber dennoch ist letztendlich ein gigantisches Konjunkturprogramm entstanden, das zu einem enormen Schub für den Aufbau der erneuerbaren Energien in Amerika sorgen wird. Die Produktion von Windkraft- und Photovoltaikanlagen wird massiv gefördert, ebenso der Ausbau der Elektromobilität und die Installation von erneuerbaren Energien samt Speichern und Wärmepumpen.

Außerdem wollen die USA mit dem Programm ihre Abhängigkeit von China reduzieren. Deshalb werden Produkte von heimischen Unternehmen bevorzugt. Europa hat jetzt große Bedenken, dass Unternehmen und Fachkräfte aus Deutschland oder Europa in die USA abwandern.

Europa tut gut daran, auch die Industrie für die zukunftsfähige Photovoltaik hier wieder anzusiedeln. Die Abhängigkeit von russischem Öl, Gas und Kohle hat uns schmerzhaft vor Augen geführt, was eine solche Abhängigkeit bedeutet und dass es gut ist, hier zur Verfügung stehende Sonne und Wind für die Energieproduktion zu nutzen, statt teuer fossile Energie importieren zu müssen.

Können wir vorsorgende Politik?

Die Klimakrise schreitet auch bei uns voran, und bisher stören sich noch zu viele nicht daran. Ähnlich wie der Verlust an Artenvielfalt wird das Problem nur selten wahrgenommen – und wenn doch, wird es möglichst schnell verdrängt. Als hingegen die Elbe oder wenige Jahre später die Ahr über die Ufer trat, Menschen starben und das Hab und Gut von Tausenden zerstört wurde, musste sofort geholfen werden. Das können wir, und das ist gut so. Es setzt dann eine große Solidarität ein. Bilder der akuten Not überzeugen alle und erhöhen die Bereitschaft zum Handeln. Aber schnell werden die Schreckensereignisse wieder von anderen Nachrichten verdrängt.

Vorsorgender Klimaschutz, der dafür sorgt, dass unsere Lebensgrundlagen auch für künftige Generationen erhalten bleiben, ist politisch schwierig umzusetzen. Insbesondere betrifft das vorsorgende Maßnahmen für eine Katastrophe, die wir noch nicht erlebt haben und die deshalb außerhalb unserer Vorstellungskraft liegt: die Klimakatastrophe. Im Hitzesommer 2003 starben laut dem Direktor des französischen Forschungsinstituts Inserm, Jean-Marie Robin, in Europa 70 000 Menschen. Das hat er in einer aufwendigen Studie gemeinsam mit anderen Forschungsinstituten 2007 herausgefunden.[77]

70 000 Menschen, das ist eine extrem hohe Zahl, aber auch eine sehr abstrakte. In die Wahrnehmung der Menschen hinterlässt sie wenig Eindruck, stattdessen geht sie sprichwörtlich »zum einen Ohr hinein und zum anderen wieder hinaus«. Eine solche Zahl überzeugt weniger als konkrete Bilder.

Wer sind diese Menschen, die sterben? Es ist vor allen Dingen die Gruppe der Alten, Kranken und Schwachen. Glaube daher keiner, die Klimakrise würde uns ältere Menschen nichts mehr angehen!

Wir sind bereits davon betroffen! Vielleicht nicht sofort und unmittelbar, wir fühlen uns ja noch rüstig. Aber in den kommenden Jahren werden die heißen Sommer immer schwieriger zu ertragen sein. Ich habe bereits geschildert, wie es meinen Nachbarn in unserem Berliner Gebäudekomplex geht.

Was die Zahl der Hitzetoten abstrakter macht als andere: Häufig sind es einzelne Schicksale, oft alleinstehende, die in der Not auf sich gestellt sind. Der Kreislauf bricht zusammen, es ist niemand da, der sofort helfen kann.

Maßnahmen für den Klimaschutz nützen also nicht nur nachfolgenden Generationen, sondern uns selbst, den Älteren, länger gesund und unter guten Bedingungen zu leben.

Seit 25 Jahren überlege ich in Gruppen oder alleine, wie wir diese Mauer in unseren Köpfen durchbrechen, diese Schranke überwinden können, die uns davon abhält, gemeinsam die Klimakrise zu überwinden.

Ich besitze ein Exemplar von einem sehr berühmten Wahlkampfspruch aus den 1980er Jahren: Wir haben die Erde von unseren Kindern nur geborgt. Ein Bekannter sagte letztens zu mir: »Das ist doch falsch! Die Erde besitzt keiner, außerdem: Wie kannst du etwas borgen von jemandem, den es noch gar nicht gibt?« Aber genau darum geht es! Um die Frage: Wie können wir das Morgen ins Heute ziehen?

Vorsorgende Politik hat für mich in meiner aktiven politischen Tätigkeit, insbesondere als Ministerin, einen großen Raum eingenommen. Für vorsorgende Politik gibt es aber selten Finanzmittel. Die Zukunft hat zu wenig Lobbyisten. Warum ist das so schwer?

Vorsorgende Klimaschutzpolitik bedeutet, dass wir z. B. aus der Kohle aussteigen müssen, dass das Verbrennerauto keine Zukunft hat, dass die Öl- und Gasheizungen, die noch bis vor Kurzem gefördert wurden, Auslaufmodelle sind.

Wir sehen bei all diesen notwendigen, unbedingt sofort zu treffenden Maßnahmen, dass sehr viele Menschen negative Effekte befürchten, bevor ein Nutzen für sie daraus entsteht.

Alte Strukturen gegen Pioniere des Wandels

Alle diejenigen, die die Notwendigkeit von Veränderungen sehen und durchsetzen wollen, haben es immer mit denjenigen zu tun, die kurzfristige Verlierer dieser Prozesse sind. Weil sie sich als »Verlierer« fühlen und protestieren, bekommen die Bedenkenträger und Blockierer viel zu oft die Oberhand. Die Gewinner:innen von ambitioniertem Klimaschutz hingegen, zu denen wir alle zählen, nehmen ihre Vorteile häufig nicht bewusst wahr. Weil der Gewinn nicht kurzfristig messbar ist, treten sie nicht aktiv für Klimaschutz ein.

Es gibt also eine strukturelle Macht, die Veränderungen sehr schwer macht. Und zwar auch schon auf weniger politisch aufgeladenen Ebenen. Das beste Beispiel ist der Ausstieg aus der Kohle. Alte Braunkohlekraftwerke für den Klimaschutz abzuschalten, ist unabdingbar, aber schwer durchzusetzen. Wenn eine kampagnenstarke Gewerkschaft wie die Industriegewerkschaft Bergbau, Chemie und Energie (IGBCE) den Verlust von 20 000 Arbeitsplätzen in der Braunkohleförderung befürchten muss, gibt es sofort Protest.

Als vor gut zehn Jahren hingegen 50 000 Arbeitsplätze in der Solarindustrie, zu großen Teilen auch in Ostdeutschland, verloren gegangen sind, gab es weder starke Proteste der Gewerkschaften noch der dortigen Ministerpräsidenten. Dieser Verlust von Arbeitsplätzen ging fast geräuschlos vor sich, der Konkurrenz aus China wurde nichts entgegengesetzt. Im Gegenteil: Die Bedingungen in Deutschland für die Solarindustrie wurden von der damaligen Bundesregierung bewusst verschlechtert.

Betroffen waren damals vor allem mittelständische Unternehmen, deren Beschäftigte weniger gewerkschaftlich organisiert waren. Die gesamte Wirtschaftskompetenz der Regierungskoalition aus CDU und FDP, der damalige FDP-Wirtschaftsminister Philipp Rösler, unterstützt vom Wirtschaftsflügel der CDU mit den Bundestagsabgeordneten Dr. Michael Fuchs, Joachim Pfeiffer und Thomas Bareiß, hat den Zukunftsmarkt der Photovoltaik China überlassen.[78] China hingegen hat die zukünftige Bedeutung der Photovoltaik erkannt und sehr bewusst Wirtschaftspolitik betrieben. Durch Subventionen ihrer Unternehmen wurden die Unternehmen anderer Länder vom Markt gedrängt.[79]

Diese Entscheidung der damaligen Bundesregierung ist umso unverständlicher, als die Energiewende von Deutschland vor 25 Jahren mit dem Erneuerbare-Energien-Gesetz (EEG) angestoßen wurde. Die zu diesem Zeitpunkt noch sehr teuren Technologien Windkraft und Photovoltaik konnten erst durch die Rahmenbedingungen in Deutschland die erforderliche Marktreife erlangen. Die notwendigen, hohen Entwicklungskosten sind über den Strompreis von den Menschen in Deutschland bezahlt worden, die großen Gewinne weltweit werden jetzt von China gemacht. Ein sehr schwerer wirtschaftspolitischer Fehler!

Heute ist Deutschland von chinesischen Photovoltaik-Modulen noch viel stärker abhängig, als wir es vor dem russischen Angriffskrieg in der Ukraine von russischem Gas waren.

Dennoch hat sich in den vergangenen zwanzig Jahren die Zahl der Arbeitsplätze im Bereich der erneuerbaren Energien in Deutschland ungefähr verdreifacht. Im Jahr 2021 waren hier rund 344 000 Personen tätig.[80] Damit gibt es im Bereich der erneuerbaren Energien fünfzehnmal mehr Arbeitsplätze, als im Bereich der Braunkohleförderung und Verstromung in den nächsten fünfzehn Jahren abgebaut werden müssen.

Es ist wirklich absolut unverständlich, dass in den letzten zehn Jahren der Ausbau der erneuerbaren Energien immer mehr erschwert wurde – obwohl durch die erneuerbaren Energien Arbeitsplätze geschaffen wurden, sie inzwischen kostengünstige Energie liefern und die regionale Wertschöpfung steigern. Eine andere Politik wäre sinnvoll und möglich gewesen. Sie hätte sehr viele weitere Arbeitsplätze schaffen können, hätte dazu beigetragen, die Emissionen in Deutschland schneller zu senken, und hätte uns unabhängiger von russischem Gas und Öl gemacht – ein Versäumnis, das wir durch den Krieg Russlands in der Ukraine teuer bezahlen mussten. Solange aber die Profiteure alter Strukturen unverhältnismäßig viel Macht und Einfluss haben, werden sie immer versuchen, neue Konkurrenten klein zu halten, um ihre Geschäftsmodelle zu schützen – auch wenn das gesellschaftlich und klimapolitisch schädlich ist.[81]

Klimaschädliche Steuergeschenke und falsche politische Rahmenbedingungen

Es ist unsinnig, klima- und umweltschädliches Verhalten steuerlich zu subventionieren – zumal später die entstandenen Schäden wiederum mit weiteren Steuermitteln beseitigt werden müssen! Klimaschädliche Subventionen sollten also rasch abgebaut werden. Tatsächlich sind umweltschädliche Subventionen in den letzten Jahren laut Umweltbundesamt aber sogar gestiegen. Sie betrugen im Jahr 2012 57 Milliarden Euro, im Jahr 2018 schon 65 Milliarden Euro pro Jahr.[82]

Eine dieser klimaschädlichen Subventionen ist das sogenannte Dienstwagenprivileg, das mit bis zu fünf Milliarden Euro jährlich steuerlich gefördert wird.[83] Hierbei geht es um die steuerliche Begünstigung von Dienst- bzw. Geschäftsfahrzeugen. Viele Unternehmen nutzen die Steuervorteile für Dienstwagen mittlerweile, um ihren Beschäftigten einen zusätzlichen Bonus zu bieten. Je höher der Preis des Autos, desto stärker die Bezuschussung. Damit ist das Dienstwagenprivileg nicht nur sozial ungerecht, weil Gutverdienende überproportional profitieren, sondern auch besonders klimaschädlich, weil teure Autos durchschnittlich mehr klimaschädliche Emissionen ausstoßen als die kleinen, kostengünstigen. In Deutschland wurden von Januar bis Mai 2023 68,5 Prozent aller Neuwagenkäufe als Geschäftsfahrzeuge verkauft, in der Oberklasse und oberen Mittelklasse sogar über 75 Prozent.[84]

Das ist eine indirekte Subventionierung der Automobilunternehmen, die die Nachfrage nach großen, teuren Fahrzeugen ankurbelt, indem diese durch Steuervorteile künstlich verbilligt werden. Eine solche Begünstigung muss dringend reformiert werden, weil hiervon momentan große Autos mit hohen Emissionen besonders profitieren. Das Steuerrecht bestärkt durch diese klimaschädliche Subvention die Autokonzerne, ihre bisherige Angebotspolitik fortzusetzen, und bremst die notwendige Verkehrswende aus. Dabei geht es nicht um den kleinen Wagen der Hebamme oder der ambulant tätigen Pflegeversorgerin. Aber man könnte den Steuerbonus für einen Dienstwagen so deckeln, dass der CO_2-Ausstoß eines Kleinwagens als Richtwert für die Förderung zugrunde gelegt wird, damit große Autos nicht mehr so überdurchschnittlich vom Dienstwagenprivileg profitieren wie bisher. Da aber an den großen Autos am meisten verdient wird und Dienstwagen von vielen großen Unternehmen gern als zusätzlicher Bonus genutzt werden, ist die Lobby gegen eine Änderung des Dienstwagenprivilegs zu groß. Es gibt bisher keine politische Mehrheit, diese überfällige Reform anzugehen.

Als der Kauf von Elektroautos stark gefördert wurde, stieg deren Anteil an den Neuwagen erheblich an. Von der jetzigen

Bundesregierung wurden die Prämien zurückgefahren, nun werden wieder Verbrenner gekauft.

Anstatt sich jetzt schnell auf die Elektromobilität zu einigen, Ladestationen aufzubauen und Anreize zu schaffen, erleben wir eine von Porsche unterstützte Kampagne für synthetische Kraftstoffe, damit Porsche mit seinen teuren Modellen auch noch in 20 Jahren auf den Verbrenner setzen kann. Michael Steiner, Vorstand von Porsche, hat öffentlichkeitswirksam Ende Dezember 2022 eine Pilotanlage für synthetische Kraftstoffe in Chile eröffnet.[85] Der direkte Draht von Porsche-Chef Oliver Blume zum Parteivorsitzenden der FDP, Christian Lindner, ist bekannt.[86]

Deutschland hat im Ausland den Ruf, teure, aber gute Autos zu bauen. Viele deutsche Automobilhersteller haben sich aber viel zu lang auf diesem Ruf ausgeruht. Dabei konnten sie sicher sein, auf EU-Ebene immer auch von der CDU/CSU bei Verhandlungen über Verschärfungen von Abgasregeln unterstützt zu werden. Immer wenn es ernst wurde, konnten sich die deutschen Autokonzerne auf die frühere Kanzlerin Angela Merkel verlassen, die notfalls persönlich auf EU-Ebene intervenierte.[87]

Insofern hat Bundesverkehrsminister Volker Wissing in »guter, deutscher Tradition« gehandelt, als er den gesamten EU-Prozess zum Verbrenner-Aus im Frühjahr 2023 kurz vor der endgültigen Entscheidung stoppte, weil er unbedingt die synthetischen Kraftstoffe noch als Alternative zum Elektroauto durchsetzen wollte.[88]

Von den zehn meistgekauften Elektroautomodellen in China kam 2022 keins aus Europa: Tesla hat einen Anteil, der Rest kommt aus Asien, meist aus China. Auf der Autoleitmesse in Shanghai 2023 wurde deutlich, dass die deutschen Hersteller zunehmend unter Druck geraten. Die Unterstützung deutscher Bundespolitiker und damit der Bundesregierung für kurzsichtige

Interessen der deutschen Automobilhersteller führt dazu, dass die notwendigen Innovationen nach wie vor nicht rechtzeitig angegangen werden, und steigert damit die Gefahr, dass die Automobilindustrie in Deutschland in eine massive Krise fährt.[89] Wenn sie nicht schnell genug die Kurve bekommt, verlieren wir zunehmend die Zukunftsmärkte und stolpern damit in eine schwere allgemeine Wirtschaftskrise.

Synthetische Kraftstoffe verbrauchen bei ihrer Erzeugung fünf- bis sechsmal so viel Strom aus erneuerbaren Energien wie für die direkte Nutzung des Stroms in einem Elektroauto benötigt würde. Bei Wasserstoff ist dieses Verhältnis ebenfalls noch drei zu eins. Zukünftig wird Wasserstoff für die Stahlproduktion, die Zementwerke oder den Flugverkehr gebraucht. Aber überall dort, wo wir den Strom aus erneuerbaren Energien direkt einsetzen können, sollten wir es aus Effizienz- und Kostengründen auch tun.

BEKÄMPFUNG DER KLIMAKRISE IM SCHNECKENTEMPO

Wie entwickelt sich der internationale Prozess?

Schauen wir uns noch einmal die Situation an. Vor vielen Millionen von Jahren entstanden fossile Energieträger, die seitdem unter der Erde ruhten. Dadurch, dass größte Mengen dieser fossilen Energien in den letzten 70 Jahren in Form von Gas, Kohle und Öl verbrannt wurden, stieg die CO_2-Konzentration in der Atmosphäre so schnell an, wie wir es mit den beschriebenen Folgen erlebt haben. Ein Weiter-so, das wissen wir, können wir uns nicht leisten.

Bemerkt wurde das zuerst von Wissenschaftlern, dann wurden immer mehr Menschen aufmerksam, bis die Erkenntnis auch bei einem großen Teil der Bevölkerung ankam. Es wurde immer deutlicher, dass die bestehenden Umweltprobleme – ebenso wie die aus ihnen und ihrer Behebung folgenden sozialen Schwierigkeiten – nur global gelöst werden können. Daher trafen sich im Jahr 1992 viele Staatschefs, Regierungsdelegationen und Vertreter:innen von Nichtregierungsorganisationen aus 178 Ländern auf der UN-Konferenz von Rio de Janeiro für Umwelt und Entwicklung, um über Lösungswege zu debattieren. Hier saßen also nicht nur Vertreter:innen aus Industrieländern, sondern auch Länder des Südens am Verhandlungstisch. In der Erklärung von Rio über Umwelt und Entwicklung wurde in Grundsatz drei festgehalten: Das Recht auf Entwicklung muss so verwirklicht werden, dass den Entwicklungs- und Umweltbedürfnissen der heutigen und der kommenden Generationen in gerechter Weise entsprochen wird.

Grundsatz vier hieß: Damit eine nachhaltige Entwicklung zustande kommt, muss der Umweltschutz Bestandteil des Entwicklungsprozesses sein und darf nicht von diesem getrennt betrachtet werden.

Der Begriff der Nachhaltigkeit orientierte sich damals am 1987 erschienenen Brundtland-Bericht, den die UN beauftragt hatte. Er definiert Nachhaltigkeit als Generationengerechtigkeit. »Dauerhafte Entwicklung ist eine Entwicklung, die die Bedürfnisse der Gegenwart befriedigt, ohne zu riskieren, dass künftige Generationen ihre eigenen Bedürfnisse nicht befriedigen können.« Dieser Bericht war Ausgangspunkt der Konferenz in Rio, seine Schlussfolgerungen sollten in internationales Handeln umgesetzt werden.[90]

Erst später wurde die Nachhaltigkeitsdefinition erweitert und oft auch verwässert. So wurden später drei Dimensionen der Nachhaltigkeit – wirtschaftlich effizient, sozial gerecht, ökologisch tragfähig – als gleichberechtigt betrachtet.[91]

In Rio wurde die Agenda 21 beschlossen, ein Aktionsprogramm für das 21. Jahrhundert, um Armut und Hunger zu bekämpfen, eine nachhaltige Bewirtschaftung der natürlichen Ressourcen zu erreichen sowie den CO_2-Ausstoß und die Erderwärmung zu reduzieren. Dabei war ein wichtiger Baustein, die lokale Ebene als Umsetzungsebene einzubeziehen. Global denken, lokal handeln heißt das Motto.

Das Problem der Erderwärmung wurde zum Ausgangspunkt für die ab dem Jahr 1995 jährlich abgehaltenen UN-Klimakonferenzen (Conferences of the Parties, die sogenannten COPs). Die erste fand in Bonn statt. Auf diesen Klimakonferenzen sollten Lösungen für die Klimakrise gefunden werden. Das Problem wurde im Laufe der Jahre dringlicher, weil auch immer mehr Länder, die gar nichts zur Entstehung der Klimakrise beigetragen hatten, verstärkt unter ihren Folgen zu leiden hatten: Beispiele hierfür sind die Inselstaaten im Pazifik, die durch den steigenden Meeresspiegel bedroht werden, oder afrikanische Länder, in denen Trockenheit und Dürren immer gravierender werden.

1997 beschloss die Staatengemeinschaft in Kyoto (COP 3) mit dem sogenannten Kyoto-Protokoll erstmals eine rechtlich verbindliche Begrenzung des Ausstoßes von klimaschädlichen Gasen in einem völkerrechtlichen Vertrag. Die Industriestaaten, die Hauptemittenten, sollten ihre CO_2-Emissionen in der ersten Verpflichtungsperiode von 2008 bis 2012 um 5,2 Prozent gegenüber dem Jahr 1990 reduzieren. Es gab allerdings keinerlei Sanktionen oder Konsequenzen, wenn Staaten sich nicht an die Begrenzung hielten.[92]

Tatsächlich stiegen Länder wie die USA aus dem Vertrag aus oder beteiligten sich nicht mehr an der zweiten Reduktionsverpflichtungsperiode von 2013 bis 2020. Das Kyoto-Protokoll galt deshalb vielen Klimaexperten nicht als ein wirksames Mittel gegen die Klimakrise. Die Menge des weltweiten Ausstoßes von klimaschädlichen Gasen wurde von Jahr zu Jahr größer statt kleiner. Der Vertrag zeigte keine ausreichende Wirkung.

Die internationalen Verhandlungen auf den jährlich stattfindenden Klimakonferenzen hatten sich festgefahren. Die Klimakonferenz 2009 in Kopenhagen (COP 15) wurde im Vorfeld dennoch von sehr großen Hoffnungen begleitet. Der Tenor war: Es geht um die Zukunft der Erde, wir brauchen einen verbindlichen Vertrag, alle Länder müssen sich beteiligen. Barack Obama war das erste Mal als gewählter Präsident der USA dabei, ein Hoffnungsträger. Trotzdem endete die Konferenz mit einer großen Enttäuschung. Man konnte sich zwar auf das Ziel einigen, die Erderwärmung nicht über zwei Grad ansteigen zu lassen, aber es fehlte an konkreten Umsetzungsschritten, um an diesem Ziel zu arbeiten, die Erwärmung schnell zu stoppen und die CO_2-Reduktion voranzutreiben.

So war es nur konsequent, dass man sich auf der Konferenz von Kopenhagen mit den Auswirkungen der Erwärmung zu beschäftigen begann. Denn die Länder des Südens, die nichts zur Klimakrise beigetragen hatten, litten immer stärker unter den Auswirkungen von Überschwemmungen und Dürren. Es rückten Anpassungsmaßnahmen in den Vordergrund. Die betroffenen Länder verlangten immer dringender Hilfen für die Schäden von Extremwettern, die Menschen in ihren Ländern töteten und Häuser und Ernten und damit Existenzen zerstörten.

Das Ziel, die schlimmsten Auswirkungen der Klimakrise rechtzeitig zu verhindern, wurde aufgegeben. Schäden durch die Klimakrise wurden billigend in Kauf genommen. Da diese Schäden von Jahr zu Jahr anwachsen, nehmen wir von Jahr zu

Jahr größeres menschliches Leid und hohe finanzielle Belastungen durch Zerstörungen billigend in Kauf.[93]

Das Jahr 2015 sollte ein entscheidendes Jahr für den Klimaschutz und die Nachhaltigkeit werden. Ende Oktober verhandelten die Länder auf der internationalen Nachhaltigkeitskonferenz in New York die 17 Nachhaltigkeitsziele *(Sustainable Development Goals)* der Agenda 2030. Waren die Diskussionen um die sozial schwierige Lage der Länder des globalen Südens bisher von den Entwicklungspolitiker:innen geführt worden und hatten sich auf den Klimakonferenzen die Verhandlungen um die CO_2-Reduktion der Industrieländer gedreht, so änderte sich diese Betrachtungsweise im Jahr 2015.

Alle, auch die Industrieländer, verpflichteten sich, die 17 Nachhaltigkeitsziele einzuhalten. Bei diesen Zielen geht es um die Überwindung von Hunger und Armut, Gesundheit und Wohlergehen, Geschlechtergerechtigkeit, sauberes Wasser und Sanitäreinrichtungen, bezahlbaren und sauberen Strom, menschenwürdige Arbeit und Wirtschaftswachstum, Industrie, Innovation und Infrastruktur, weniger Ungleichheit, nachhaltige Städte und Gemeinden, nachhaltigen Konsum und Produktion, Klimaschutzmaßnahmen, Leben unter Wasser, Leben an Land, Frieden, Gerechtigkeit und starke Institutionen und Partnerschaften zur Erreichung der Ziele.[94]

Auch in Deutschland erleben wir extreme Verschmutzungen des Wassers, ein großes Artensterben, wir haben Müllprobleme und Luftverunreinigungen. Alle Länder müssen jetzt an der Erreichung der Nachhaltigkeitsziele arbeiten, auch Deutschland.

Nachdem die Nachhaltigkeitskonferenz mit dem Motto »Keinen zurücklassen« ein soziales Gerechtigkeitszeichen gesetzt hatte, musste jetzt die Klimakonferenz liefern.

Das Pariser Klimaschutzabkommen 2015

Als der grüne Hammer auf den Tisch sauste, brach Jubel aus! Mit diesem Schlag, in diesem Moment, besiegelte der Präsident der Klimakonferenz, der französische Außenminister Laurent Fabius, den Beschluss der fast 200 Länder auf der COP 21, das Klimaabkommen von Paris stand. Die Erderwärmung soll auf deutlich unter zwei Grad, idealerweise auf 1,5 Grad begrenzt werden.

Das war eine historische Konferenz. Dabei gewesen zu sein, das Ringen um jede Formulierung miterlebt zu haben, ist etwas, das ich nie vergessen werde.

Diesem Beschluss sind über 20 Jahre vorausgegangen, in denen Hunderte von Wissenschaftler:innen gemeinsam Berichte verfasst haben und die Länder der Erde auf 20 Klimakonferenzen um Ziele gerungen haben.

2015 gab es wichtige Änderungen gegenüber vergangenen Konferenzen: Die Grenze der Erwärmung, die idealerweise nicht überschritten werden sollte, wurde nun auf 1,5 Grad abgesenkt. Sie wurde verschärft, weil die bereits eingetretenen Auswirkungen der Klimakrise auch 2015 schon in vielen Ländern viel gravierender waren, als sie in den Berichten der Wissenschaft beschrieben wurden.

Außerdem wurde in Paris anders als in Kyoto kein Vertrag verabschiedet, weil sich das Instrument des völkerrechtlichen Vertrages als unwirksam erwiesen hatte.

Aber ebenso wie bei der Nachhaltigkeitskonferenz, die wenige Wochen vorher in New York stattgefunden hatte, wurde die Verpflichtung, sich an der Überwindung der Klimakrise zu beteiligen, auf alle Länder ausgeweitet. Auf den ersten Klimakonferenzen waren allein die Industrieländer aufgefordert worden, ihre klimaschädlichen Emissionen gegenüber dem

Basisjahr 1990 zu reduzieren. Mittlerweile hatten sich aber Länder wie China oder Saudi-Arabien zu starken CO_2-Emittenten entwickelt, die auch ihren Beitrag zur Überwindung der Klimakrise leisten müssen. Selbst Länder in Afrika, die gar nichts zur Klimakrise beigetragen haben, sollen nun möglichst direkt eine CO_2-freie Wirtschaft aufbauen.

Es sind also alle Länder verpflichtet, Berichte über ihre Reduktionserfolge vorzulegen. Die Reduktionsziele werden von Bericht zu Bericht verschärft. Dennoch ist die Wirkung von Paris sehr bescheiden. Der weltweite Ausstoß klimaschädlicher Gase steigt nicht mehr jedes Jahr so stark an wie zuvor, aber er stagniert auf höchstem Niveau. Doch das hilft uns wenig. Denn die CO_2-Emissionen müssen sinken, sie müssen in absehbarer Zeit auf null reduziert werden.

Obwohl alle wissen, dass nur noch ein sehr begrenztes CO_2-Budget zur Verfügung steht, wird weiterhin nahezu sorglos klimaschädliches Gas in die Luft geblasen. Jedes Jahr, jeden Monat, jeden Tag wird damit das Erreichen der Ziele der Pariser Klimakonferenz unwahrscheinlicher, obwohl die Auswirkungen wie dramatische Überflutungen, Hitzewellen mit gigantischen Bränden, Wasserknappheit und damit verbundene Hungersnöte immer schlimmer und sichtbarer werden.

CO_2 braucht einen angemessenen Preis

Die große Herausforderung, der wir uns stellen müssen, damit das Klima sich nicht immer weiter erwärmt, besteht darin, die für die Klimakrise verantwortlichen Emissionen langfristig auf null zu reduzieren. Und das so schnell wie möglich. Da stellt sich natürlich die Frage: Wie macht man das konkret? Wie steuert man den Transformationsprozess politisch? Als ein Instrument ist dafür 2005 auf europäischer Ebene der Emissionshandel entwickelt worden (das Emission Trading System ETS). Unternehmen aus der Energiewirtschaft und Industrie bekamen CO_2-Zertifikate zugewiesen. Die Gesamtsumme der ausgegebenen Zertifikate (das Cap) wurde und wird jedes Jahr reduziert. Wenn ein Unternehmen sparsamer ist als die anderen, braucht es weniger Zertifikate und kann die überschüssigen am Markt verkaufen, andere Unternehmen müssen Zertifikate zukaufen. Es besteht also ein Anreiz, CO_2 einzusparen. So soll der Kohlendioxidausstoß schrittweise und sehr wirtschaftlich reduziert werden.[95]

Tatsächlich funktioniert der Emissionshandel aber erst seit einigen Jahren endlich besser, nachdem die EU den Mechanismus seit 2018 zunehmend verschärft hat. Vorher waren zu viele Emissionsrechte ausgegeben worden. Dadurch und aufgrund vieler anderer Schlupflöcher war der Preis für Kohlendioxidzertifikate so niedrig gewesen, dass große Verschmutzer – etwa Kohlekraftwerksbetreiber – kaum Anreize hatten, ihre Emissionen schneller zu senken. Der Marktmechanismus der schrittweisen Verknappung von Verschmutzungsrechten blieb ein stumpfes Instrument. Inzwischen funktioniert der CO_2-Handel in der EU aber recht gut. Es werden Preise für CO_2-Zertifikate erzielt, die auch wirken und den Einsatz der klimaschädlichen Kohle zur Stromproduktion unattraktiver machen.

Allerdings hat der Emissionshandel lange Zeit nicht alle Bereiche umfasst: Erst nach langem Zögern wurde Anfang 2021 in Deutschland ein CO_2-Preis für den Verkehrsbereich (Benzin und Diesel) und die Heizwärme (Erdgas und Heizöl) eingeführt. Nur über den Preis werden klimafreundliche Alternativen attraktiv, die zum schnelleren Senken der Emissionen führen.

Inzwischen hat die EU beschlossen, den Emissionshandel auszuweiten. 2027 sollen Gebäude und Straßenverkehr einbezogen werden. Schrittweise sollen bis zu 85 Prozent der CO_2-Emissionen Zertifikate benötigen.[96]

Wie andere Länder nutzt Deutschland die Einnahmen aus der CO_2-Abgabe, um ausgewählte Gruppen gezielt sozial zu unterstützen oder klimafreundliche Investitionen zu begünstigen. In Schweden gibt es bereits seit 1991 eine CO_2-Steuer, die im Wesentlichen CO_2-Emissionen aus dem Verkehrs- und Gebäudesektor betrifft. Die Höhe betrug im Jahr 2021 1200 Schwedische Kronen (118 Euro) pro Tonne CO_2 und ist im Verhältnis zu anderen Ländern sehr hoch, hat aber dadurch auch eine Lenkungsfunktion.

In Deutschland gilt: Pro Tonne CO_2, die beim Verbrennen von Diesel, Benzin, Heizöl und Erdgas entsteht, mussten verkaufende Unternehmen wie Raffinerien zum Start 25 Euro zahlen. Der Preis wird an die Kunden weitergegeben. Inzwischen liegt der Preis bei 30 Euro und soll nach Beschluss der Bundesregierung ab 2024 auf 40 Euro angehoben werden. 2025 soll der Preis dann auf 50 Euro steigen. Ab dem Jahr 2026 ist ein Preis von 65 Euro geplant.[97]

Die Lenkungswirkung in Schweden hat dazu geführt, dass in Schweden fast nicht mehr mit Öl geheizt wird. Die Wärmepumpen, die in Deutschland so umstritten sind, haben sich in Schweden schon lang etabliert.

Damit sollte aber auch für alle in Deutschland, die sich jetzt noch schnell eine Gasheizung einbauen wollen, klar sein: der Gaspreis wird zukünftig mit einer CO_2-Steuer von Jahr zu Jahr stärker zusätzlich belastet.

Warum ist ein wirkungsvolles Klimaschutzgesetz so wichtig?

Bisher ist es also nicht gelungen, der Klimakrise auch nur annähernd zu begegnen. Viele Beschlüsse, zu wenig Taten. Immer wieder wurden die Folgen der Klimakrise unterschätzt, immer wieder mussten Maßnahmen nachgeschärft werden, weil sie zu halbherzig waren und die Auswirkungen der Klimakrise weltweit immer dramatischer werden.

Um das endlich zu ändern, war es absolut notwendig, ein Klimaschutzgesetz zu verabschieden. Der erste Gesetzentwurf für ein Klimaschutzgesetz wurde von der Grünen-Fraktion im Jahr 2014 in den Bundestag eingebracht. Er war von mir mit meinen Mitarbeiter:innen erarbeitet worden. Die Idee war klar: Es braucht neben langfristigen CO_2-Reduktionszielen Zwischenziele und wirksame, ehrgeizigere Mechanismen für den Fall, dass die Zwischenziele nicht erfüllt werden, damit dann wenigstens das nächste Zwischenziel erreicht wird.

So wie alle Länder zu Lösungen beitragen müssen, so muss auch in Deutschland jeder Bereich, jeder Sektor zur CO_2-Reduktion beitragen, sonst werden wir nicht erfolgreich sein. Es braucht also im Klimaschutzgesetzt auch Sektorziele. Jeder Sektor, ob Stromproduktion, Wärme, Verkehr, Industrie oder Landwirtschaft, muss seinen Beitrag zur Reduktion klimaschädlicher Emissionen erbringen.

Weil es eine Mammutaufgabe ist, die Klimaziele zu erreichen, müssen viele, auch kleine Maßnahmen anstoßen werden. Keiner darf sich zurücklehnen und die Aufgabe den anderen überlassen. Deshalb ist die Aufweichung der Sektorziele, die Tatsache, dass der Verkehr sich zulasten der anderen Sektoren zurücklehnen kann, eine Aufweichung des bestehenden Klimaschutzgesetzes durch die jetzige Bundesregierung und ein schwerer Fehler.

Außerdem muss im Klimaschutzgesetz auch ein langfristiger Reduktionspfad bis zur Klimaneutralität im Jahr 2045 festgelegt werden. Das hat das Bundesverfassungsgericht in seinem Urteil zu Recht entschieden.[98]

Entscheidend ist also, Klimaschutzziele nicht nur zu verkünden, sondern gesetzlich festzulegen – inklusive Zwischenzielen, deren Einhaltung kontrolliert und gegebenenfalls nachgeschärft werden muss!

Bundesverfassungsgericht entscheidet für den Klimaschutz

Immer häufiger wird wegen unterschiedlicher Klimafragen vor Gericht verhandelt – sei es mit Bezug auf das Handeln von Unternehmen oder die Klimagesetzgebung. Das gilt insbesondere in den USA und Australien, aber auch in Europa. So klagen momentan gerade die Klimasenior:innen aus der Schweiz gegen ihre nationale Regierung vor dem Europäischen Gerichtshof für Menschenrechte in Straßburg, weil die bisher eingeleiteten Klimaschutzmaßnahmen nicht ausreichend sind.[99]

Aber auch in Deutschland wird die Möglichkeit zur gerichtlichen Auseinandersetzung zunehmend häufiger ergriffen. Einzelkläger reichten 2018, unterstützt von Organisationen wie dem Solarenergie-Förderverein Deutschland (SFV) und dem BUND eine Klage gegen die Bundesregierung ein, weil die Klimaschutzmaßnahmen unzureichend seien und die Ziele für 2020 so nicht erreicht werden könnten. Damit sei das Grundrecht auf Leben und körperliche Unversehrtheit gefährdet.

Es folgten weitere Klimaklagen.[100]

Mit der Möglichkeit zu klagen gibt es zum ersten Mal eine Option, Unternehmen für klimaschädliches Handeln zur Verantwortung zu ziehen oder Regierungen durch Gerichtsurteile und entsprechenden öffentlichen Druck zum Handeln zu zwingen. Das ist, neben Demonstrationen, ein Hebel, den Umweltaktivist:innen zunehmend auf kluge Weise einsetzen.

Silke Backsen – ein Anruf hat alles verändert

Was hat Silke Backsen mit den Klimaklagen zu tun?

2018 erreichte Silke Backsen, eine Bäuerin auf der Insel Pellworm, ein Anruf von Greenpeace. Die Organisation fragte an, ob die Familie bei einer Klage gegen die Bundesregierung vor dem Verwaltungsgericht in Berlin mitmachen würde. Die Bundesregierung hatte gerade ihre Klimaziele für das Jahr 2020 verwässert. Das nahm Greenpeace zum Anlass für eine Klage. Es ging um die Betroffenheit von Bauernfamilien durch aus der Klimakrise resultierende Schäden und die unzureichenden Maßnahmen der Bundesregierung dagegen.

Silke Backsen sagt dazu: »Wir waren ganz normale Menschen, eine ganz normale Familie auf einem Bauernhof auf der Insel Pellworm hinter dem Deich.«

Aufgewachsen ist Silke Backsen in Dortmund im Ruhrgebiet. Als Kind fuhr sie mit der Familie jedes Jahr nach Pellworm, um dort auf einem Bauernhof die Ferien zu verleben. Sie war an der Natur, an Meereskunde, an Vögeln interessiert und studierte deshalb in Kiel Biologie. Dann heiratete sie Jörg Backsen, einen Bauern auf Pellworm. Sie bekamen vier Kinder. Das Leben schien vorgezeichnet bis zu diesem Anruf.

Silke Backsen sagt, dass sie leicht zu begeistern sei und deshalb diese Anfrage sehr spannend fand. Da auch ihr Mann Ja sagte, entschied die Familie gemeinsam, bei der Klage mitzumachen. Tatsächlich hatten sie als Bauern in den letzten Jahren krasse Wetterereignisse erlebt. In einem Jahr sehr viel Regen, im nächsten extreme Trockenheit, sodass sich immer dringlicher eine Reihe von Fragen stellte: Wie soll die Rinderhaltung bei solchen Wetterkapriolen auf Dauer möglich bleiben? Wo kann das Futter für den Winter produziert werden, wie sollen es die Schafe schaffen? Beim Dreschen waren die Körner so klein, dass man sie nicht mehr ausdreschen konnte. 2017, während der extremen Regenzeit, waren einige tiefer liegende Siedlungen betroffen. Das Wasser konnte nicht mehr durch das Siel abfließen.

Was ist, wenn der Meeresspiegel weiter ansteigt? Schon jetzt sind die Deiche acht bis neun Meter hoch. Aber noch stärker als die Insel Pellworm sind die Halligen betroffen, die dem Meer weit schutzloser ausgeliefert sind.

Diese erste Klage war nicht erfolgreich.

Zur gleichen Zeit beschloss die Bundesregierung im Dezember 2019 ein Klimaschutzgesetz, das aus Sicht der Klimaschützer:innen nicht ausreichend für den Schutz nachfolgender Generationen war, weil es nur bis 2030 Reduktionen von klimaschädlichen Gasen vorschrieb. 2020 klagten deshalb Jugendliche, unterstützt von Umweltverbänden wie Greenpeace, Germanwatch und der Deutschen Umwelthilfe (DUH), vor dem Bundesverfassungsgericht. Die vier Kinder von Silke und Jörg Backsen waren mit dabei und auch Luisa Neubauer von Fridays for Future (FFF).

Sophie Backsen, die Tochter von Silke und Jörg Backsen, war eine der Klägerinnen. Sie befürchtet, dass sie durch die Wetterextreme auf Pellworm irgendwann keine Landwirtschaft mehr betreiben kann. Natürlich hat sie Angst um ihre Insel, die vom drohenden Meeresspiegelanstieg ebenfalls betroffen sein wird. Die jungen Menschen sahen das Klimaschutzgesetz der Bundesregierung als zu wenig ambitioniert an und fühlten sich in ihrer Freiheit eingeschränkt. Dadurch, dass die Bundesregierung in ihrem Klimaschutzgesetz von 2019 Emissionsreduktionen nur bis zum Jahr 2030 festgesetzt habe, würden hohe Emissionsminderungen auf die Zeit nach 2030 verschoben. Das würde große Bürden für die nachfolgenden Generationen bedeuten und deren Freiheitsrechte einschränken. Die jungen Leute müssten deshalb überproportionale Lasten und Kosten tragen, weil die jetzige Generation zu viel von dem verbleibenden Budget von klimaschädlichen Emissionen verbrauche.

Dieses Mal waren die Klagen erfolgreich. Das Bundesverfassungsgericht gab ihnen in Teilen recht!

Als Folge des Urteils verschärfte die Bundesregierung das Klimaschutzgesetz noch vor der Bundestagswahl 2021. Das Thema Klimaschutz wurde im Bundestagswahlkampf sehr wichtig, und die damalige große Koalition verlor die Wahl.

Silke Backsen erinnert sich noch genau an den Tag des Urteils, aber auch an den Frust danach. Das Urteil war unfassbar toll, ein epochales Ereignis, ein großer Erfolg, aber die Zeit danach war ernüchternd. Die Hoffnung, nun müsse sich alles ändern, die Klimakrise würde jetzt endlich ernst genommen, erfüllte sich nicht.

Die Bundesregierung zog eilig eine Überarbeitung des Gesetzes aus der Schublade, das große Erwachen, das konsequente Umdenken aber fand nicht statt. Die Ergebnisse des Koalitionsausschusses der Ampelkoalition im März 2023 kann Silke Backsen nur schwer akzeptieren, da die einzelnen CO_2-Ziele der Sektoren, die in dem überarbeiteten Klimaschutzgesetz festgeschrieben worden waren, erneut gelockert wurden, sodass sich gerade der Verkehrssektor weiterhin zurücklehnen kann.

Trotzdem sieht sie im gesamten Prozess der letzten Jahre für sich viele positive Momente. Das Gefühl, mit anderen gleichgesinnten Mitstreiter:innen zusammen für die Überwindung der Klimakrise und den Erhalt der Artenvielfalt zu kämpfen, fördere das Gefühl eines Zusammenhalts. Auf der großen »Wir haben es satt!«-Demonstration in Berlin am Rande der Grünen Woche für eine nachhaltige Landwirtschaft zu demonstrieren, bei dieser grünen Welle ähnlich denkender Menschen aktiv mit dabei zu sein, das gibt ihr ein gutes Gefühl. »Wir sind nicht allein!«

Uns Älteren gibt sie den Rat, den Jüngeren zur Seite zu stehen, ihnen mit unseren Erfahrungen zu helfen und zusammen weiterzukämpfen.

Aufrechte Kämpferin Barbara Metz

Barbara Metz ist eine von drei Geschäftsführerinnen der deutschen Umwelthilfe (DUH). Auch die DUH hat Klimaklagen unterstützt.

Ihr Vater, Josef Göppel, ehemaliger Bundestagsabgeordneter der CSU, war einer der Einzelkläger und gleichzeitig bis zu seinem Tod im Jahr 2022 auch mein Co-Energiebeauftragter für Afrika im Bundesentwicklungsministerium (BMZ).

Ich habe Barbara Metz gefragt, was sie motiviert hat, bei der Deutschen Umwelthilfe zu arbeiten.

Sie erzählt von ihrer Kindheit, als ihr von ihrem Vater, einem Förster, die Verbundenheit zur Natur vorgelebt wurde und immer wieder Umweltthemen im Elternhaus diskutiert wurden: z. B. das Tempolimit, das schon in den 90er-Jahren gefordert wurde, oder der Ausbau der erneuerbaren Energien. Oft hat sie sich damals gefragt, warum die Menschen, die sich für die Umwelt einsetzten und die doch die Guten waren, so häufig verloren haben. Hingezogen fühlte sie sich zu Menschen, denen die Umwelt am Herzen lag, die für Inhalte kämpften. So begann sie bei der DUH als Trainee, fühlte sich bei der Arbeit im Team sehr wohl, konnte ihre Überzeugungen vertreten und blieb bis heute für 15 Jahre dabei.

Die DUH ist bekannt dafür, dass sie vor Gericht die Umsetzung der Gesetze einklagt. Gerade im Autobereich hat das Jürgen Resch, einem weiteren der drei Geschäftsführer, viel

Gegenwind von den großen Autokonzernen und der Politik eingebracht.

Dabei findet Barbara Metz den Ansatz, alles daraufhin zu überprüfen, ob es der Umwelt und dem Klima nützt, nicht radikal. Schließlich werden von der DUH nur demokratische Mittel genutzt wie, die Entscheidungen der Politik von Gerichten überprüfen zu lassen. Der Erfolg würde ihnen recht geben, 90 Prozent der Klagen seien bisher erfolgreich gewesen. Jede und jeder, die kleinen Leute, müssen sich an die Gesetze halten, warum nicht auch die Automobilkonzerne und die Politik?

Die Klimaklage war natürlich ein grandioser Erfolg und ein Highlight ihrer Arbeit. Dabei war der DUH auch der globale Aspekt wichtig. Deshalb haben sie eine Jugendliche aus Bangladesch als Einzelklägerin unterstützt, um zu zeigen, dass auch heute schon Menschen in Ländern des Südens massiv an der globalen Klimakrise leiden.

Für Barbara Metz war auch die Fridays-For-Future-Bewegung ein wichtiger Impuls. Umso frustrierender, dass die Coronazeit eine harte Zäsur bedeutete. Ihrer Meinung nach war die Klimabewegung schon so weit, Erfolge zu verzeichnen, und ist dann durch die Pandemie wieder in ein Rollback gerutscht.

Was die Arbeit für den Klimaschutz betrifft, habe sie sich mehr von der Ampel-Bundesregierung erhofft. Hier, sagt sie, muss mehr passieren: »Es geht schließlich um unsere Zukunft!«

Daher hat die DUH auch die Öffentlichkeitsarbeit in den letzten Jahren verstärkt. Wichtig ist, dass möglichst viele Menschen direkt von der Energiewende profitieren. Die DUH hat deshalb eine Kampagne für sogenannte Balkonmodule (kleine Solarpaneele, die man in den Garten stellen oder an die Brüstung des Balkons hängen und so auch von billigem Solarstrom profitieren kann) gestartet. Auch *Energy Sharing* (also den Strom, den einzelne Photovoltaikbesitzer:innen produzieren, mit der Nachbarschaft zu teilen) wird immer mehr zum Thema, das vorangetrieben werden müsse.

Älteren Menschen empfiehlt sie, Argumente zur Verharmlosung der Klimakrise zu hinterfragen, die gesellschaftliche Debatte zu beeinflussen, bei Themen, die unangenehm sind, trotzdem die Gegenargumente anzusprechen. Und ganz wichtig ist ihr, nicht auf die Springer-Presse hereinzufallen.

Der Visionär Klaus Milke von Germanwatch

Klaus Milke steht für mich für Germanwatch. Er hat sich in jungen Jahren für die Befreiungsbewegungen in vielen Ländern der sogenannten Dritten Welt engagiert, schon früh die Verantwortung der Industrieländer thematisiert und sich im Bundeskongress entwicklungspolitischer Aktionsgruppen engagiert. Für ihn war die Entschuldungsfrage der Länder des Südens wichtig.

Er hat Betriebswirtschaft studiert, nach dem frühen Tod des Vaters das mittelständische Familienunternehmen eine Zeit lang mitgeleitet und auch beim späteren Engagement die unternehmerische Perspektive als Ökonom stets gut mitvollzogen. In der Zeit der Wiedervereinigung war er federführend an der Gründung von Germanwatch beteiligt, einer Umwelt-, Entwicklungs- und Menschenrechtsorganisation. Ihr Ziel ist es, eine globale, zukunftsfähige Entwicklung zu unterstützen. Klaus Milke war schon damals sicher, dass Deutschland nicht nur wirtschaftlich, sondern auch politisch in Zukunft eine wichtigere Rolle im globalen Kontext spielen würde. Die Nachhaltigkeitskonferenz in Rio de Janeiro 1992 hat ihn mit seinen Kolleg:innen bei Germanwatch darin bestärkt, Umwelt und Entwicklung zusammenzudenken und neben der globalen Gerechtigkeit auch den Erhalt der Lebensgrundlagen in den Fokus zu stellen. Dabei hat er sich immer als Brückenbauer und Vernetzer zwischen verschiedenen Altersgruppen der Gesellschaft verstanden, vor allem auch in Richtung Wirtschaft.

Grünes Geld (nachhaltige Geldanlagen, Fonds, die z.B. keine Aktien von fossilen Unternehmen im Portfolio haben), Berichtspflichten in die Riester-Rente einzubauen, das Lieferkettengesetz auf den Weg zu bringen, das wurden wichtige Betätigungsfelder.

Im Laufe der Zeit haben sich die Schwerpunkte der Arbeit weiterentwickelt. Neben entwicklungspolitischen Fragen und der Klimakrise gewannen die Menschenrechte eine immer größere Bedeutung im Ansatz von Germanwatch.

Für ihn ist es eine große Herausforderung, dass Politik zu langsam auf die Krisen reagiert und damit Unternehmen, die ihre Gewinne im umweltschädlichen Bereich verdienen, weitermachen wie bisher, weil sie die Politik als zahnlosen Tiger empfinden.

Einer der Bereiche, in denen Germanwatch sich einen Namen gemacht hat, sind Klimaklagen. So klagt seit 2015 mit Unterstützung von Germanwatch ein Bergführer aus Peru gegen RWE. Durch die Klimakrise ist Saúl Luciano Lliuya, ein Andenbauer und Bergführer, bedroht – und mit ihm 50 000 weitere Bewohner der Andenstadt Huaraz. Das Schmelzwasser der Gletscher in den Hochanden füllt einen See oberhalb der Stadt bedrohlich und könnte eine zerstörerische Flutlawine auslösen und einen großen Teil der Stadt überschwemmen.

Diese Klage zielt auf die unternehmerische Verantwortung von RWE an der globalen Klimakrise und hat deshalb einen Präzedenzcharakter.[101]

Die Klage gründet auf dem Paragrafen 1004 des Bürgerlichen Gesetzbuches und markiert die globale Nachbarschaft durch CO_2 und damit die planetare Verantwortung von Unternehmen. Ähnliche Klagen nehmen weltweit zu und führen inzwischen auch in Wirtschaftskreisen zum Umdenken. Selbst Wirtschaftsprüfer raten mittlerweile dazu, solche Risiken in den Lageberichten an die Aktionäre zu berücksichtigen.

Solche Klagen kosten viel Geld. Klaus Milke hatte aus dem Verkauf des Familienunternehmens eine Stiftung gegründet und konnte so zusammen mit anderen Gelder auch für die Klagen zur Verfügung stellen.

Mit der Stiftung Zukunftsfähigkeit hat er 2017 im G20-Kontext die internationale Stiftungsplattform F20 initiiert und ist ihr Vorsitzender. Hier haben sich über 80 Stiftungen weltweit zusammengeschlossen, um ihren Beitrag zur Überwindung der Klimakrise zu leisten.

Mit Sorge betrachtet Klaus Milke die wachsende militärische Eskalation. Den Angriffskrieg Russlands gegen die Ukraine hat er nicht für möglich gehalten. Die zunehmenden Spannungen mit China beunruhigen ihn ganz besonders.

Gleichzeitig sieht er durch seine internationalen Kontakte, wie die Klimakrise durch Extremwetterereignisse, die wachsende Zahl von Dürren und den Mangel an sauberem Wasser Gewalt und kriegerische Auseinandersetzungen verstärkt, gerade in armen Ländern, die schon jetzt am stärksten von der Klimakrise betroffen sind.

Ermutigend sieht er insbesondere die Aktivitäten junger Menschen, sowohl die Fridays-for-Future-Bewegung als auch die vielen Start-ups junger Unternehmer:innen und deren Netzwerke in vielen Ländern.

Er war bei vielen internationalen Klimakonferenzen dabei und ist ein Befürworter dieses Prozesses, vom Kyoto-Protokoll bis zur Klimavereinbarung von Paris.

»An Deutschland werden mittlerweile hohe Erwartungen gestellt, die glaubwürdig erfüllt werden müssen, denn wir in den reichen Ländern müssen zeigen, dass die notwendige Transformation der Gesellschaft möglich ist«, erklärt er mir.

Älteren Menschen empfiehlt er, aus der Vereinzelung herauszugehen und sich mit anderen zusammenzusetzen, sich gegenseitig einzuladen, gemeinsam Texte zu lesen. Sich Zeit zu nehmen, über die Ängste, die jede Veränderung mit sich bringt, zu sprechen. Bereit zu sein, sich auch über die eigene Blase hinaus mit Freund:innen und Nachbarn auszutauschen.

ZUM GLÜCK GIBT ES LÖSUNGEN

Was können wir tun? Die Lösung liegt auf dem Tisch, sie heißt: Energie einsparen und erneuerbare Energien, vor allen Dingen Photovoltaik und Windkraft, ausbauen. Die Technik ist vorhanden.

Dass wir heute mit den erneuerbaren Energien endlich eine Alternative zur Kohleverstromung haben, ist entscheidend. Dank der Energiewende in Deutschland ist die Photovoltaik eine Alternative, die nicht nur ökologischer, sondern inzwischen auch wesentlich billiger ist als Kohleverstromung. Photovoltaikstrom kann mittlerweile in sehr sonnenreichen Ländern für gut einen Cent pro Kilowattstunde (Ct/kWh) produziert werden. Windkraft liefert in Deutschland gerade im Winter wichtigen Strom, im Sommer wird mehr Photovoltaikstrom produziert.

Warum war es möglich, dass Deutschland schon sehr früh in die Förderung von erneuerbaren Energien eingestiegen ist?

Die erneuerbaren Energien, eine einzigartige Erfolgsgeschichte

Das Erneuerbare-Energien-Gesetz (EEG) ist ein großer Erfolg gewesen. Der Ausbau konnte auch deshalb so erfolgreich gelingen, weil die großen Energieunternehmen die positive Dynamik für regenerative Energien unterschätzt und deshalb zu spät Widerstand geleistet haben. Mittlerweile erzeugen in Deutschland über zwei Millionen Haushalte mit erneuerbaren Energien ihren Strom selbst. Insgesamt liegt der Anteil der erneuerbaren Energien an unserer Nettostromproduktion bei über 50 Prozent.

Dieser Trend ist nicht auf Deutschland beschränkt: Photovoltaik und Windenergie sind inzwischen so kostengünstig, dass im Jahr 2022 weltweit 83 Prozent der neu errichteten Erzeugungskapazitäten aus erneuerbaren Energien stammen.[102]

Schnelle Kostensenkungen in diesem Bereich wurde in den Anfangsjahren entscheidend durch das deutsche Erneuerbare-Energien-Gesetz vorangetrieben. Anfangs war eine sehr hohe Förderung der erneuerbaren Energien in Deutschland notwendig. Durch die ansteigende Produktion und die damit verbundenen Innovationen wurden die regenerativen Energien aber sehr schnell kostengünstiger. Die Einspeisevergütung konnte reduziert werden.

Durch diese Technologieförderung hat Deutschland wesentlich zur Preisreduktion beigetragen. Nun ist die Photovoltaik so kostengünstig, dass sich auch arme Haushalte weltweit den Zugang zu billigem Solarstrom leisten können. Das ist nicht nur klima- sondern auch entwicklungspolitisch ein großartiger Beitrag Deutschlands!

Bei uns wurde durch das EEG die Monopolstellung, die bis dahin nur vier große Energiekonzerne innehatten, gebrochen.

Vielerorts sind es heute neben den Stadtwerken vor allem die Bürger:innen, die den Strom dezentral und klimafreundlich produzieren. Das ist gut fürs Klima, schafft regionale Wertschöpfung und befördert Demokratie und Beteiligung.

Das Werk von Hermann Scheer

In meinem Bücherschrank steht ein besonderes Buch: *Der energethische Imperativ. 100 Prozent jetzt: Wie der vollständige Wechsel zu erneuerbaren Energien zu realisieren ist* von Hermann Scheer[103] mit persönlicher Widmung vom 4. Oktober 2010. Zehn Tage später ist Hermann Scheer an Herzversagen gestorben.

Der langjährige Bundestagsabgeordnete der SPD war ein charismatischer Mann, ein Visionär, der den Ausbau der erneuerbaren Energien zu seiner Lebensaufgabe gemacht und dafür zu Recht den Alternativen Nobelpreis bekommen hat.

Er hat schon früh auf die erneuerbaren Energien gesetzt und während seiner Zeit als Bundestagsabgeordneter von 1980 bis zu seinem Tod 2010 die Gesetzgebung immer wieder in Richtung erneuerbarer Energien gepusht. Interessant ist, dass er aus dem Blickwinkel seiner gesellschaftspolitischen Ausbildung die erneuerbaren Energien nicht nur als Lösung für die Klimakrise verstanden, sondern auch ihre gesellschaftspolitische, demokratiestiftende Aufgabe gesehen hat. »Power to the people«, die Macht dem Volk, gebt dem Volk die Energieproduktion!

Hermann Scheer hatte schon aus der Opposition heraus am Stromeinspeisegesetz von Bundesumweltminister Klaus Töpfer 1991 mitgearbeitet, das zusammen mit den Stimmen der Opposition einstimmig verabschiedet wurde.[104]

Der eigentliche Durchbruch gelang aber mit dem Erneuerbare-Energien-Gesetz EEG im Jahr 2000, als Abgeordnete der SPD, Hermann Scheer und Dietmar Schütz, und Abgeordnete der Grünen, Michaele Hustedt und Hans-Josef Fell, zusammen mit dem Bundesumweltministerium das EEG auf den Weg brachten.

Dieses Gesetz hatte eine enorme Wirkung.

In ganzseitigen Anzeigen verbreiteten die großen Energiekonzerne ihre Einschätzung, dass der Anteil der erneuerbaren Energien nie über fünf Prozent steigen werde. Mittlerweile liegt er bei zehnmal so viel, nämlich bei über 50 Prozent. Wir haben für die Menschen und die Wirtschaft eine positive Entwicklung angestoßen.

Jetzt besteht die Möglichkeit, die Klimakrise auch global zu überwinden. Die Stromproduktion durch die klimafreundlichen erneuerbaren Energien ist die Lösung für die Klimakrise.

Das EEG hat eine großartige zivilgesellschaftliche Bewegung ausgelöst, ein großer Demokratisierungsprozess. Die Produktion von Strom wurde dezentralisiert. Die Besitzer von Erneuerbare-Energien-Anlagen, in der Regel Photovoltaikanlagen, erhielten das Recht, ihren erzeugten Strom zu einem für 20 Jahre festgelegten Preis ins Netz einzuspeisen. Mit dieser Grundlage konnten die Menschen Kredite bei der Bank bekommen oder sich selbst ausrechnen, ob sich die Investition lohnen würde. Circa zwei Millionen sind so Prosumer geworden, Produzenten und Konsumenten von Strom. Zunächst sind das überwiegend Besitzer:innen von Eigenheimen, aber mit einem Mietermodell, das möglichst bald unbürokratisch umgesetzt werden sollte, werden auch Bewohner:innen von Mietwohnungen zunehmend von den kostengünstigen Strompreisen profitieren können. Eine zentrale soziale Frage könnte endlich gelöst werden.

Die EU hat vor einigen Jahren eine Richtlinie erlassen, die es Bürger:innen ermöglichen soll, nicht nur Erneuerbare-Energien-Anlagen gemeinsam zu betreiben, sondern den Strom auch gemeinsam vergünstigt zu nutzen. Das sogenannte Energy Sharing soll zusätzlich dazu beitragen, dass sehr viele Bürger:innen von den günstigen Strompreisen der erneuerbaren Energien profitieren.[105]

Der Ausbau von Wind und Sonnenenergie macht uns unabhängiger

Daneben hat der Ausbau der erneuerbaren Energien noch weitere Vorteile, etwa die Schaffung von 344 000 Arbeitsplätzen. Außerdem macht er uns unabhängiger von Despoten wie dem russischen Präsidenten Putin. Die Überwindung der Klimakrise und die Transformation zu einer klimaneutralen Gesellschaft bedeuten, dass wir keine fossilen Energien mehr benutzen dürfen. Das heißt, Autos fahren nicht mehr mit Benzin und Diesel, sondern mit grünem Strom – und auch die Heizungen werden nicht weiter mit Erdgas oder Öl betrieben, sondern mit erneuerbarem Strom. So ersetzt klimafreundlicher Strom in Deutschland zunehmend die heute noch benötigten fossilen Energieträger Kohle, Öl und Gas. Dadurch werden wir unabhängiger von teuren Energieimporten aus Ländern wie Saudi-Arabien oder Katar, und das Geld, das wir bisher dort ausgegeben haben, bleibt zukünftig im Land. Wie gefährlich die Abhängigkeit von Russland in dieser Hinsicht war, ist uns schmerzhaft vor Augen geführt worden. Deutschland zahlt pro Jahr circa 100 Milliarden Euro für den Import von Kohle, Öl und Gas. Durch den russischen Angriffskrieg in der Ukraine erhöhten sich die Kosten für fossile Importe noch einmal, sodass im Jahr 2022 allein für Erdgas- und Rohölimporte 130 Milliarden Euro ausgegeben werden mussten.

Die meisten Länder, die über nennenswerte fossile Ressourcen verfügen, sind keine Demokratien, sondern autokratische

Staaten, die Deutschlands Abhängigkeit durchaus politisch für ihre Interessen nutzen können. Ein Ausbau der erneuerbaren Energien in Deutschland wird deshalb nicht nur die Kosten für Importe von fossilen Energien senken, sondern Deutschland darüber hinaus unabhängiger machen.[106]

Ressourcen- und Energieeffizienz ist notwendig

Wenn Öl und Gas durch Strom ersetzt werden müssen, wird sehr schnell klar, dass die Nachfrage nach Strom in Deutschland zukünftig steigen wird. Im Jahr 2022 lag die Stromproduktion in Deutschland bei rund 500 Terawattstunden (TWh). 2030 wird die Nachfrage in Deutschland laut Prognose des Bundeswirtschaftsministeriums bei 750 TWh liegen.

Weil Deutschland also mehr Strom benötigen wird, ist es sinnvoll, nicht nur mehr zu produzieren, sondern möglichst viel Strom einzusparen. Genau das hat die Industrie im Jahr 2022, als die Energiepreise durch den russischen Angriffskrieg in der Ukraine sehr hoch waren, mit erstaunlichem Erfolg getan.

Zukünftig wird also die Energieeffizienz besonders wichtig werden, um Geld einzusparen.[107]

Neben den CO_2-Emissionen, die wir bei der Stromproduktion reduzieren müssen, gibt es einen zweiten Faktor, der für die meisten Umweltprobleme, die wir haben, bedeutsam ist: der Verbrauch von Ressourcen. Neben den fossilen Energieträgern betrifft das etwa Kies und Sand, seltene Erden, Wasser und weitere Rohstoffe. Auch hier müssen wir in der Wirtschaft eine Kehrtwende einleiten. Das muss nicht unbedingt Verzicht bedeuten.

Wenn es gelingt, in der Produktion Ressourcen einzusparen oder aus Abfällen neue Produkte herzustellen, dann hilft es der

Umwelt und spart außerdem Kosten, eine klassische Win-win-Situation. Dieser produktionsintegrierte Umweltschutz muss das Ziel in großem Stil sein. Um es zu erreichen, können auch wir Verbraucher:innen Druck machen. Die Benutzung von Recyclingpapier führt z. B. zu erheblichen Einsparung von Holz, Wasser, Energie oder auch Chemikalien. Aber der Einsatz von Recyclingpapier könnte noch ausgeweitet werden. Das Umweltbundesamt informiert, auf welche Kriterien bei nachhaltigem Papier geachtet werden sollte.[108]

Gerade beim beliebten Kaffeekonsum lässt sich eine Menge Abfall einsparen. Für Menschen, die viel unterwegs sind, ist es sehr sinnvoll, einen eigenen Becher als Alternative zum Coffee-to-go-Einwegbecher dabeizuhaben und sich den Kaffee hier hinein füllen zu lassen. Wenn sich Verkaufsstellen immer noch wehren, den mitgebrachten Becher zu akzeptieren, sollten diese Widerstände schnell vor Ort abgebaut werden. Ein Argument hierfür ist, dass die Anzahl der Einwegbecher für Heißgetränke seit dem Jahr 2000 um 500 Prozent gestiegen ist.[109]

Aber auch zu Hause gibt es sehr müllsparende Varianten. Die French-Press-Kaffeemaschine, bei der man das Kaffeepulver mit einem Stempel hinunterdrückt, oder der klassische Filterkaffe sind sehr kostengünstige abfallsparende Methoden. Es muss nicht immer eine Alukapsel Müll für jede neue Tasse Kaffee anfallen.

Das Wuppertal Institut hat den ökologischen Rucksack definiert, ein Bild, das dafür steht, wie viele Ressourcen bei der Produktion, Verwendung und Entsorgung eines Produkts verbraucht werden. Wer sich über die Größe des ökologischen Rucksacks von bestimmten Produkten informieren will, findet auf den Seiten des Instituts auch einen Rechner.[110]

Mit Ökologie Geld verdienen

Eines der schwierigsten Probleme in meiner Zeit als Ministerin war, dass sich in den Köpfen vieler Entscheidungsträger festgesetzt hatte, Umweltschutz koste Geld und stehe aus ihrer Sicht deshalb gegen Wirtschaft und Arbeitsplätze. Umweltschutz sei also kein Gewinnerthema.

Deshalb ist es immer wieder wichtig, Beispiele zu kennen, die genau das Gegenteil zeigen. Ökoprofit ist ein solches. Ökoprofit ist ein konkretes Instrument für Unternehmen und Organisationen, um auf kommunaler Ebene Ressourcen einzusparen. Konzipiert wurde es in Graz, und ich habe es als Ministerin vor mehr als zwanzig Jahren in NRW eingeführt.

Ökoprofit ist ein Förderprogramm der öffentlichen Hand für Unternehmen, Krankenhäuser, Kirchengemeinden oder andere große Institutionen: Sie erhalten Unterstützung durch Experten, die ihnen helfen, im Betriebsablauf den Energie- und Wasserverbrauch sowie die Abfallmenge zu senken. Ziel ist es, Geld einzusparen, und zwar nicht beim Personal, sondern beim Ressourcenverbrauch. Die Tonne Öl soll arbeitslos werden, nicht der Mensch! Allein in Nordrhein-Westfalen haben sich inzwischen 2400 Unternehmen mit 590 000 Beschäftigten an Ökoprofit beteiligt. Sie haben jedes Jahr 408 000 Tonnen CO_2 und 96 Millionen Euro eingespart.[111]

Viele Einsparungen sind möglich, und sogar kleine Investitionen können sofort wirken, wenn z. B. in Lagerräumen das Thermostat einfach runtergedreht wird und so mit geringeren Temperaturen viel Heizenergie eingespart wird.

Ein Zusatzeffekt besteht darin, dass viele Projektbeteiligte beginnen, auch im eigenen Haushalt Einsparideen zu verwirklichen, die sie durch das Programm im Betrieb kennengelernt haben. Unternehmen, die viele Filialen haben, beteiligten sich zunächst nur mit ein oder zwei Filialen und führten den Prozess später flächendeckend durch. Die evangelische Landeskirche Westfalen beteiligte sich mit ihren Kirchengemeinden unter dem Motto »Grüner Hahn« an Ökoprofit. Mittlerweile ist das Umweltmanagementsystem, angepasst an die spezielle kirchliche Gemeindestruktur, von mehr als 100 Kirchengemeinden übernommen worden.[112]

Interessant sind die Schlussfolgerungen der Unternehmen, die sich an Ökoprofit beteiligt haben. Es ging ihnen nicht nur um die Kostenreduktion, sondern auch darum, ein unternehmerisches Gemeinschaftsprojekt zusammen mit der Belegschaft durchzuführen. Indem sich die Beschäftigten bewusst an einem »grünen« Projekt beteiligten, konnten sie sich besser mit ihrem Unternehmen identifizieren. Und gemeinsam mit Unternehmen aus ganz anderen Bereichen haben sie über den eigenen Tellerrand hinausgesehen und viele neue Anregungen bekommen. Ein Win-win-Prozess.

Ähnlich funktioniert fifty-fifty (50:50) für Schulen: Die Landesregierungen unterstützen Schulen durch Beratungsprogramme dabei, Energie, Wasser und Abfall einzusparen. Von den dadurch eingesparten Nebenkosten verbleibt die Hälfte bei den Schulen. Auch hier gilt als Zusatznutzen: Was Schüler und Schülerinnen in der Schule lernen, können sie in ihre Familien tragen und auch dort umsetzen.

RAN AN DIE UMSETZUNG – BLOCKADEN KÖNNEN WIR UNS NICHT MEHR LEISTEN

Was muss in Deutschland passieren?

Deutschland hat sich mit dem Beitritt zum Pariser Klimaabkommen von 2015 dazu verpflichtet, seine Treibhausgasemissionen kontinuierlich zu reduzieren. Gegenwärtig ist Deutschland der siebtgrößte Emittent hinter China, den USA, Indien, Russland, Japan und dem Iran. In 32 Jahren, von 1990 bis zum Jahr 2022, sind unsere Kohlendioxidemissionen um 40,4 Prozent gesunken. Bis 2030 sollen sie um 65 Prozent sinken, bis 2040 um 88 Prozent, und bis 2045 will Deutschland klimaneutral sein.[113]

Bei der Vorstellung der Bilanz von 2022 wies der Präsident des Umweltbundesamtes darauf hin, dass die klimaschädlichen Emissionen in einem Jahr zwar um 1,9 Prozent gesunken seien, ergänzte aber, dass das zu wenig sei. Notwendig wäre eine jährliche Reduktion um sechs Prozent, um die Klimaziele der Bundesregierung bis 2030 zu erreichen.[114]

Ein besonderes Sorgenkind ist hierbei der Verkehr, der seit 1990 seine Emissionen de facto nicht reduziert hat, anders als alle anderen Sektoren. Der Effekt von effizienteren Technologien wird von schwereren und leistungsstärkeren Autos wieder wettgemacht (der sogenannte Rebound-Effekt).

Die Kraftanstrengung, die geleistet werden muss, bedeutet nichts weniger, als dass die Stromproduktion, der Verkehrssektor, die Wärme- und Kälteerzeugung, die Industrie und die Landwirtschaft in 2045, also in 22 Jahren, klimaneutral werden müssen. Das erfordert eine gewaltige Transformation, die es in einer solchen Form noch nie gegeben hat.[115]

Stromproduktion

Die Energieerzeugung hat mit circa 35 Prozent den größten Anteil am Kohlendioxidausstoß. Pro produzierter Kilowattstunde Strom sind Braunkohlekraftwerke dabei die größten Emittenten, gefolgt von Steinkohlekraftwerken und Gaskraftwerken. Deshalb ist es so wichtig, dass alte und ineffiziente Braunkohlekraftwerke sehr schnell vom Netz genommen werden. Die Bundesregierung rief im Jahr 2018 die Kommission Wachstum, Strukturwandel und Beschäftigung unter dem Vorsitz von Matthias Platzeck, Ronald Pofalla, Stanislaw Tillich und Professorin Barbara Praetorius ins Leben, die sogenannte Kohlekommission. Sie setzte sich aus unterschiedlichen gesellschaftlichen Akteuren wie Vertretern der Wirtschaft, der Gewerkschaften, der Wissenschaft und der Umweltverbände zusammen. Während sie tagten, wurden die unterschiedlichen Sichtweisen sehr deutlich. Das zeigte der Kohlekompromiss, der von der Kommission im Januar 2019 der Öffentlichkeit präsentiert wurde. Er sah vor, dass keine neuen Braunkohletagebaue mehr genehmigt werden, keine neuen Kohlekraftwerke wie Datteln IV mehr ans Netz gehen und der endgültige Kohleausstieg 2038 erfolgen sollte.

Die Vertreter der Umweltverbände DNR (Deutscher Naturschutzring), BUND (Bund für Umwelt und Naturschutz Deutschland), Greenpeace und Antje Grothus (die Vertreterin der Protestbewegung zum Erhalt des Hambacher Waldes) gaben ein Sondervotum ab, in dem sie feststellten, dass mit den festgelegten Abschaltungen die Klimaziele des Pariser Abkommens nicht eingehalten werden können und dass der endgültige Kohleausstieg 2030 notwendig sei.[116]

Das Ergebnis der Kohlekommission wurde von der Politik nicht eins zu eins übernommen. So setzte die damalige CDU-

FDP-Koalition in NRW die Inbetriebnahme des Kohlekraftwerkes Datteln IV durch.

Dass der Kompromiss der Kohlekommission nicht hinreichend sein würde und eine Nachbesserung erforderlich war, stellte sich schon bald heraus. Nach der Landtagswahl in NRW im Jahr 2022 gab es eine Vereinbarung zwischen dem Bundeswirtschafts- und Klimaministerium, dem nordrhein-westfälischen Landeswirtschafts- und Klimaministerium und dem RWE-Konzern, schon im Jahr 2030 aus dem Braunkohletagebau in NRW auszusteigen. Das Dorf Lützerath, das an der Kante des Tagebaus lag, sollte aber noch abgebaggert werden. Auch an dieser Vereinbarung kritisierten die Klimaaktivisten, dass damit das Ziel des Paris-Abkommens nicht eingehalten werden könne.

Der Krieg Russlands in der Ukraine brachte auch in Deutschland im Energiesektor erhebliche Verwerfungen mit sich. Deutschlands große Abhängigkeit von russischem Gas und Öl musste schnell ersetzt werden, die Preise für Gas und Strom gingen durch die Decke. Deshalb wurden auch ältere Braun- und Steinkohlekraftwerke wieder angefahren, die CO_2-Emissionen stiegen wieder.

Verkehr

Der Verkehr trägt mit gut 20 Prozent zum Ausstoß der klimaschädlichen Gase bei.[117]

Das Problem beim Verkehr ist, dass die Emissionen anders als in den anderen Bereichen seit 1990 de facto nicht gesunken sind. Neben der Fortsetzung der Energiewende ist eine Verkehrswende also besonders wichtig. Sie muss endlich angegangen werden.

Entscheidend ist, Alternativen zum Autoverkehr zur Verfügung zu stellen. Hier geht es darum, möglichst schnell, sicher, bequem und kostengünstig von A nach B zu kommen. Es müssen also für kurze Distanzen in der Stadt verbesserte Fuß- und Fahrradwege geschaffen werden. Der öffentliche Nahverkehr muss attraktiver werden und auch in ländlichen Regionen häufiger zur Verfügung stehen. Die Bahn muss pünktlich und regelmäßig fahren und genügend Waggons für die steigende Zahl von Kunden zur Verfügung stellen. Die Kombination all dieser Möglichkeiten führt zu einer erheblichen Verbesserung der Verkehrssituation.

Warum der Verkehr bisher nichts zum Klimaschutz beigetragen hat, wird am besten an der Frage des Tempolimits deutlich. Deutschland ist nahezu das einzige Land auf der Welt, in dem es kein Tempolimit auf Autobahnen gibt. Im Autoland Deutschland müsse »freie Fahrt für freie Bürger« gelten! Das ist angesichts der vielen Geschwindigkeitsbeschränkungen zwar eine Fiktion, aber diese soll nach dem Willen von Automobilkonzernen und Politikern aus CDU und FDP weiter aufrechterhalten werden. Wenn man die Grenzen zu unseren Nachbarn überquert, ändert sich das Fahrverhalten sofort. Die drängelnden Raser gibt es nicht mehr, viele schalten ihren Tempomaten ein, und es geht entsprechend ruhiger weiter. Nicht so in Deutschland! Obwohl ein Tempolimit den CO_2-Ausstoß reduzieren würde, obwohl weniger Unfalltote zu erwarten wären, obwohl der Stress auf deutschen Autobahnen sich der ruhigen Fahrweise in anderen Ländern anpassen würde, heißt es: »NEIN, ein Tempolimit darf es in Deutschland nicht geben!«

Diese Ideologie macht die Umsetzung der Klimaschutzmaßnahmen so schwierig.

Aber es gibt natürlich nicht nur das Tempolimit. Auch Homeoffice, Videochats und flexiblere Arbeitszeiten, da, wo sie möglich sind, führen zu weniger Verkehr und sind hilfreich.

Die Verkehrswende erfordert also wesentlich mehr, als nur die beschleunigte Umstellung der Autos auf Elektromobilität.

Aber auch in Hinblick auf Elektroautos macht die Entscheidung der EU Sinn, ab 2035 keine Verbrenner mehr zuzulassen. Schließlich geht man davon aus, dass Autos bis zu ihrer Verschrottung zehn Jahre und mehr gefahren werden. Wer sich also nach 2035 noch ein neues Auto mit Verbrennungsmotor kaufen würde, müsste mit einer kürzeren Lebenszeit für seine Investition rechnen, weil die Transformation hin zu einer klimaneutralen Wirtschaft bis 2045 vollzogen sein muss. Verbrenner wären dann nur noch mit E-Fuels zu betreiben.

Die von der FDP vorgeschlagene Alternative mit E-Fuels ist allerdings extrem ineffizient und teuer. Der Umwandlungsprozess von Strom zu E-Fuels ist sehr energieintensiv. Wird der Strom direkt im E-Auto genutzt, ist er fünf- bis sechsmal effizienter als der Einsatz von E-Fuels in Verbrennermotoren. Selbst der ADAC, der sich grundsätzlich für die Möglichkeit von E-Fuels einsetzt, klärt darüber auf, dass die Energie einer Drei-MW-Windkraftanlage für die Versorgung von 1600 E-Autos reicht, aber nur für 600 Autos mit Wasserstoffantrieb und ganze 250 Autos, die mit E-Fuels betrieben werden. Das ist eben Physik.[118]

Wärme

Sehr schwierig ist auch der Gebäudebereich, der mit circa 40 Prozent einen sehr hohen Anteil an den klimaschädlichen Emissionen hat. Hierfür ist vor allem der Einsatz fossiler Energieträger wie Öl und Gas für Heizungen und die Warmwasserbereitung verantwortlich. Deshalb muss die energetische Sanierung, das heißt die verbesserte Dämmung sowie die Umstellung der Wärmeerzeugung auf effizientere und klimafreundliche alternative Heizsysteme, deutlich beschleunigt werden, denn die Nutzung einer Heizung beträgt nicht nur circa zehn Jahre und mehr wie beim Auto, sondern eher 25 Jahre und mehr. Es ist also notwendig, dafür zu sorgen, dass die Menschen in Zukunft Heizungen einbauen, die sie auch noch nach 2045 nutzen können und dürfen.

Wie schwierig es ist, konkrete Klimaschutzmaßnahmen umzusetzen, zeigen die Widerstände und heftigen Diskussionen, die der Vorstoß von Bundeswirtschaftsminister Robert Habeck ausgelöst hat, dass neu eingebaute Heizungen ab 2024 grundsätzlich zu 65 Prozent mit erneuerbaren Energien betrieben werden müssen. Zu der heftigen Debatte über Wärmepumpen haben maßgeblich die schlechte Kommunikation des Ministeriums und die Tatsache beigetragen, dass konkrete Förderbedingungen für betroffene Hausbesitzer der Öffentlichkeit erst einige Wochen nach dem Vorstoß bekannt gegeben wurden. Ein Grund war allerdings auch, dass das Gesetz offensichtlich von einem Gegner der Lösung zu früh an die Presse gegeben wurde, die Regierung also nicht geschlossen agiert hat, sondern unterschiedliche Auffassungen darüber bestanden, wie die Klimaschutzmaßnahmen im Wärmebereich aussehen sollten. Hinzu kommt der Zeitdruck, unter dem das Gesetz entstanden ist. Aber ebendieser Zeitpunkt ist vor allem auch dadurch entstanden, dass vorher zu lang mit den notwendigen Transformationen gewartet wurde.

Auf kommunaler Ebene überschlagen sich die Vorbehalte, dass Wärmepumpen nicht ohne erhebliche zusätzliche Investitionen in ältere Häuser eingebaut werden können. Von vielen Hausbesitzern werden daher im Jahr 2023 noch schnell Gas- oder Ölheizungen nachgefragt und eingebaut. Die Menschen sind verunsichert.

Handwerker, die Erfahrung mit dem Einbau solcher Wärmepumpen haben, beteuern, dass Wärmepumpen auch in sehr vielen älteren Häuser eingebaut werden können, ohne in den Bereich der genannten hohen Investitionen zu kommen. Es gibt aber offensichtlich zu wenige Handwerker, die bereits die notwendige Erfahrung besitzen.

Was an diesem Streit deutlich wird: Die kommunale Ebene ist bei der notwendigen Wärmewende extrem wichtig. Sind die Handwerker vor Ort überhaupt fachlich in der Lage, die Wärmepumpen richtig zu dimensionieren, oder ist es viel einfacher, die bisherige Technik und damit das bisherige Wissen zu nutzen und noch schnell wie bisher Gas- und Ölheizungen einzubauen? Wie bekommen wir genügend Fachkräfte, um die Umsetzung der Energietransformation in den Kommunen zu gewährleisten? Solche ungeklärten Fragen verdeutlichen das derzeitige Dilemma.

Außerdem ist selbstverständlich die finanzielle Unterstützung von Menschen, die tatsächlich die anfallenden Kosten nicht finanzieren können, entscheidend. Sie muss gleichzeitig mit der technischen Lösung präsentiert werden.

Nicht hilfreich ist es hingegen, wenn von der *BILD-Zeitung* nahezu jeden Tag über den »Heizungshammer« von Robert Habeck hergezogen wird, anstatt die Probleme, die in der Tat zu bewältigen sind, sachlich zu diskutieren.

Zu lange wurde gewartet, jetzt muss alles ganz schnell gehen, überstürzt passieren, weil die Klimakrise nicht wartet. Wenn wir uns viel früher auf ihre Überwindung eingestellt hätten, hätten wir in Ruhe Fachleute ausbilden können, Hausbesitzer mit langen Übergangszeiten auf die Situation vorbereiten und so die notwendige Transformation entspannter und kostengünstiger angehen können.

Eine Auswertung der European Heat Pump Association (EHPA) hat ergeben, dass Deutschland, was Wärmepumpen im Haushalt angeht, fast Schlusslicht in Europa ist.

In anderen Ländern sind Wärmepumpen mittlerweile etabliert. Die Nordeuropäer sind Spitzenreiter mit Finnland, wo in 69,4 Prozent der Haushalte Wärmepumpen eingebaut wurden. In Norwegen liegt die Quote bei 62,2 Prozent. Aber auch Italien mit 19,5 Prozent, Frankreich mit 14,9 Prozent und die Niederländer mit 14,8 Prozent machen vor, wie es geht. Selbst in Polen, Tschechien und Österreich haben prozentual mehr als doppelt so viele Haushalte Wärmepumpen wie in Deutschland mit 5,75 Prozent.

Ähnlich wie bei den Auseinandersetzungen »Erneuerbare gegen Kohle« oder »E-Autos gegen Verbrenner« hat es nun also wochenlang den Heizungsstreit gegeben. Das hilft uns nicht weiter. Wichtig ist es, den Menschen eine klare Perspektive zu geben, aber gleichzeitig auch gemeinsam die durchaus schwierigen Umsetzungen bei Altbauten anzugehen. Mit Nahwärmenetzen gibt es beispielsweise auch in dichter Bebauung Alternativen. In Schweden, das hinter Finnland und Norwegen auf Platz drei bei den Wärmepumpen liegt, hat übrigens nicht zuletzt der schon in der Vergangenheit steigende CO_2-Preis bei der Wärme dafür gesorgt, dass die Hauseigentümer umgestiegen sind.[119]

Industrie, Gewerbe, Handel, Abfall, Landwirtschaft

Das Gewerbe, der Handel und die Dienstleistungsbranche sind bei der Dekarbonisierung bereits relativ erfolgreich: Sie haben ihren Anteil am Kohlendioxidausstoß seit 1990 halbiert, insbesondere dank gezielter Förderprogramme der Kreditanstalt für Wiederaufbau (KfW), einer öffentlichen Bank. In der Industrie hingegen stagnierte die Reduktion von klimaschädlichen Gasen lange Zeit. Durch den Krieg in der Ukraine und die entsprechend hohen Energiepreise hat die Industrie jedoch 2022 erheblich aufgeholt und ihre Emissionen insgesamt um fast 40 Prozent gesenkt.

Die Abfallwirtschaft hat ihren Ausstoß an klimaschädlichen Gasen inzwischen bereits um 90 Prozent reduziert. Weil Abfall nicht mehr deponiert werden darf, sind die Methanemissionen stark zurückgegangen, aber auch die Verwertung von Abfällen hat zu diesem Erfolg beigetragen.

Die Treibhausgasreduktion in der Landwirtschaft ist ein weiterer besonders schwieriger Punkt. Der Hauptgrund für die erreichte Minderung um 25 Prozent war der starke Abbau des Viehbestandes in den östlichen Bundesländern nach der Wiedervereinigung. Seit 2005 sind die Emissionen aber wieder leicht angestiegen, und die Minderung im Jahr 2022 gegenüber 1990 liegt nur noch bei 21 Prozent. Weniger Fleischproduktion, die Erhaltung von Wald und Grünland sowie der Schutz der Moore sind für den Klimaschutz besonders wichtig.

Ökosteuer – sozial und ökologisch sinnvoll und doch gescheitert

Immer wieder werden Vorstöße für eine Transformation in Hinblick auf eine notwendige Verkehrswende diffamiert. Mit Benzinpreiserhöhungen haben viele Politiker schlechte Erfahrungen gemacht. Die rot-grüne Bundesregierung (1998–2005) erhob z. B. eine zusätzliche Ökosteuer auf die Benzinpreise. Die Einnahmen werden für die Absenkung der Sozialbeiträge genutzt. Der Rentenbeitragssatz ist derzeit um 1,2 Prozentpunkte niedriger, und die Renten sind um 1,5 Prozent höher, als dies ohne die höheren Bundeszuschüsse aus der Ökosteuer der Fall wäre, wie das Deutsche Institut für Wirtschaft (DIW) feststellt.[120]

Die Kampagne vor allem der *BILD-Zeitung* gegen die Ökosteuer war jedoch derart heftig, dass Bundeskanzler Schröder damals die Notbremse zog und 2003 die Ökosteuer bei 15 Cent pro Liter einfror.

Wie funktioniert Politik?

Politik hat ein schlechtes Ansehen in der Bevölkerung. Das Vertrauen in deren Lösungskompetenz ist gering. Die Politik ist zu abgehoben und nur an Eigeninteressen ausgerichtet, das ist die vorherrschende Meinung. Die Gesellschaft erwartet von der Politik Lösungen, die möglichst einfach, schnell und vom eigenen Standpunkt gesehen gerecht sein sollen.

Diesen hohen Ansprüchen der Bevölkerung an die Politik gerecht zu werden, ist fast unmöglich.

Die Probleme, die gelöst werden müssen, werden immer komplexer. Viele – wie die Klimakrise – müssen auch international bewältigt werden. Bei vielen Problemen ist für die Lösung das Wissen mehrerer Expert:innen notwendig. Das alles macht die Aufgabe nicht einfacher. Die Erwartung der Bevölkerung ist darüber hinaus hoch, dass Politiker:innen zu allen Themen zu jeder Zeit vollumfänglich informiert sind und sachkompetent reagieren können. Oft besteht das Wissen in dem Moment eines akut aufgetretenen Problems aus nicht viel mehr als dem, was alle mitbekommen haben. Die Antworten von Politiker:innen sind dann entsprechend schwammig und ungenau und werden von der Bevölkerung zu Recht negativ aufgenommen.

1995 bin ich noch in meinen ersten Urlaub als Ministerin zwar schon mit einem Handy, aber ansonsten mit einem mobilen Faxgerät mit Thermopapier gefahren. Mittlerweile bestimmen das Internet und das Smartphone die Informationsausbreitung. Die Datenflut und Schnelligkeit der Vermittlung sind dramatisch gewachsen. Das bedeutet enorme Anforderungen an Politiker:innen. Zunehmend verdrängt der hektische Alltag die notwendige Zeit zum Nachdenken oder grundsätzlichen Innehalten.

Wenn man am Anfang einer Sitzungswoche im Bundestag alle Drucksachen, die in der dann beginnenden Woche entschieden werden sollen, übereinandertürmen würde, kann schon mal ein Stapel von einem Meter zusammenkommen. Da braucht es eine Arbeitsteilung. Selbst im eigenen Fachgebiet häufen sich die Informationen, denn zu den Drucksachen kommen zusätzliche Stellungnahmen von Verbänden oder Interessengruppen und vieles mehr hinzu.

Ein weiterer wichtiger Punkt ist, dass die Desinformation enorm zugenommen hat. Je komplexer die zu lösenden Probleme werden, desto mehr hat die Stunde von Populisten geschlagen, die mit angeblich einfachen Lösungen und falschen Informationen die Bevölkerung in ihrem Sinne überzeugen wollen. Populisten und falsche Informationen gab es schon immer in der Geschichte, aber spätestens seit Donald Trump haben die Fake News eine neue Dimension erreicht und die Spaltung der Gesellschaft noch stärker vertieft.

Darüber hinaus hat die Individualisierung zugenommen. Es wird häufig nur noch danach geschaut, ob das eigene Interesse erfüllt wurde. Wenn das nicht 100 Prozent der Fall ist, wenn es einen Kompromiss gegeben hat, ist man unzufrieden mit der Lösung, die die Politik gefunden hat.

Nach Wahlen wurde ich oft gefragt, warum die Grünen jetzt nicht eine bestimmte Forderung, die im Wahlprogramm steht, endlich realisierten. So, als wäre es egal, ob eine Abgeordnete in der Opposition arbeitet oder in der Regierung.

Selbst in meiner Zeit als Ministerin konnte ich viele Forderungen, die ich für sinnvoll hielt, nicht durchsetzen, weil der Koalitionspartner eine andere Auffassung vertrat. Hierfür gibt es den Koalitionsvertrag, in dem zu Beginn der gemeinsamen Regierung Grundsatzfragen mehr oder weniger detailliert geregelt werden. Aber natürlich gibt es viele offene Fragen und Probleme, die sich häufig erst im Laufe der Zeit stellen und deshalb im Koalitionsvertrag noch gar keinen Niederschlag finden können.

Wenn also die Ampelregierung in Berlin eine einfache, kostengünstige und sofort wirksame Klimamaßnahme wie das Tempolimit auf Autobahnen nicht durchsetzt, liegt es daran, dass die FDP auch im Sinne ihrer Wähler:innen dieses Tempolimit auf keinen Fall akzeptieren will. Deshalb hat sie ihre Ablehnung des Tempolimits im Koalitionsvertrag verankert. Eine Koalition kann, das ist eine feste Regel, nur gemeinsam agieren. Wenn ein Teil der Koalitionsabgeordneten also inhaltlich gerne einem Antrag der Opposition zustimmen würde, wird er es trotzdem nicht tun. Denn das unterschiedliche Abstimmungsverhalten der Koalitionspartner ist nur bei Gewissensentscheidungen (z. B. ethischen Fragen) erlaubt, andernfalls würde es schnell zum Ende der Koalition führen.

Wenn von den Klimaaktivisten zu Recht die Forderung erhoben wird, der Pariser Klimavertrag müsse von der Bundesregierung eingehalten werden, so müssen trotzdem alle drei Koalitionäre zu einer gemeinsamen Lösung kommen, die dann auch verlässlich umgesetzt werden muss. Da in Sachen Klimaschutzmaßnahmen die Positionen der Koalitionäre weit auseinanderliegen, kommt es logischerweise oft zu inhaltlichem Streit.

Jede der drei Partner der Ampel wird letztlich maßgeblich von der Meinung seiner Wähler:innenschaft und von dem Einfluss gesellschaftlich starker Kräfte wie insbesondere den

Wirtschaftsverbänden, Gewerkschaften, Umweltbewegungen oder Medien wie der *BILD-Zeitung* beeinflusst.

Außerdem stellt sich auch immer wieder die Frage, welche Wähler:innengruppe bei der nächsten Wahl besonders relevant sein wird. In einer Gesellschaft wie unserer, in der es einen großen Anteil älterer Menschen gibt, die außerdem noch besonders verlässlich wählen gehen, ist deren Einfluss erfahrungsgemäß größer als derjenige der jungen Generation. Umso wichtiger ist es, dass wir, die Älteren, unsere Stimme für den Klimaschutz erheben.

Wir sind eine Macht – und die müssen wir im Sinne unserer Kinder und Enkel nutzen!

In Deutschland haben wir außerdem einen großen Schatz. Wir haben eine bedeutende Zivilgesellschaft und starke Kräfte auf kommunaler Ebene. Bei all den Krisen, die bevorstehen, bei der großen Transformation, bei der Polarisierung, die sich verstärken wird, brauchen wir so viele Menschen wie möglich, die sich im Sinne der Gemeinschaft und demokratischer Strukturen engagieren.

Die kommunale Ebene ist entscheidend, um die notwendige Energiewende erfolgreich umsetzen zu können. Deshalb müssen wir die Menschen in den Kommunen überzeugen. Die lokale Ebene, unsere Freund:innen, Nachbar:innen und Arbeitskolleg:innen müssen wir gewinnen, um damit Druck auf politische Entscheidungsträger ausüben zu können.

AUF UNSER HANDELN KOMMT ES AN

WIR SIND DIE ZIVILGESELLSCHAFT

Druck von unten ist wichtig für die Durchsetzung des Klimaschutzes

Besondere Brisanz hat die Klimadebatte durch die Zunahme von Wetterextremen bekommen, die zwar von der Wissenschaft vorhergesagt wurden, nun aber weltweit in einer Heftigkeit auftreten, die selbst Experten so schnell nicht erwartet hatten. Wir alle merken seit einigen Jahren, dass sich das Wetter verändert hat, dass insbesondere Hitzeperioden erheblich zugenommen haben.

Auf der anderen Seite haben sich Menschen Photovoltaikanlagen auf ihre Dächer gesetzt, sich in Energiegenossenschaften engagiert oder in einer anderen Form zur Energiewende beigetragen. Sie sind Teil der Lösung geworden. Der Aggressionskrieg Russlands in der Ukraine hat hier durch die von ihm verursachten sehr hohen Strom- und Gaspreise zu neuer Dynamik geführt. Vielen ist die Abhängigkeit von fossilen Energien mehr als deutlich geworden. Die Energiegenossenschaften haben viele zusätzliche Anfragen von Menschen, die ganz schnell eine Photovoltaikanlage auf ihrem Dach installieren wollen und gleichzeitig nach alternativen Heizungssystemen wie Wärmepumpen fragen.

Und schließlich sind da die jungen Menschen, die sich in der Fridays-for-Future-Bewegung engagieren.

Vor einigen Jahren brachte Greta Thunberg unverhofft und unvorhergesehen neuen Schwung in die Klimadebatte, als die damals 15-jährige Schülerin aus Schweden als Betroffene in den »Streik« trat. Seit September 2018 setzte sie sich jeden Freitag – statt in die Schule zu gehen – mit einem selbst geschriebenen Plakat »Schulstreik fürs Klima« vor das schwedische Parlament. Sie forderte von der schwedischen Regierung die Umsetzung der im Pariser Klimaschutzabkommen vereinbarten Ziele und brachte damit diejenigen, um deren Zukunft es geht und die am meisten unter den Lasten der Klimakrise leiden werden, auf die Straße. Überall auf der Welt folgten ihr Hunderttausende von Schüler:innen, Fridays for Future wurde zur bis dahin größten Klimabewegung. Greta Thunberg klagte die Weltgemeinschaft an, sie erhielt die Möglichkeit, auf der UN-Generalversammlung zu den Präsident:innen der Länder und in Davos auf dem Weltwirtschaftsforum mit den Wirtschaftsführer:innen der Welt zu sprechen. Und sie ließ sich nicht einschüchtern von den Mächtigen, sondern hielt ihnen den Spiegel vor: How dare you? (Wie könnt ihr es wagen?) Sie schaffte es, die Klimakrise für einige Jahre wieder in den Fokus zu rücken, Hoffnung und Mut zu geben und viele junge Menschen, aber auch Ältere dafür zu begeistern mitzumachen. Die Klimakonferenz 2015 in Paris war für die jungen Leute ein Weckruf gewesen. Jetzt sollten die Beschlüsse endlich umgesetzt werden.

Auch wenn es der FFF-Bewegung immer schwerer fällt, Aufmerksamkeit für ihr Thema zu bekommen, ist es ihr gelungen, Initiativen anzustoßen und einen neuen Weg zu finden, den Klimaschutz in die öffentliche Aufmerksamkeit zu rücken.

Gesellschaftliche Veränderungen sind in unserer Geschichte immer wieder durch Bewegung »von unten« durchgesetzt worden. Ging es früher um Freiheitsrechte, den Ausstieg aus der Atomkraft oder Frieden, so erkennen junge Menschen heute zu Recht in der Klimakrise die größte Gefährdung ihrer künftigen Lebensgrundlagen. Sie wollen nicht akzeptieren, dass ihnen die umweltschädigende Wirtschaftsweise ihrer Eltern und Großeltern die Zukunft raubt.

Ich kann das sehr gut verstehen! Persönlich habe ich das Privileg, über Deutschland hinaus zu denken und zu handeln, mich als Energiebeauftragte des Bundesministeriums für wirtschaftliche Entwicklung und Zusammenarbeit in Afrika zu engagieren. Dort sehe ich, dass die Klimakrise schon seit Langem angekommen ist. In Ostafrika herrscht die längste Dürre seit Menschengedenken. 2022 sind 43 000 Mensch allein in Somalia gestorben, die Hälfte davon Kinder.

Power to the People – die Zivilgesellschaft

Die Bewältigung der Klimakrise ist eine Herkulesaufgabe. Sie wird nur gelingen, wenn wir den politischen Willen dafür aufbringen und die Mehrheit der Bevölkerung überzeugen, den Kampf gegen die Klimakrise nicht nur abstrakt zu unterstützen, sondern auch in seinen einzelnen notwendige Maßnahmen.

Um erfolgreich zu sein, müssen wir die Interessen der fossilen Unternehmen, mit ihren Produkten noch möglichst lang Gewinne machen zu wollen, als Realität anerkennen und ihnen die Interessen der Menschheit, das Interesse, überleben zu wollen, entgegensetzen. Die Zweifel, die seit Jahren an der Existenz der Klimakrise gesät werden, fallen bei manchen auf fruchtbaren Boden. Für viele Menschen sind sie willkommene Argumente dafür, nichts tun zu müssen. Andere leugnen die Klimakrise sogar weiterhin.

Wer jedoch, wie viele Gegner der Klimakrise, gegen »Verbotsideologien« schimpft, wer befürchtet, wir würden unsere Werte, unsere Freiheit aufgeben, so zu leben, wie es jede:r

Einzelne will, dem müssen wir entgegenhalten: Wenn wir uns die Freiheit nehmen, weiterhin so zu wirtschaften, dass sich die Lebensbedingungen derart drastisch verändern, dann ist das extrem rücksichtslos gegenüber den nachfolgenden Generationen. Unsere Freiheit muss immer auch die Freiheit unserer Nachkommen sichern.

Ich bin aber dennoch optimistisch, dass wir die Klimakrise erfolgreich meistern können, weil ich an die Kraft der Zivilgesellschaft glaube. Ich glaube daran, dass die Bewegung von unten kreativ und stark genug ist, die Interessen von uns, unseren Kindern und Enkeln einzubringen und für die notwendige Transformation zu kämpfen.

Als Mutter und später als Politikerin bei den Grünen habe ich mich über 40 Jahre lang aktiv für den Umweltschutz eingesetzt. Heute, nach meiner aktiven beruflichen Zeit, kann ich das weiter tun und empfinde das als Privileg. Dabei spreche ich oft mit Menschen meiner eigenen Generation – der Generation 60+ – und stelle fest, dass viele sich von den Themen Umwelt und Klimaschutz nicht so recht angesprochen fühlen. Ich glaube, das Gegenteil ist richtig: Gerade wir sind in der Verantwortung. Gerade wir Älteren müssen uns jetzt einmischen. Auf uns kommt es an. Dafür gibt es mehrere Gründe.

Wir Älteren haben einen entscheidenden Einfluss auf die Politik, darauf, was in Deutschland passiert.

Wir, die Generation 60+, haben im Jahr 2022 fast 25 Prozent der Bevölkerung in Deutschland gestellt.[121]

Wir Älteren wählen unterschiedliche demokratische Parteien, auch die, die das Thema Klimaschutz bisher nicht besonders ambitioniert angegangen haben. Mir ist wichtig, auch die Menschen zu erreichen und von der Wichtigkeit der Bewältigung der Klimakrise zu überzeugen, die nicht wie ich bei den Grünen sind oder Grün wählen. Meine Erfahrung ist, dass wir dann besonders erfolgreich sind, wenn wir einen möglichst großen Konsens zwischen allen demokratischen Parteien erreichen. Ich bin neben meiner Tätigkeit in Afrika auch Vorsitzende eines weltweiten Netzwerkes von Parlamentarier:innen für 100 Prozent erneuerbare Energien. Ein zentraler Grundsatz dieses Netzwerkes ist, dass wir Mitglieder verschiedener Parteien sind und parteiübergreifend arbeiten.

2017 hat mich der CSU-Bundesentwicklungsminister Gerd Müller gefragt, ob ich Energiebeauftragte für Afrika beim Bundesministerium werden will. Seit fast zwei Jahren führe ich diese Funktion nun unter der SPD-Bundesentwicklungsministerin Svenja Schulze weiter.

Um die Bewältigung der Klimakrise erfolgreich zu meistern, reicht es nicht, in der grünen Blase zu bleiben. Es muss uns gelingen, auch Menschen anderer politischer Grundeinstellungen zu erreichen und gerade in deren Freundes- und Bekanntenkreis für ambitionierteren Klimaschutz zu werben.

Wir stehen vor großen Veränderungen. Wenn wir nichts ändern, wird nichts bleiben, wie es ist, werden die Änderungen unausweichlich und existenzbedrohend. Wir können und sollten selbst Subjekt werden und müssen nicht wie das Kaninchen vor der Schlange warten.

Vor allen Dingen aber haben wir eine wichtige Grundvoraussetzung, um aktiv zu werden: Wir haben Zeit.

Wenn das Rentenalter näher rückt oder wenn die Kinder aus dem Haus gehen, fragen sich viele Menschen: Was nun? Was mache ich mit der gewonnenen Zeit? Waren die Jahrzehnte der Berufstätigkeit, der Kindererziehung oft sehr anstrengend und war man froh über jede freie Minute, so entstehen jetzt Zeitfenster. Oft sind nun die Omas und Opas bei der Kinderbetreuung der Enkel gefragt, Hobbys werden reaktiviert oder verstärkt, zurückgestellte Wünsche können jetzt realisiert werden.

Aber neben all diesen Tätigkeiten ist da oft auch der Wunsch, noch einmal etwas Neues zu wagen. Viele Menschen wollen sich engagieren und einer sinnvollen Tätigkeit nachgehen.

Ich selber habe viel Freude daran, meine kleinen Enkelkinder zu betreuen, mit den großen zu diskutieren und alle auf ihrem Lebensweg positiv zu begleiten. Eine intakte Familie zu haben, empfinde ich als großes Glück und Befriedigung. Für mich ist die Möglichkeit, mich daneben ehrenamtlich zu engagieren, aber auch eine zusätzliche große Bereicherung. Durch die vielen unterschiedlichen Herausforderungen erhalte ich neue Anregungen, lerne ich dazu und kann mich an den Erfolgen erfreuen.

Gerade die Arbeit in der Gemeinschaft, im Team zusammen mit anderen gibt mir viel. Ich will sowohl meine körperliche als auch meine geistige Beweglichkeit so lang wie möglich aufrechterhalten und meinem Leben weiterhin einen Sinn geben.

Bei solchen ehrenamtlichen Tätigkeiten können wir Älteren viel einbringen. Vor allen Dingen haben wir uns in unserem langen Leben viel Erfahrung und Wissen angeeignet. Je unterschiedlicher in einem Team die Fähigkeiten und Sichtweisen sind, auf deren Basis Probleme angegangen werden, desto kreativer und praxisorientierter fallen die Lösung aus, die erarbeitet werden. Gerade wir Älteren können Menschen in unserem Alter von der Notwendigkeit des Klimaschutzes oft besser überzeugen als Vertreter der jungen Generation.

Für mich gilt dabei der Grundsatz: Wenn ich mich ehrenamtlich engagiere, dann muss es auch Spaß machen! Warum sollte ich ehrenamtlich arbeiten, wenn ich nicht auch Freude und Anerkennung für meine Tätigkeit bekomme? Außerdem bringe ich meine besten Leistungen dann, wenn die Rahmenbedingungen stimmen.

Die Suche lohnt sich: es macht Spaß, Teil einer Bewegung zu sein, mit anderen zusammen an einem Ziel zu arbeiten und neue Anregungen und Ideen zu erhalten. Es wird Ihr Leben bereichern. Probieren Sie es aus! Gehen Sie vielleicht zu zweit zu einer Organisation Ihrer Wahl, dann fällt es leichter.

Ein Erfolgskonzept ist es, offen und flexibel zu sein und wach für neue Anregungen.

Für mich ist aber auch wichtig, dass ich es insbesondere für meine Kinder und Enkel tue.

Meine Generation hat das große Glück gehabt, in Frieden und in einer Gesellschaft mit wachsendem Wohlstand aufzuwachsen. Ich hatte nicht das Schicksal meines Vaters, der als Sohn einer Kriegerwitwe mit drei kleinen Kindern ohne Vater und in großer Armut aufgewachsen ist. Ich hatte nicht das Schicksal meiner Mutter, die mit ihrer Schwester und ihren Eltern im Krieg fliehen und eine gesicherte Existenz zurücklassen musste und glücklich war, ihr Leben gerettet zu haben.

Unseren Kindern und Enkeln steht nun eine andere, aber ebenfalls existenzbedrohende Zukunft bevor. Wir müssen die fossile Ära durch eine nachhaltige, klimafreundliche Energie- und Ressourcenwirtschaft ablösen. Da Energie die Grundlage für unseren Wohlstand und unsere wirtschaftliche Entwicklung, also von fundamentaler Bedeutung ist, wird dieser Umbruch mit großen gesellschaftlichen Auseinandersetzungen einhergehen. Deren Anfänge erleben wir bereits heute mit einer Spaltung der Gesellschaft, dem Erstarken rechter Parteien wie der AfD bei uns und noch stärker bei unseren europäischen Nachbarn. In dieser Auseinandersetzung ist es für uns alle in Deutschland notwendig, demokratische Strukturen zu verteidigen, als demokratische Parteien zusammenzustehen und der AfD und ihren Argumenten gegen Klimaschutzmaßnahmen nicht das Feld zu überlassen.

Es wird circa 500 Jahre dauern, bis die natürliche Reparaturfähigkeit der Erde die klimaschädlichen Emissionen auf ein erträgliches Maß abgesenkt hat. Schnelle Besserung ist also nicht zu erwarten, im Gegenteil. Solange wir weiterhin klimaschädliche Gase in die Atmosphäre emittieren, wird die Situation sich weiter verschlimmern.

Wir alle können bei dieser Auseinandersetzung unterschiedliche Rollen einnehmen. Sei es in Gesprächen mit Freund:innen und Nachbar:innen, sei es im privaten Leben, sei es durch persönliches gesellschaftliches Engagement.

Im Folgenden gebe ich Tipps, was man im privaten Bereich tun kann, und ich beschreibe Organisationen, bei denen man mitarbeiten kann. Ich konzentriere mich hierbei auf sehr große Organisationen, die viele Kreis- oder Ortsgruppen haben, und stelle Internetlinks für Deutschlandkarten zur Verfügung, auf denen Sie schauen können, was es in Ihrer Umgebung gibt oder wo sie nachfragen können, ob es ähnliche Gruppierungen auch bei Ihnen in der Nähe gibt.

Um diese Gruppierungen, ihre Ziele und Beweggründe darzustellen, habe ich jeweils eine Person ausgewählt, die für die jeweilige Gruppe steht. So können Sie mehr über diese Gruppe erfahren. Ich persönlich habe durch die Interviews viel gelernt, wunderbare Menschen kennengelernt und sehr viel positive Resonanz bekommen.

Im Umwelt- und Naturschutz gibt es in ganz Deutschland sehr, sehr viele Organisationen, auch viele nur lokal aktive Gruppen, die sich ein bestimmtes Thema vorgenommen haben, z. B. den Schutz der Bäume oder der Bienen, gesundes Essen, naturnahe Gärten, Müllvermeidung u. v. m. Oft sind solche lokalen Organisationen entstanden, weil sie sich gegen ein geplantes Projekt zusammengeschlossen haben.

Versuchen Sie nicht, perfekt zu werden

Es gibt aber auch viele Menschen, denen ich begegnet bin, die nicht Mitglied in einer Organisation sein wollen. Sie wollen ganz individuell ihr Leben verändern, nachhaltiger werden und damit ihren persönlichen Beitrag zur Überwindung der Krisen leisten. Auch wenn ich festgestellt habe, dass es einfacher ist, sich zu vernetzen, sich mit anderen auszutauschen und gemeinsam zu neuen Erkenntnissen zu gelangen, so will ich allen einen Rat geben: Versuchen Sie nicht, sofort ein perfektes klimafreundliches Leben zu führen! Unter den jetzigen Rahmenbedingungen ist das sehr schwierig. Wahrscheinlich würden Sie nach kurzer Zeit frustriert scheitern.

Die Menschen und Medien, die die Klimakrise verharmlosen, benutzen häufig eine Strategie. Sie weisen Klimaaktiven oder Personen, die sich für den Klimaschutz einsetzen, nach, dass diese auch nicht 100 Prozent klimagerecht handeln. Gerade bei den Grünen wird gern nach Beispielen gesucht und damit argumentiert, hier werde Wasser gepredigt und Wein getrunken. Die grüne Elite wolle die Gesellschaft, die einzelnen Menschen durch Verbote und Restriktionen im Namen des Klimaschutzes gängeln.

Ich behaupte: Keine:r von uns ist in diesem Punkt 100 Prozent korrekt. 100 Prozent korrekt handeln zu wollen, ist in unserer Welt extrem zeitaufwendig und anstrengend.

Auch ich verhalte mich nicht 100 Prozent korrekt. Wir haben eine Solarthermie-Anlage, eine Photovoltaikanlage, ein vollelektrisches E-Auto, keinen Hybrid. Davor hatte ich aber viele Jahre gar kein Auto und bin nur mit der Bahn, dem ÖPNV und dem Fahrrad unterwegs gewesen. Ohne Frage ist es klimapolitisch besser, gar kein Auto zu haben.

Wozu brauche ich eine Kühltruhe, einen Wäschetrockner

oder eine Spülmaschine? Es ginge auch ohne, aber ich habe mich entschieden, die Geräte zu nutzen. Ich habe auch ein Handy und einen PC.

Gerade was die Frage von Energie- und Ressourceneinsparungen angeht, könnten wir sicherlich in unserem Haushalt noch konsequenter sein, auch wenn wir darauf achten, richtig zu lüften, das Licht auszumachen, wo es nicht gebraucht wird, Stand-by-Geräte abzuschalten, lose Ware statt Plastikverpackung zu bevorzugen und und und.

Mein Mann und ich kaufen viele Bioprodukte ein, aber nicht 100 Prozent. Nicht alle Produkte, die wir essen, sind regional oder Fair Trade.

Alle von uns könnten noch mehr tun und noch mehr tun und noch mehr tun.

Deshalb ist es wichtig, neben dem persönlichen Verhalten auch auf strukturelle Verbesserungen zu drängen, die von der Politik durchgesetzt werden müssen und es uns besser als bisher ermöglichen, klimafreundlicher zu leben.

Mein Ansatz ist, mit Lust und Freude an das zukünftige Engagement heranzugehen, das zu machen, was ich leisten kann, und mich dabei nicht zu überfordern. Aber wichtig ist es anzufangen. Zu überlegen, was ich ändern kann. Wie kann ich persönlich klimafreundlicher leben? Jede:r von uns wird dabei zu anderen Lösungen kommen, und das ist gut und richtig so.

Entscheidend ist, dass wir die Menschen, die bereit sind mitzumachen, mitnehmen.

Junge Eltern mit Kindern können oft nicht auf das Auto verzichten. Die Kinder müssen zur Kita oder in die Schule gebracht werden. Menschen, die auf dem Land wohnen, haben sehr oft gar keine Alternative. Es gibt keinen öffentlichen Nahverkehr, der regelmäßig und vor allen Dingen oft genug fährt.

Aber, kann man jetzt einwenden: Was ist mit uns Senioren? Wir haben doch keine beruflichen Verpflichtungen, Enkelbetreuung ist oft auch ohne Auto machbar.

Vor Kurzem hatten mein Mann und ich eine Diskussion mit einem Ehepaar, beide Ende 70, über die Klimakrise. Dabei sprachen wir auch darüber, dass die beiden in einer Großstadt wohnen und zwei Autos besitzen. Rational würde das Ehepaar ganz sicher auch mit einem Auto auskommen. Die beiden fahren wahrscheinlich sehr, sehr selten zur selben Zeit zu unterschiedlichen Zielen und brauchen beide Autos gleichzeitig. In einem solchen Fall wäre dann vielleicht auch der Einsatz eines Taxis sinnvoller als ein zweites Auto, auf jeden Fall ökonomischer. Neben der Tatsache, dass das Auto für körperlich beeinträchtigte Menschen eine ganz andere Bedeutung hat, scheint es gerade in höherem Alter immer noch das Symbol für Freiheit und Unabhängigkeit zu sein. Dieses zweite Auto zu besitzen, selbstbestimmt darüber verfügen zu können, war unserer Gesprächspartnerin extrem wichtig.

Es gibt, kurz gesagt, viele Gründe, die die persönlichen Entscheidungen beeinflussen. Sich dabei allein auf die Klimaaspekte zu konzentrieren, führt nicht zum Erfolg.

Die Transformation der gesamten Wirtschaft wird uns alles abverlangen. Aber sie wird auch neue Chancen bieten: viele neue Arbeitsplätze, neue Einkommensmöglichkeiten, Freude an der eigenen Energieunabhängigkeit. Stolz, ein Teil der Bewegung zu sein, die unseren Kindern und Enkeln das Leben auf diesem Planeten auch in Zukunft ermöglicht.

Wenn wir die große Transformation der Wirtschaft erfolgreich gemeinsam meistern wollen, müssen wir uns mit denjenigen beschäftigen, die sich als Verlierer der Entwicklung fühlen und manchmal auch wirklich Verlierer sind. Wir müssen über

Verlustängste ernsthaft nicht nur reden, sondern gemeinsam versuchen herauszufinden, wo für unsere Gesprächspartner:innen positive Aspekte der kommenden Entwicklung zu finden sind und wie die Transformation persönlich positiv gestaltet werden kann. Dabei ist es wichtig, immer auch die soziale Frage mitzuberücksichtigen.

Wir merken, dass zunehmend auch die Demokratie infrage gestellt wird. Es gilt deshalb, demokratische Beteiligungsprozesse und gemeinsam erarbeitete Lösungen auch gemeinsam umzusetzen. Nicht der Einzelne allein schafft die besten Lösungen, sondern die gesamte Gruppe mit ihren unterschiedlichen Fähigkeiten.

AKTIV FÜR DIE UMWELT

Zunächst ist es am einfachsten, sich vor Ort eine Gruppe zu suchen und sich gemeinsam konkreten Projekten zu widmen. Deshalb beschreibe ich im Folgenden die lokale Arbeit einiger Gruppen.

Der Deutsche Naturschutzring

Vielen nicht bekannt und trotzdem sehr wichtig: der Deutsche Naturschutzring (DNR)! Er ist der Dachverband der deutschen Naturschutz-, Tierschutz- und Umweltorganisationen. Er wurde 1950 gegründet und hat heute 97 Mitgliedsorganisationen. Diese Mitgliedsorganisationen haben zusammen elf (!) Millionen Mitglieder. Das Spektrum ist sehr breit:

Da gibt es z. B. den

- Deutschen Alpenverein. Er hat eine Million Mitglieder in 354 Sektionen über ganz Deutschland verteilt.

Er bietet nicht nur Kletteraktivitäten und Wanderungen an, sondern beschäftigt sich auch intensiv mit der Klimakrise und deren Auswirkungen auf die Alpen.
magazin.alpenverein.de/sektionensuche

- Auch der Deutsche Tierschutzbund mit 800 000 Mitgliedern und 740 örtlichen Vereinen ist Mitglied des DNR. Er setzt sich insbesondere für den Schutz der Nutz- und Haustiere ein. So habe ich sehr viel mit dem Deutschen Tierschutzbund zusammengearbeitet, als ich mich für eine artgerechte Haltung von Nutztieren eingesetzt habe und als Landesministerin für Umwelt und Landwirtschaft erfolgreich gegen die Käfighaltung der Legehennen geklagt habe. Ebenso, als ich eine neue Haltungsverordnung für Schweine auf den Weg gebracht habe – für mehr Stroh statt Betonböden mit Spalten. Wichtig war auch die Zusammenarbeit bzgl. der Tiertransporte. Der Deutsche Tierschutzbund beschäftigt sich aber auch mit den Folgen der Haltung von Nutztieren auf die Klimakrise wie Energie- und Wasserverbrauch, Düngung, Überweidung, Brandrodung oder Abholzung der Wälder.
  www.tierschutzbund.de/ueber-uns
- Und dann gibt es auch kleinere Mitglieder beim DNR wie die Succow Stiftung. Michael Succow hat als Staatssekretär im Ministerium für Natur-, Umweltschutz und Wasserwirtschaft in der Wendezeit noch in der DDR dafür gesorgt, dass viele Nationalparks in Ostdeutschland gegründet wurden und Naturräume erhalten blieben. Dafür ist er mit dem Alternativen Nobelpreis ausgezeichnet worden. Mit dem Preisgeld hat er die Stiftung gegründet, die sich insbesondere dem Erhalt von Mooren widmet. Moore zu erhalten, ist besonders wichtig, um die Emission von klimaschädlichen Gasen zu vermindern. Durch die Trockenlegung der Moore

entweicht Methan, das 25-mal klimaschädlicher ist als CO_2. Wir können einen Beitrag für den Klimaschutz leisten, wenn wir beim Kauf von Blumenerde darauf achten, dass sie keine Torfanteile enthält, weil wir damit die Moore schützen können.
www.succow-stiftung.de

- Auch die Bioverbände wie Naturland, Bioland und Demeter sind Mitglieder beim DNR.
  www.naturland.de
  www.demeter.de
  www.bioland.de
- Oder Slow Food Deutschland mit 85 regionalen Gruppen, 12 500 Mitgliedern und 1 200 Unterstützer:innen, denen es um Essgenuss mit regionalen Produkten, fairen Lebensmitteln und zukunftsfähigen Lebensmittelsystemen geht, die den Rahmen der planetaren Grenzen beachten.
  www.slowfood.de/netzwerk/vor-ort

Kai Niebert, Präsident des DNR – im Hintergrund die Weichen stellen

Präsident dieses Dachverbandes ist seit 2015 Kai Niebert. Er ist 1979 geboren, hat eine Professur für Fachdidaktik Naturwissenschaften in Zürich und ist für dieses Amt sehr jung im Verhältnis zu seinen Vorgängern.

Er erzählt mir, dass er als Arbeiterkind durch seine Familie stark mit der Organisation der Naturfreunde verbunden war. Die kostengünstigen Zelturlaube wurden in der Gemeinschaft der Naturfreunde verbracht. So lernte er schon als Kind den nachhaltigen Umgang mit der Natur und den sanften oder nachhaltigen Tourismus kennen. Eine ganz wichtige Erkenntnis war für ihn, wie aus einem Komposthaufen Erde entsteht.

Dabei die Funktion von Regenwürmern und Bakterien zu verstehen, ist nicht einfach, aber am Ende hatte er den Kreislauf der Natur erfasst.

Neben dem sehr wichtigen Verständnis für Umwelt und Natur hat er bei den Naturfreunden auch gelernt, wie wichtig die Gemeinsamkeit, das Zusammensein nach der Wanderung am Abend, der Austausch, das Zuhören, das Suchen nach gemeinsamen Interessen sind.

Nach dem Studium der Biologie, Chemie und Politik für das Lehramt entschloss sich Kai Niebert – motiviert durch die Teilnahme an einer Jugendumweltkonferenz im Deutschen Bundestag –, zum Thema Klimawandel zu promovieren. Für ihn als Wissenschaftler ist es wichtig zu wissen, was notwendig getan werden muss, aber dabei auch zu bedenken, was politisch möglich ist.

Als Präsident des Deutschen Naturschutzringes versteht er sich nicht als Repräsentant, sondern zunehmend als Koordinator, der die Kernaussagen seiner sehr unterschiedlichen Mitgliederorganisationen zu einer gemeinsamen politischen Position zusammenführt, um stärker Einfluss auf politische Entscheidungen nehmen zu können.

Kai Niebert sagt, der Bundesverband der Deutschen Industrie (BDI) verstehe es, die Interessen der Wirtschaft öffentlichkeitswirksam zu vermitteln. Genau das möchte er auch für die Umwelt erreichen. Die vielen Organisationen im Umwelt- und Naturschutz haben sich früher mit vielen leicht unterschiedlichen Positionen präsentiert und dadurch keine optimale Wirkung erzielt. Es geht also darum, eine gemeinsame Position zu finden, die nicht der kleinste gemeinsame Nenner sein darf, aber gemeinsam vertreten wird. Er sieht seine eigene Aufgabe dabei eher im Hintergrund.

So ist Kai Niebert mittlerweile in vielen nationalen und

internationalen Kommissionen aktiv und berät die Bundesregierung. Er hat z. B. in der Kommission für Wachstum, Strukturwandel und Beschäftigung, besser bekannt als Kohlekommission, mitgearbeitet, um für die Bundesregierung einen Vorschlag zum Ausstieg aus der Kohle zu machen. Die Arbeit in dieser Kommission sieht er als Misserfolg an. Er sagt: »In der Kohlekommission sind wir mit dem Versuch eines fairen Kompromisses grandios an den Interessen der Lobby gescheitert.« Es sei nicht wirklich gelungen, zu einem fairen Ausgleich für das Klima zu kommen. So wurde der Ausstieg Deutschlands aus der Kohle zwar von der Mehrheit der Kommissionsmitglieder für das Jahr 2038 festgesetzt, die Umweltverbände machten aber in einem Sondervotum deutlich, dass im Sinne des Klimaschutzes ein Ausstieg bis 2030 notwendig sei.[122]

Kai Niebert kommentierte das Ergebnis: »Auch schlechter Klimaschutz ist besser als gar kein Klimaschutz.«

Besser gelang die Arbeit, so berichtet er, in der Zukunftskommission Landwirtschaft zwischen Natur- und Umweltschutz und Landwirtschaft. Durch die intensive Landwirtschaft sind Konflikte zwischen diesen Bereichen vorprogrammiert. Die Schadstoffbelastung von Luft-, Boden- und Wasserbelastung muss verringert werden, und das Problem der Gefährdung der Artenvielfalt ist zu lösen.

Entscheidend, so Kai Niebert, sei für ihn, aus der Defensive in die Offensive zu kommen, indem von den Umwelt- und Naturschützern selbst Vorschläge auf den Tisch gelegt werden. Im Auftrag des Kanzlers erarbeitet er ein Autorenpapier, wie sich sowohl die Sicherung der natürlichen Lebensgrundlagen gewährleisten als auch die Energiewende beschleunigen lassen.

Dieses Papier verfasste er nicht im Namen des DNR, weil

er für seine Position natürlich auch innerhalb der heterogenen Dachorganisation werben musste. Mit Spannung wartete er deshalb auf die Resonanz der Mitglieder und war erleichtert und etwas erstaunt, dass der Rücklauf überraschend positiv war: Ein hervorragendes Papier, hieß es und: »Endlich machen wir mal so etwas!«

Als sich dann im März 2023 die Streitfragen in der Ampelkoalition häuften und die Beschleunigung des Ausbaus von Autobahnen zur Debatte stand, lag das Autorenpapier der Naturschützer mit Lösungsvorschlägen für einen Kompromiss zwischen dem schnelleren Ausbau der Infrastruktur und den damit verbundenen Eingriffen in die Natur bereits auf dem Tisch und wurde in wichtigen Punkten Teil der Lösung.

Kai Niebert stellt sich die Frage, wo er sich am wirksamsten einbringen kann, und freut sich, wenn seine Anregungen schnell und direkt politisch Berücksichtigung finden.

Uns Älteren wünscht er, nicht die Kraft zu verlieren, sich einzubringen für die notwendige Transformation, das gerade bei Älteren vorhandene Wissen zu vermitteln und insbesondere auf der kommunalen Ebene tätig zu werden und die Lebensweisheiten nicht moralisierend, sondern konkret und aktiv einzubringen.

Der Deutsche Naturschutzring und seine vielen Mitglieder:
www.dnr.de
www.dnr.de/mitglieder

Der BUND (Bund für Umwelt und Naturschutz Deutschland)

Der BUND (Bund für Umwelt und Naturschutz Deutschland, Friends of the Earth Germany) wurde 1975 gegründet. Er hat in Deutschland laut eigenen Angaben 800 000 Mitglieder.

Auf der Website des BUND im Internet kann man eine Landkarte aufrufen und dort die nächstgelegenen Ortsgruppen finden. Circa 2000 Orts-, Kreis- und Jugendgruppen gibt es:

www.bund.net

www.bund.net/ueber-uns/bund-vor-ort

Der BUND hat sich schon vor einigen Jahren ausführlich mit den negativen Auswirkungen der Klimakrise auf den Naturschutz beschäftigt.[123]

Da der BUND sich sehr für den Ausstieg aus den »dreckigen fossilen Energien« und insbesondere der Braunkohle engagiert, wird der Ausbau der Windkraft als unabdingbar gesehen. Dieser soll aber möglichst naturverträglich gestaltet werden. Dabei geht es um Eignungsflächen, das Verbot von Windkraftanlagen in Naturschutzgebieten und Nationalparks, um Abstandsregelungen zur Wohnbebauung und zu dem Vorkommen von bedrohten Arten.[124]

Hubert Weiger, BUND – ein Leben für den Umweltschutz

Hubert Weiger ist Gründungsmitglied und inzwischen Ehrenvorsitzender des BUND. Für mich ist er dessen Gesicht. Er hat sein Leben lang im Natur- und Umweltschutz gearbeitet und war zwölf Jahre lang Vorsitzender des BUND. Ich habe in meinen zwölf Jahren im Bundestag sehr gut mit ihm zusammengearbeitet und schätze ihn sehr. Wenn man ihn sieht, vermittelt er einen konzentrieren und ruhigen Eindruck, aber in Diskussionen kann er richtig aus sich herausgehen, denn er ist auch mit seinen über 75 Jahren immer noch hoch motiviert und engagiert. Er hat sein Leben dem Natur- und Umweltschutz gewidmet.

Das Thema wurde ihm schon in die Wiege gelegt. Sein Vater, ein Förster, aber auch seine Mutter vermittelten ihm die Liebe zur Natur. Kein Wunder, dass er selbst Forstwirtschaft studierte.

Das Prinzip der Nachhaltigkeit hat er schon als Kind gelernt. Es handelt sich um einen Begriff, der aus der Forstwirtschaft kommt und der bedeutet, dass aus dem Wald jährlich nicht mehr Bäume entnommen werden dürfen, als in der gleichen Zeit an Holz nachwächst. Bäume und Wälder werden auch deshalb gepflanzt, um Einnahmemöglichkeiten für die Kinder und Enkel zu schaffen. Während der eigenen Tätigkeit profitiert man von der Arbeit der Eltern und Großeltern und sorgt selbst für die Enkelkinder und nachfolgende Generationen.

Zunächst arbeitete Hubert Weiger als Zivildienstleistender beim BUND Naturschutz in Bayern, später hauptamtlich als Geschäftsführer in Nordbayern und dann in ganz Bayern.

Er kam früh in Kontakt mit den Großen seiner Zeit, die sich für den Naturschutz einsetzten:

Konrad Lorenz, der Verhaltensforscher, der uns damals vor allem durch seine Forschung mit den Graugänsen viel Verständnis über das Verhalten der Tiere vermittelte.

Bernhard Grzimek, dessen Sendung *Ein Platz für Tiere* 30 Jahre lang (von 1956 bis 1987) im deutschen Fernsehen lief und der uns älteren Menschen so viel über die verschiedenen Wildtiere beibrachte. Wer aus unserer Generation kennt nicht den Film aus dem Jahr 1959 *Serengeti darf nicht sterben*, den er mit seinem Sohn produziert und gedreht hatte.

Oder Horst Stern, der im Fernsehen früh und für fast zehn Jahre (von Januar 1970 bis Januar 1979) mit seiner sehr kritischen Sendung *Sterns Stunde* Missstände im Verhältnis von Mensch und Natur anprangerte.

Diese Namen haben unsere Generation geprägt und natürlich auch Hubert Weiger, der mit diesen drei Großen zusammengearbeitet hat.

1975 war Hubert Weiger das jüngste Gründungsmitglied des BUND, der als eine bundesweit arbeitende und föderal aufgebaute Natur- und Umweltorganisation startete.

Den Umweltschützern war schnell klar geworden, dass grundsätzliche Probleme für den Naturschutz wie der Bau von Autobahnen oder andere Großprojekten nur bundesweit angegangen werden können. Da reichte Bayern allein nicht aus.

Neben dem Naturschutz und insbesondere dem Waldsterben waren der Kampf gegen die geplanten Atomkraftwerke und die Luftverschmutzung wichtige Arbeitsschwerpunkte. Aber auch die negativen Folgen für den Naturschutz durch eine zunehmende intensivere Landwirtschaft wurden immer sichtbarer und spielten eine bedeutende Rolle. Biobauern widersetzten sich dem Trend der konventionellen Landwirtschaft, weil sie diesen Weg nicht mitgehen wollten.

Schnell wurde aber auch klar: der Umwelt- und Naturschutz kann nur dann Verbesserungen durchsetzen, wenn es eine große Unterstützung in der Bevölkerung für seine Anliegen gibt. Also wurden bundesweit Landes- und Basisgruppen gegründet. Eine große Demonstration ist besser als Briefe schreiben, lautete die Devise.

Hubert Weiger arbeitete auf Bundesebene seit der Gründung des Arbeitskreises Landwirtschaft im Jahr 1975 bis zu seiner Wahl als Bundesvorsitzender 2007 als ehrenamtlicher Sprecher des BUND. In seiner Arbeit setzte er auf demokratische Prozesse. Es war ihm wichtig, die verschiedenen Fachleute aus den Arbeitskreisen des BUND einzubeziehen und sich mit ihnen abzustimmen, bevor eine Position festgelegt wurde. Das war oft zeitaufwendig, zahlte sich aber aus. Der BUND ist inzwischen mit 800 000 Mitgliedern einer der stärksten Umweltverbände Deutschlands, der auch gehört wird.

Gleichzeitig wurden dort, wo es möglich war, Bündnisse mit sozialpolitischen Gruppen, z. B. den Gewerkschaften, geschlossen, um auch die soziale Frage miteinzubeziehen und letztendlich erfolgreicher zu werden.

Große Erfolge konnten beim Thema Waldsterben erzielt werden, ebenso beim Ausstieg aus der Atomkraft oder dem Verbot der Gentechnik in der Landwirtschaft.

Die Chance, nach der Wiedervereinigung den verminten Grenzstreifen zwischen Ost und West für den Naturschutz zu nutzen (das Grüne Band Deutschland), war ein großer Erfolg, speziell auch für Hubert Weiger persönlich. Er hatte am 9. Dezember 1989, wenige Wochen nach der Grenzöffnung, zum ersten deutsch-deutschen Naturschutztreffen in Hof eingeladen. Es kamen über 400 Naturschützer, vor allem aus der DDR. Bei dieser Veranstaltung wurde einstimmig eine Resolution beschlossen, in der gefordert wurde, den ehemaligen Todesstreifen zu einem grünen Band zwischen West und Ost zu entwickeln. Für die Natur war dieses grüne Band ein unberührtes Stück Land, das vielen Tieren und Pflanzen Lebensraum bot. Das Grüne Band Deutschland konnte entstehen und ist inzwischen mit fast 14 000 Kilometern Länge der längste Biotopverbund Europas und weitgehend auch als Nationales Naturmonument rechtlich geschützt.[125]

Auf die Frage nach bitteren Niederlagen muss Hubert Weiger nicht lang nachdenken: das politische Prestigeprojekt, der Rhein-Main-Donau-Kanal. Durch den Bau dieses Kanals wurden das Altmühltal und andere Flusstäler zerstört.

Sehr negativ empfand Hubert Weiger auch das bewusste Ausbremsen des Ausbaus der erneuerbaren Energien nach dem Atomausstiegsbeschluss. Hatte nach dem Schock der Atomkatastrophe von Fukushima noch nahezu der gesamte Bundestag für den Ausstieg aus der Atomkraft gestimmt, so wurde sehr schnell klar, dass viele Abgeordnete der CDU/CSU und der FDP dem Ausstieg nur widerwillig zugestimmt hatten. Die Alternative, der Ausbau der erneuerbaren Energien und der notwendige Netzausbau, wurden ausgebremst, die Lobbykräfte der Atomkraft meldeten sich wieder und verstärkten ihren Einfluss.

Als am 15. April 2023 schließlich der endgültige Ausstieg aus der Atomkraft vollzogen wurde, war das ein Anlass für den BUND, ihn auch gebührend zu feiern.

Hubert Weiger hat sehr oft erfahren, dass noch so tolle Naturfilme das persönliche Erleben in der Natur nicht ersetzen können.

Er rät unserer Generation mitzumachen, selbst aktiv zu werden, sich gesellschaftlich zu engagieren, aber auch die eigenen Konsumgewohnheiten zu überdenken. Die Unkultur des Wegwerfens und dazu die Kurzlebigkeit der Produkte müssen infrage gestellt werden. Er sieht viele Möglichkeiten, sich zu engagieren: etwa bei Reparaturcafés für Elektrogeräte mitzumachen, aus alten Textilien neue herzustellen, mehr als nur kurzfristige Empörung zu zeigen, sondern langfristig das eigene Wissen über die Natur und handwerkliche Kenntnisse einzubringen. Er erachtet es als sinnvoll, die Großelterngeneration mit der Enkelgeneration zusammenzubringen und gleichzeitig Netzwerke zu bilden.

Die Arbeit der Ortsgruppen des BUND sieht ganz anders aus:

Cornelia Schiemanowski – Kämpferin für den Naturschutz

Da kommt sie angeradelt: mit vielen neuen Informationen in der Tasche und guten Ideen im Kopf. Cornelia Schiemanowski ist eine pensionierte Biologielehrerin, die sich seit ihrem Studium in den 70er- und 80er-Jahren für den Umwelt- und Naturschutz engagiert. Dabei hat sie immer für die Belange der Natur Partei ergriffen, war aber nie Mitglied einer Partei.

Sie hat neben ihrer Tätigkeit als Lehrerin immer ehrenamtliche Naturschutzarbeit geleistet. Ob Exkursionen im Wald und auf Industriebrachen oder Angebote zum Naturerleben von Kindern – sie hat in all den Jahren viel Wissen und Erfahrung an Kinder und Erwachsene weitergegeben.

Cornelia Schiemanowski ist Vorsitzende des BUND Oberhausen, in einer Kommune, in der die Autos noch immer Vorrang haben und die Bäume von vielen Menschen als zu pflegeaufwendig, zu teuer und hinderlich für die viel wichtigeren Autoparkplätze angesehen werden. Zusammen mit der BUND-Kreisgruppe setzt sich Cornelia Schiemanowski dafür ein, dass Bäume und Grünflächen erhalten bleiben und die beständig zunehmende Versiegelung des Bodens gestoppt wird. Dafür braucht sie gute Argumente, denn es gibt leider viel zu viele, die andere Prioritäten setzen: Zunehmend werden aus Vorgärten Schotterwüsten, und aus Wiesen und Wald werden Straßen, Parkplätze oder Wohnanlagen.

Momentan setzt sie sich dafür ein, den geplanten Ausbau des Autobahnkreuzes Oberhausen zu verhindern, dem 5000 Bäume, überwiegend Buchen in einem der wenigen Natur- und Landschaftsschutzgebiete Oberhausens, zum Opfer fallen sollen.

Um dieses Ziel zu erreichen, hat sie zusammen mit Mitstreiter:innen aus dem BUND, anderen Naturschutzverbänden, Klimabewegungen, Initiativen, Vereinen und Kirchengemeinden ein breites Bündnis geschmiedet. Sie organisiert Waldspaziergänge, startete eine bundesweite Unterschriftenaktion, schreibt Artikel und formuliert Stellungnahmen im Rahmen des Planfeststellungsverfahrens.

Sie informiert sich auf Landes- und Bundesebene, um die Forderungen des BUND gut vertreten zu können.

Vor einigen Jahren wurde sie zur Vorsitzenden des Naturschutzbeirates in Oberhausen gewählten und kann in dieser Funktion bei vielen Projekten die Belange des Naturschutzes einbringen.

Cornelia Schiemanowski wuchs in einer ländlichen Region auf. Die Liebe zur Natur und der sorgsame Umgang mit den natürlichen Ressourcen waren Teil ihrer Erziehung. So verwundert es nicht, dass sie Biologie studierte.

Als sie ihre Stelle in einer Schule im Ruhrgebiet antrat, merkte sie schnell: Hier ist vieles anders. Wo ist der Wald? Der war für sie immer sehr wichtig. In ihrer Heimat in Hessen konnte sie stundenlang durch den Wald laufen und die Ruhe genießen. Das gab es in ihrer neuen Heimat im Ruhrgebiet leider nicht. Hier hatte es damals gerade den ersten Smogalarm gegeben, die Luft war nicht gut, und viele Kinder von Bekannten hatten Pseudokrupp oder andere Atemwegserkrankungen. Die Häuser waren schwarz vom Ruß, der auch die feuchte Wäsche dreckig machte, ehe sie getrocknet war.

Das alles war für sie Motivation, Mitglied beim BUND zu werden. Sie wollte mehr für die Natur und den Umweltschutz im Ruhrgebiet tun.

Die BUND-Kreisgruppe war klein, traf sich im Hinterzimmer des einzigen kleinen Bioladens und beschloss, Aktionen für die Verbesserung der Luft zu machen und gegen die Verwendung von giftigen Pestiziden und die gravierende Bodenbelastung anzugehen.

Dass ihre Argumente damals von vielen Politiker:innen im Rathaus belächelt wurden, war noch die freundlichste Art der Aufnahme. Ansonsten wurden sie als realitätsferne Ökospinner angepöbelt, man ließ sie oft gar nicht ausreden.

Das hat sich nach fast 40 Jahren deutlich geändert. Der BUND ist mittlerweile eine Institution in der Stadt, die angehört wird – und daran haben Cornelia Schiemanowski und ihre Mitstreiter:innen wesentlichen Anteil.

Heute haben sich auch die Themen geändert. In einer Stadt, die von fünf Autobahnen zerschnitten wird, die dicht besiedelt ist, die wenige Parks hat und nur wenige kleine Waldstücke, geht es vor allen Dingen um den Lärm und die Verkehrsemissionen.

Immer wichtiger wird auch der Erhalt der Bäume. In der Blütezeit des Ruhrgebietes, als die Städte reich waren, wurden sehr viele Bäume gepflanzt, die sich mittlerweile zu stattlichen Alleen entwickelt haben. Immer mehr Menschen entdecken die Qualität dieser Schattenspender, ihre Luftreinigungsfunktion und ihre Bedeutung für den Artenschutz.

Für Cornelia Schiemanowski als Sprecherin der BUND-Kreisgruppe ist die Teamarbeit wichtig. Sie ist für die Presse-, die Bündnisarbeit sowie die Kooperation mit anderen Gruppen und Verbänden zuständig. So ist sie meist die erste Ansprechpartnerin bei aktuell auftretenden Problemen.

Aktive Mitglieder gewinnt die Kreisgruppe durch die Öffentlichkeitsarbeit, durch Exkursionen und Baumspaziergänge.

Die größten Erfolge sieht sie in der Verhinderung der geplanten Giftmüllverbrennungsanlage, der Kooperation der Naturschutzverbände in der Station Umwelt und Natur e. V. und der Unterstützung bei der Gründung der Biologischen Station Westliches Ruhrgebiet.

Niederlagen sind für sie Fällungen von gesunden Bäumen. Denn gerade die alten, sehr großen Bäume mit ihrer enormen Biomasse sind wertvolle natürliche Klimaanlagen und vielfältige Lebensräume – und damit unbedingt erhaltenswert.

Sie selbst möchte als Mutter und Oma etwas für kommende Generationen tun. Sie meint: »Wir als ältere Generation sind auch dafür verantwortlich, dass unsere Kinder und Enkel ohne Einschränkungen leben können. Klima- und Artenschutz darf nicht in die Zukunft verschoben werden, sondern das muss jetzt angegangen werden«, erklärt sie mir.

Dabei denkt sie aber auch global und hat die weltweiten Auswirkungen der Klimakrise in anderen Erdteilen im Blick. Wichtig ist ihr, dass die Klimakrise mit demokratischen Instrumenten gelöst wird. Es bereitet ihr Sorge, dass die Demokratie in Gefahr geraten könnte durch die sozialen Umbrüche, die durch Fluchtbewegungen aufgrund von Klimakrise und Naturkatastrophen entstehen. Deshalb hat sie vor drei Jahren zusammen mit anderen Omas in Oberhausen eine Gruppe, die Omas gegen Rechts, gegründet.

Der NABU (Naturschutzbund Deutschland)

Der seiner Mitgliederzahl nach noch größere Naturschutzbund Deutschland (NABU) hat laut eigener Website sogar über 900 000 Mitglieder und Fördernde (Stand Januar 2023). Der Bund für Vogelschutz, der schon 1899 gegründet wurde, hat sich mit den in der ehemaligen DDR gegründeten Landesverbänden nach der Wende zum Naturschutzbund Deutschland vereinigt. In allen Bundesländern gibt es Kreis- und Fachgruppen, etwa 2000 an der Zahl. Bekannt ist die Aktion des NABU, jedes Jahr den »Vogel des Jahres« bestimmen zu lassen. Wie sein Name schon sagt, ist der NABU vor allem auf den Naturschutz konzentriert. Hierzu werden viele Bildungsangebote gemacht und Aktionen angeboten. So beschneiden die Mitglieder z. B. Kopfweiden, schützen Tümpel oder bieten Fledermausexkursionen an.

Der NABU NRW hat eine eigene Stiftung, Naturerbe NRW, bei der ich Schirmfrau bin.

Viele Mitglieder und Kreisgruppen sehen Windkraftanlagen sehr kritisch. Es gibt zahlreiche Klagen der verschiedenen Organisationseinheiten gegen Windkraftanlagen.[126]

Anbei die Übersichtskarte der einzelnen lokalen Gruppen des NABU:

www.nabu.de

www.nabu.de/wir-ueber-uns/organisation/kontakte/gruppen.html

Jochen Flasbarth, viele Jahre NABU-Präsident – von Rheinhausen auf die Weltbühne

Ich stehe im Büro von Staatssekretär Flasbarth und frage nach dem grünen Hammer. Der grüne Hammer!

Mit dem Schlag des grünen Hammers auf den Konferenztisch hat der Präsident der Klimakonferenz, der französische Außenminister Laurent Fabius, den Beschluss der fast 200 Länder auf der COP 21 besiegelt: Die Erderwärmung soll auf deutlich unter zwei Grad, idealerweise auf 1,5 Grad begrenzt werden. Das Klimaabkommen von Paris stand – ich habe schon beschrieben, wie bedeutend dieser historische Moment auch für mich gewesen ist! Ein Duplikat des grünen Hammers mit persönlicher Widmung, das nur wenige der Hauptverhandler:innen bekommen haben, besitzt Jochen Flasbarth, und nun liegt der grüne Hammer hier vor mir.

Wer ist dieser Mann?

Ein Junge aus Rheinhausen, damals ein Stahlstandort im Ruhrgebiet, der sich für die Buchreihe *Fünf Freunde* begeisterte. Einer der fünf Freunde versucht in der Serie, den ausgestorbenen Riesenalk – einen Seevogel – wiederzuentdecken, und das animierte den damals Zehnjährigen, sich für die Vögel in der Nachbarschaft zu interessieren. Diese Leidenschaft ließ ihn nicht mehr los. Er verbrachte einmal seine gesamten Sommerferien als Helfer auf der Vogelwarte Helgoland und wurde danach sofort Mitglied in der nächstgelegenen Kreisgruppe des Deutschen Bunds für Vogelschutz in Wesel.

Einige Jahre später wurde er Sprecher der Jugendorganisation. Das alles in einer Zeit, als die Ausrichtung des Deutschen Bundes für Vogelschutz infrage stand und eine heftige Diskussion entbrannt war: Wollte man weiterhin eine Organisation sein, die sich für Vögel und für den Naturschutz einsetzte, oder sollte die Organisation sich verstärkt politisch einbringen?

Als Vertreter der aufmüpfigen Jugend drohte Jochen Flasbarth sogar der Rauswurf. Einige Jahre später jedoch, nachdem der Streit zwischen Konservativen und Progressiven im Verband beigelegt und geklärt worden war, wurde Jochen Flasbarth sogar selbst Präsident des mittlerweile in Naturschutzbund Deutschland umbenannten Vereins und blieb das mehr als zehn Jahre. Seine Aufgabe sah er darin, den Verband stärker politisch auszurichten, die Stellung des NABU bei politischen Auseinandersetzungen zu verbessern, ohne dabei die Wurzeln des Verbandes im Bereich der Naturbeobachtung zu negieren oder gar zu kappen. Es ging ihm darum, die Ursachen von Naturzerstörung und Umweltbelastungen zu bekämpfen. Dazu gehörte natürlich früh schon die Forderung nach Veränderung der Agrarpolitik – in Brüssel, Berlin und in den Landeshauptstädten. Auch die Verbraucher:innen wollte Jochen Flasbarth bei der Beantwortung der Frage nach der Zukunft der

Landwirtschaft miteinbeziehen. Dazu wurden Kampagnen wie »Landschaft schmeckt!« initiiert, mit der der NABU für mehr biologische und regionale Lebensmittel auf dem Speisezettel warb – ohne die Forderung nach einer 100-prozentigen Veränderung der eigenen Ernährungsgewohnheiten aufzustellen. Die Verkehrspolitik war ein anderes Schwerpunktthema, das Jochen Flasbarth sehr am Herzen lag. Er hatte den Verkehrsclub Deutschland (VCD) mitgegründet, der sich für eine Verkehrswende im Sinne einer sozial- und umweltverträglichen Mobilität aller Verkehrsteilnehmer:innen einsetzt, und später die Allianz pro Schiene mit auf den Weg gebracht. Beides sind Initiativen, die darauf abzielen, die viel zu einseitige Orientierung der Verkehrspolitik auf Automobilität zu verändern.

Je mehr über die Entwicklungen und die Ursachen für die Klimakrise bekannt wurde, desto mehr rückte der Klimaschutz ins Zentrum der Arbeit des NABU, der die Notwendigkeit sehr weitreichender Veränderungen in unserer Wirtschafts- und Lebensweise anmahnte, sowohl in der Energiepolitik als auch in der Art, wie unsere Städte organisiert werden, oder in der industriellen Produktion.

Für seine Arbeit als Präsident des NABU war es Jochen Flasbarth wichtig, dass sich auch die Mitglieder beim NABU gut aufgehoben fühlten, die nicht so sehr an politischen Herangehensweisen interessiert waren, sondern lieber praktisch konkret vor Ort mitwirken wollten, etwa bei der Kopfbaumpflege. Und auch die, die einfach nur gern Anregungen zum Naturerleben bekommen wollten, z. B. bei Exkursionen, lagen ihm am Herzen. Der Kurs des NABU sollte ein klar politischer sein – aber ohne alle Mitglieder zu politischen Aktivisten zu machen. Ein gutes Rezept – für das es viel Zuspruch gab, das aber von ihm als Präsident auch viel Überzeugungsarbeit verlangte. Deshalb war er häufig vor Ort bei den Landesverbänden und Ortsgruppen. Da seine Präsidentschaft das erste Jahrzehnt nach der Vereinigung umfasste, war ihm die Präsenz im Osten Deutschlands besonders wichtig.

Der NABU ist in Ostdeutschland in der Tat gut verankert. So zeigte mir z. B. ein ostdeutscher CDU-Bundestagskollege aus dem Umweltausschuss stolz seinen NABU-Ausweis.

Als ich Jochen Flasbarth nach seinen schönsten Erlebnissen frage, wird mir selbst noch mal klar, warum ich so gern auf diesem Gebiet arbeite und welch positive Wirkung erreicht werden kann. Jochen Flasbarth Antwort: »Am schönsten fand ich es, wenn ich es schaffte, Menschen in ihrem Engagement zu motivieren. Vor Ort, aber auch auf Landes- und Bundesebene. In einem Verband, der vom Engagement lebt, bei dem man letztlich nichts ›ansagen‹ kann, dreht sich alles darum, ob es gelingt, Mut zu machen. Toll war beispielsweise, wie wir mit Hartnäckigkeit und Engagement auf vielen Ebenen die Renaturierung der Unteren Havel vorangebracht haben. Am Anfang standen da Ideen von vor Ort – in dem Fall von Rocco Buchta aus Brandenburg. Heute ist es eines der erfolgreichsten Flussrenaturierungsprojekte in Europa – vielleicht sogar das erfolgreichste.«

Als einen weiteren großen Erfolg nennt er die Verhinderung des Dollarthafens, dem eines der bedeutendsten Küstenökosysteme zum Opfer gefallen wäre. Das damalige Erfolgsrezept – so lange verlangsamen und hinauszögern, wie es eben geht – sieht er heute allerdings ambivalent. Denn bei den großen Transformationen, die auf dem Weg zur Klimaneutralität bei gleichzeitigem Naturerhalt nötig sind, darf es keine Verzögerungen geben, sondern wir brauchen vor allem mehr Geschwindigkeit. Das sieht er als eine der vielleicht größten Herausforderungen der Umweltpolitik heute.

Nach seiner Zeit als Präsident des NABU wurde Jochen Flasbarth Abteilungsleiter im Umweltministerium, Präsident des Umweltbundesamtes (UBA), Staatssekretär im Bundesumweltministerium und ist jetzt Staatssekretär im Bundesministerium für wirtschaftliche Kooperation und Entwicklungszusammenarbeit.

Uns älteren Menschen empfiehlt er, sich in einer der vielen Organisationen und Initiativen einzubringen oder sie zu unterstützen. Er weiß, dass man in den meisten so viel tun kann, wie man gerade möchte. Die früheren Arbeitsweisen gerade der traditionellen Verbände, bei denen es um langfristiges und fast unbeschränktes Engagement ging, haben sich verändert. Man kann sich also trauen, einfach mal irgendwo mitzumachen, wie es den Interessen und Neigungen entspricht. Das kann bei einer örtlichen oder auch überregionalen Kampagne für mehr Klimaschutz sein – oder aber auch ganz konkret vor Ort bei nachhaltigen Verkehrsprojekten oder der Förderung von Natur in der Stadt.

Sein Lebensmotto lautet: »Frustrierte werden die Welt jedenfalls nicht retten!« Es gibt zwar viele furchtbare Entwicklungen auf der Welt, aber es lohnt sich immer, sich dafür einzusetzen, die Welt etwas besser zu machen.[127]

Volkhard Wille – von Gänsen und Kopfweiden

Ich habe Volkhard Wille in meiner Zeit als Ministerin als kämpferischen Streiter für die Wildgänse am Niederrhein kennengelernt. Der untere Niederrhein, das Gebiet zwischen Duisburg und Nijmegen in den Niederlanden ist das größte Rastgebiet für arktische Wildgänse in Westeuropa. Jedes Jahr kommen im Spätherbst bis zu 180 000 Vögel und bleiben bis zum Ende des Winters. Ein großartiges Naturschauspiel, das jedes Jahr einige Tausend naturbegeisterte Menschen anzieht.

Für die Bauern dort ist das jedoch keine große Freude, weil die Wildgänse drei Monate nichts anderes tun als zu fressen.

Trotz finanzieller Kompensation ging es also heiß her zwischen Naturschützern und Landwirten.

Volkhard Wille ist schon als kleiner Junge von seinem Vater mitgenommen worden, um Vögel zu beobachten und zu zählen. Anfangs war das noch nicht so interessant. Aber später, als Jugendlicher, führte er in der Schule mit Klassenkameraden Naturbeobachtungen durch und begann selbst erste Umweltaktionen wie Müllsammlungen.

Im Kreis Kleve konnte er die Auswirkungen der intensiven Landwirtschaft vor der Haustür beobachten – den wachsenden Maisanbau, die Trockenlegung von Feuchtwiesen, die Rodung von Hecken und die damit einhergehende Zerstörung von natürlichen Lebensräumen.

Er arbeitete während seines Zivildienstes auf der Schutzstation Wattenmeer. Die damalige Dünnsäureverklappung, sprich die Entsorgung von Wirtschaftsabfällen, des Unternehmens Kronos Titan in die Nordsee oder das Seehundsterben, das 18 000 Tiere das Leben kostete, bewegten ihn sehr.[128]

Motiviert durch seine Familiengeschichte, wollte er sich seine geliebte Heimat nicht kaputt machen lassen und widmete sich deshalb schon bald der Ausweisung von Naturschutzgebieten und dem Erhalt von Feuchtwiesen.

Zur Arbeit vor Ort gehörten fachliche Aufgaben wie Vogelkartierung, Kopfweidenpflege oder Kleingewässeranlage, aber auch Öffentlichkeitsarbeit und Gänseexkursionen, und natürlich war es wichtig, die Stimme des Naturschutzes bei politischen Entscheidungen einzubringen. Durch diese Angebote konnten sehr viele neue Mitglieder geworben werden.

Schon bald wurde klar, dass es neuer Strukturen und Vernetzung bedurfte. So waren der von der Landesregierung unterstützte Aufbau der NABU-Naturschutzstation Niederrhein und die Vernetzung mit anderen Naturschutzgruppen ein wichtiger Schritt zur weiteren Professionalisierung. Mit Geldern der Stiftung Umwelt und Entwicklung wurden Ausbildungslehrgänge für Ehrenamtliche in den Bereichen Umweltbildung und Schutzgebietsbetreuung ermöglicht.

Peu à peu wuchs die Gruppe vor Ort. Mit dem Gewicht der größeren Mitgliederzahl wurde es einfacher, politische Eingaben für den Naturschutz zu machen. So wären viele neue Naturschutzprojekte ohne die Arbeit der Aktiven vor Ort nicht möglich gewesen.

Auf der anderen Seite ist es bedrückend zu sehen, wie trotz aller Aktivitäten wichtige Vogelarten verloren gehen. Die Uferschnepfe, die früher mit mehr als 300 Brutpaaren am Niederrhein vertreten war, steht kurz vor dem Aussterben und ist jetzt nur noch mit einem Dutzend Paare zu finden.

Ein weiteres Problem sind die großflächigen Kiesabgrabungen, die immer mehr Landschaft zerstören und ihre Spuren hinterlassen.

Sehr verstörend war auch die Zuspitzung der Auseinandersetzung zwischen Naturschutz und Landwirtschaft vor 25 Jahren, als es zu Diffamierungen und persönlicher Hetze bis hin zu körperlicher Gewalt kam und von den kommunalen Amtsträgern nicht dagegen interveniert wurde. Volkhard Wille meint: »Es kann unterschiedliche inhaltliche Standpunkte geben, aber es muss eine Grenze geben, wo die Demokratie verteidigt und Gewalt oder Hetze Einhalt geboten werden müssen.« Die damals sehr aufgeheizte Stimmung hat sich allerdings seit langer Zeit gegeben, auch weil inzwischen andere Personen Verantwortung übernommen haben.

Auf meine Frage zu der Auseinandersetzung von NABU-Ortsgruppen mit neuen geplanten Windkraftanlagen sieht er Lösungsmöglichkeiten. Eine naturverträgliche Energiewende ist möglich, wenn man einerseits Schutzgebiete ausspart und andererseits Bereiche schafft, wo ein schneller, unkomplizierter Ausbau ermöglicht wird. Es gebe ausreichend Flächen, um die erforderlichen zwei Prozent Fläche für die Windkraft mit entsprechender Distanz zu Vögeln ausweisen zu können.

Für Ältere sieht Volkhard Wille viele Beschäftigungsmöglichkeiten im Naturschutz. Je nach Motivation, Eignung und Neigung etwa bei naturkundlichen Beobachtungen, bei handwerklichen Tätigkeiten mit der Motorsäge oder anderem Werkzeug sowie bei der Öffentlichkeits- und Bildungsarbeit.

Die Zielgruppe, die er für eine aktive Mitarbeit beim NABU identifiziert hat, sieht er – ganz Ornithologe – in den »empty nesters«. So bezeichnen Soziologen die Altersgruppe, deren Kinder aus dem Haus sind, weshalb sich die Eltern neue Tätigkeitsfelder suchen. In Schulungsangeboten, der Möglichkeit, etwas Neues kennenzulernen und mit anderen Menschen zusammen zu gestalten, sieht er einen großen Mehrwert. Beim NABU gebe es auch 80-Jährige, die mit viel Freude Führungen zu den Wildgänsen machen.

Entscheidend sei, nicht nachzulassen, sich bei der Arbeit für die Natur nicht unterkriegen zu lassen und einen langen Atem zu haben. Das Vertrauen in die Beständigkeit und die Wirkung guter Arbeit sei wichtig.

Grüne Liga Berlin

Karen Thormeyer – vom Urban Gardening bis zur internationale Bildungsarbeit

Am 3. Februar 1990 gründeten Umweltbewegte aus Ostdeutschland – noch zu Zeiten der DDR, aber bereits nach der friedlichen Revolution – die Grüne Liga. Matthias Platzeck, der spätere Ministerpräsident von Brandenburg, war dabei, aber auch

Klaus Schlüter, ihr erster Sprecher und langjähriger Vorstandsvorsitzender.

Die Wurzeln der Grünen Liga kamen aus kirchlichen Friedens- und Umweltgruppen, die bekanntlich einen ganz entscheidenden Anteil an der Wende in der DDR hatten. Hinzu kamen viele örtliche Natur- und Umweltschutzgruppen, aber auch Kulturschaffende und Ornithologen. Aus der Erfahrung der Vergangenheit heraus war ihnen wichtig, gerade kein klassischer Mitgliederverein zu sein, der zentral strukturiert ist, sondern sich dezentral zu organisieren und auch soziale und wirtschaftliche Fragen miteinzubeziehen. Sie wollten eigenständig und unabhängig bleiben.

Auch wenn der Grünen Liga lokale Entscheidungsstrukturen sehr wichtig waren und weiterhin sind, wurden doch notwendige Strukturen wie Landesverbände aufgebaut, um klageberechtigt zu sein. Dennoch arbeiten die Ortsgruppen sehr autonom.

So haben sich folgerichtig die Projekte der Grünen Liga sehr unterschiedlich gestaltet. Einzelne Gruppen, wie die Ökolöwen aus Leipzig, haben sogar ihren eigenen Weg gewählt.

Karen Thormeyer war 22 Jahre alt, als die Mauer fiel. Sie hat Landschaftsplanung studiert und die Grüne Liga Berlin durch ein Praktikum gut kennen und schätzen gelernt. Nach dem Studium entschied sie sich, in ein Projekt zur Hofbegrünung bei der Grünen Liga Berlin einzusteigen. Dann kam eins zum anderen. Über die Arbeit als Pressesprecherin wurde sie letztendlich Geschäftsführerin der Grünen Liga Berlin und blieb bis 2019 insgesamt 18 Jahre dort. Besonders die Arbeitsatmosphäre, die Möglichkeiten, die Arbeit frei bestimmen zu können, waren ihr wichtig. Ihre Beschreibung der Situation: »Wir konnten in unserem Rahmen machen, was wir für richtig hielten.«

Im Laufe der Jahre haben sich die Themen allerdings verschoben. Es mussten inhaltliche Projekte eingeworben werden, und das taten die Mitarbeiter:innen je nach Fachausbildung und Kenntnissen. Eine große Aufgabe sah die Grüne Liga Berlin insgesamt aber in der Umweltbildung.

Hinzu kamen die ganz großen Projekte wie das bekannte Umweltfestival am Brandenburger Tor. Karen Thormeyer staunt noch heute, wie sie diese jährlich stattfindende große Veranstaltung mit der kleinen Struktur des Verbandes bis heute bewältigen: 220 Aussteller, zwei Bühnen bespielen, Tausende von Besucher:innen, die Einhaltung der vielen Sicherheitsauflagen, Sponsoren finden und viele ehrenamtliche Unterstützer:innen aktivieren.

Während der Internationalen Gartenbauausstellung (IGA) 2017 in Berlin organisierte die Grüne Liga Berlin auf dem IGA-Campus das gesamte Umweltbildungsprogramm. Sie organisierten Veranstaltungen für Erwachsene und Jugendliche. Internationale Schulgärten, entworfen von Schulklassen aus aller Welt, wurden angelegt. Es ging um Gartenbau in der Stadt *(Urban Gardening)* und Gärtnern auf kleinen Flächen. Sie untersuchten, welche Fläche ein Mensch braucht, um sich mit Gemüse, Früchten, Kartoffeln und Getreide selbst zu versorgen. Eine internationale Konferenz zum *Urban Farming* wurde abgehalten, auf der diese Themen diskutiert und Erfahrungen ausgetauscht wurden.

Älteren Menschen empfiehlt Karen Thormeyer, sich nicht einzuigeln, sich nicht in der eigenen Blase mit der eigenen Meinung immer wieder zu bestätigen, sondern sich zu fragen, wozu man Lust hat, mal einen Perspektivwechsel vorzunehmen, offen zu sein, sich bei Verbänden zu engagieren, etwas Neues anzufangen.

Sei es eine Baumgießkampagne mit Wassersäcken, bei der Patenschaften für Straßenbäume übernommen werden oder gemeinsam mit Nachbarn einen urbanen Garten anzulegen, Wichtig ist, dass die Mitarbeit Spaß macht. Wenn man an die Übernutzung der Erde denkt, kann man sich auch selbst fragen, wie das eigene nachhaltige Verhalten aussehen könnte. Sie erzählt von einem Umweltbildungsprojekt, bei dem ein Kollege mit den Schülern und Schülerinnen ein Experiment gemacht hat: Auf welche nicht klimafreundlichen Dinge könnt ihr verzichten, worauf nicht? Das Ergebnis in der Klasse war sehr interessant: »Wir können auf vieles verzichten, nur nicht auf unser Handy.«

Den Ökomarkt zu organisieren, ist wie die Dramaturgie eines Theaterstücks

Karen Thormeyer bringt mich mit Elisabeth Westphal in Kontakt, einer älteren Frau, die vor Ort, in Berlin, für die Grüne Liga arbeitet. Zunächst erreiche ich Frau Westphal nicht, weil sie gerade auf der Senior:innen-Weltmeisterschaft 2023 in Polen ist, wo sie über 800 Meter und 1500 Meter startet. Tatsächlich kommt sie mit zwei Goldmedaillen zurück. Aber das ist nicht die einzige Überraschung. Elisabeth Westphal ist vielseitig begabt.

In Dresden geboren ist sie als kleines Kind mit ihren Eltern nach Radebeul, nahe Dresden, umgezogen. In Radebeul hat Friedrich Eduard Bilz gelebt, der als »Vater der volkstümlichen Naturheilkunde« vor 130 Jahren berühmt und reich wurde. Sein Buch über Heilverfahren verkaufte sich schon damals 3,5 Millionen Mal. Da er ein Vertreter der Kneipp'schen Lehre war, baute er mit seinem Geld ein naturheilkundliches Sanatorium mit Badeanstalt, Kurhaus und allem Drum und Dran. Diese Anlage lag in der Nähe von Elisabeths Elternhaus. Außerdem lernte sie von ihren Eltern und ihrer Oma viel über die Natur, über Kräuter, Pilze und Heilpflanzen. Das alles führte zum Wunsch, Ärztin für Naturheilkunde zu werden.

Da sie außerdem aber auch ein Talent für die Schauspielerei hatte, wurde sie als Statistin bei der nahe gelegenen Felsenbühne dreimal in der Woche einige Stunden von der Schule freigestellt. Letztendlich entschied sie sich, Theaterwissenschaften zu studieren. Nach dem Abschluss wurde sie Schauspielerin und Dramaturgin, reiste in dieser Funktion durch die DDR und sah mit Schrecken in Senftenberg, Eisleben und Bitterfeld die dramatischen Umweltschäden durch den Kupfer- und Kohleabbau und die Chemieproduktion. Die Wendezeit verbrachte sie als Dramaturgin an der Volksbühne in Berlin. Sie musste ihre Arbeit dort aber aufgeben, als ihr jüngster Sohn geboren wurde und das Ehepaar die notwendige Kinderbetreuung mit ihrer Berufstätigkeit nicht verbinden konnte.

Also erinnerte Elisabeth Westphal sich an ihr Wissen über Kräuter und Heilpflanzen, machte eine Ausbildung als Ernährungs- und Gesundheitsberaterin und landete schließlich bei der Grünen Liga. Die Grüne Liga betreibt den Ökomarkt auf dem Kollwitzplatz im Stadtteil Prenzlauer Berg in Berlin. Dort arbeitete sie zunächst mit, um die Organisation des Markts nach zwei Jahren zu übernehmen. Das machte ihr sehr viel Spaß. Der Ökomarkt wurde ihr »Kind«. Sie suchte das Gespräch mit den Berliner Kund:innen und machte den Markt attraktiv. Marktbesucher:innen kommen gern, haben Vertrauen in die Produkte und fühlen sich wie in einer großen Familie. Für sie ist die Orchestrierung des Ökomarktes wie der Aufbau eines Theaterstückes: der Spielplan, die Zusammenarbeit mit den Akteur:innen. So konnte sie auch ihre Kenntnisse als Dramaturgin einbringen. Damit die Atmosphäre stimmt, muss das Bild in seiner Gesamtheit stimmen. Neben Lebensmitteln werden Informationen von der Grünen Liga geboten, Schmuck und kleines

Handwerk und einmal im Monat der Tausch von gebrauchten Kleidern.

Elisabeth Westphal ist zufrieden mit ihrer Tätigkeit und meint: Sie habe zwar bei der Grünen Liga wenig verdient, aber sie liebe ihre Arbeit dort. Das sei ihr viel wichtiger als Geld. Sie habe zwar sehr viel gearbeitet und Überstunden gemacht, aber am Ende, wenn alles geklappt habe, sei sie jedes Mal froh und stolz gewesen.

Inzwischen ist Elisabeth Westphal in Rente, aber sie arbeitet auf dem Ökomarkt weiter, macht Ernährungsberatung in Kindergärten und bietet Kräuterwanderungen an. Darüber hat sie sogar ein Taschenbuch veröffentlicht.

Sie findet es sehr wichtig, auch im Alter etwas zu tun. Jede Person habe Fähigkeiten und Hobbys, die eingesetzt werden können. Überall gebe es Arbeit. Es werden Leute gesucht, die Erfahrung weitergeben können. Wenn sie morgens aufsteht, freut sie sich, dass die Sonne scheint und sie ihre Tätigkeit ausüben kann. Das eigene Wissen weiterzugeben, rät sie auch anderen. Ältere Menschen haben oft sehr viel mehr Kenntnisse über Pflanzen als jüngere, oder sie wissen, welche Pilze genießbar und welche giftig sind. Überdies sei es ein gutes Rezept gegen Vereinsamung: mitmachen bei einem Projekt, mit anderen Menschen in Kontakt kommen, Verständnis auch für andere Meinungen entwickeln und sich fragen: Wie würde ich handeln, wenn ich in der Haut eines anderen stecken würde?

Projekte, mit denen man sich beschäftigen könne, gebe es genug: seien es kranke Nachbarn oder Flüchtlinge, die Hilfe brauchen, oder sei es die Arbeit mit Kindern. Auch den solidarischen Bauernhof nennt sie. In der solidarischen Landwirtschaft tragen mehrere private Haushalte die Kosten eines landwirtschaftlichen Betriebes, wofür sie im Gegenzug dessen Ernteerträge erhalten.[129]

Elisabeth Westphal fällt immer etwas ein. Den älteren Menschen rät sie, die Natur zu beobachten, sich neue Ziele zu setzen oder ihre Erfahrungen und ihre Kenntnisse aufzuschreiben, damit sie nicht verloren gehen.

Für ein eigenes, nachhaltiges Leben rät sie, die eigenen Essgewohnheiten zu überdenken. Muss man im Winter Erdbeeren essen? Wo bekomme ich regionale Produkte?

»Bei der Senioren-Weltmeisterschaft hat sogar ein 103-jähriger Mann teilgenommen, und eine 80-Jährige hat vor Freude geweint, weil sie das erste Mal dabei war.« Also: Auch mit Rollator oder Stock muss man unter Menschen! Elisabeth Westphal ist Lebensfreude pur!

Da die Grüne Liga dezentral organisiert ist, gibt es keine Deutschlandkarte, auf der die Ortsgruppen anzuklicken sind, aber es gibt eine Liste, die Mitgliedsgruppen, Landesverbände und Ortsgruppen mit den jeweiligen Ansprechpartner:innen enthält. Darüber hinaus gibt es Organisationen in einzelnen Städten, wie die Ökolöwen in Leipzig.

www.grueneliga.de/index.php/de/gruene-liga/mitgliedsgruppen
mehrgruen.oekoloewe.de

Roland Hipp, Greenpeace – der Aktivist gegen die Atomkraft

Roland Hipp ist für mich das Gesicht von Greenpeace Deutschland. So wie ich von den Greenpeace-Aktionen mit der *Rainbow Warrior I* begeistert war, als sich 1978 Aktivisten in Schlauchbooten mit ihren Körpern den großen Schiffen der Walfängern entgegenstellten, war auch Roland Hipp 1983 Feuer und Flamme, als er im Fernsehen einen Film von einer Greenpeace-Aktion gegen die Verklappung (ein verharmlosendes Wort für

Abfallentsorgung) von Dünnsäure in der Nordsee sah. Der Film hieß *Helden oder Spinner*, und Roland Hipp meint: Beides stimmt nicht. Die Greenpeace-Aktivisten sind ganz normale Menschen und haben ihr Recht, in der Nordsee baden zu dürfen, wahrgenommen.

Nachdem er den Film gesehen hatte, nahm er Kontakt mit Greenpeace auf und arbeitete anschließend ehrenamtlich in Gruppen an Infoständen mit. Eines Tages wurde er gefragt, ob er bei der Beobachtung eines Atomtransportes von Obrigheim nach Heilbronn mithelfen wolle. Es ging um hochradioaktives Material. Er war erschrocken, als der Transport kam. Zwei LKWs fuhren mit hoher Geschwindigkeit vorbei, Schulkassen hielten sich in der Nähe auf, und die LKWs fuhren direkt mit ihrer hochgiftigen Ladung in die Stadt. Er war entsetzt. Greenpeace stoppte den Transport und machte mit der Aktion auf diese gefährliche Fahrt aufmerksam.

Nach diesem Erlebnis stieg Roland Hipp voll bei Greenpeace ein, fuhr zu den Wiederaufarbeitungsanlagen nach Sellafield und La Hague und begann dort mit radiologischen Untersuchungen. Er redete mit den Menschen aus der Umgebung, erfuhr von den Krebserkrankungen, nahm Staubproben und untersuchte den Sand aus den Sandkästen der Kinder. In Sellafield sah er Tauben an den Fenstern der Anlage. Er nahm zwei tote Tauben, die dort gefunden wurden, mit nach Deutschland und ließ sie hier untersuchen. Das Labor in Bremen war alarmiert. Der Plutoniumwert war so hoch, dass das Labor dekontaminiert werden musste.

Es war ein fast aussichtsloser Kampf gegen die große Übermacht von Staat und Unternehmen. Er erzählt, dass sie als Spinner belächelt wurden. Aber allmählich stellte sich der Erfolg ein.

Als Erkenntnis zeichnete sich immer eindeutiger ab, dass die Lösung nur dezentrale, klimafreundliche Energien sein konnten.

So war 1999 klar, dass Greenpeace als Energieanbieter von erneuerbaren Energien an den Markt gehen würde: Greenpeace gründete eine Energiegenossenschaft, damals Greenpeace Energy. Inzwischen ist die Energiegenossenschaft vollkommen autark und unabhängig und firmiert unter dem Namen Green Planet Energy eG.

Mit den Jahren wurde immer deutlicher, dass Protest allein nicht genügt und Lösungen entwickelt werden mussten, um die Energiewende voranzutreiben. Beispiele dafür sind das Drei-Liter-Auto Smile und der FCKW-freie Kühlschrank.

Die Organisation wuchs – es wurden immer mehr Experten gebraucht, um die immer komplexeren Probleme adäquat und fundiert bearbeiten zu können und Lösungen zu entwickeln.

Auch das Thema Konsum rückte in den Fokus. Greenpeace informierte insbesondere über die negativen Auswirkungen von billigen Textilien, die zu menschenunwürdigen Arbeitsbedingungen und gravierenden Umweltschäden in Ländern des Südens führen, in denen produziert wird.

Ebenso wurden die dramatisch anwachsenden Plastikberge problematisiert und die katastrophalen Folgen für die Meere. Es wurden Bildungsangebote gemacht, um die Menschen auch über die zunehmende Überlastung der Erde zu informieren. Finanzströme und Wirtschaftsfragen waren weitere Themen.

Roland Hipp ist stolz, dass Greenpeace finanziell unabhängig ist. 99,8 Prozent der Einnahmen kommen von privaten Spender:innen. Circa 3000 Menschen arbeiten ehrenamtlich für Greenpeace und veranstalten Aktionen vor Ort. Im Green-Camp wird jährlich diskutiert, was gemacht werden soll. Allerdings gibt es nur 40 ausgewählte Mitglieder, die stimmberechtigt sind. Man wollte mit dieser Struktur eine sogenannte feindliche Übernahme der Organisation verhindern.

Mit den Aktionen macht Greenpeace bewusst auf Probleme

aufmerksam. Aber auch auf die schönen Seiten unseres Planeten. So bezahlt Greenpeace einen Fotografen, der um die Welt reist und Diashows vorbereitet, um die Wunder der Erde zu zeigen, die bewahrt werden müssen.

Erfolge waren natürlich der Atomausstieg in Deutschland, die Entwicklung und Produktion des FCKW-freien Kühlschranks, der anfangs diskreditiert wurde. Er würde explodieren, so die Meinung. Mittlerweile ist er Standard auf dem Markt. Roland Hipp hebt aber auch die Brent-Spar-Aktion 1995 gegen Shell hervor, als Shell nach einer langen, beispiellosen Kampagne von Greenpeace die Ölplattform nicht einfach wie geplant in der Nordsee versenken konnte, sondern sie auf dem Land entsorgen musste.

Die Niederlage, die ihn persönlich sehr schmerzt, ist der Bau einer weiteren Wiederaufbereitungsanlage in Sellafield, die nicht verhindert werden konnte. Weiterhin wird hier verseuchtes Wasser in die irische See gepumpt, genau wie in Frankreich von La Hague in den Ärmelkanal. Roland Hipp hat selbst am Ende der Pipeline im Meer gesessen und beobachtet, wie erst eine weiße und dann die hochgiftige braune Brühe kam und ungehindert ins Meer floss.

Als Niederlage empfindet er auch den sehr schwierigen Kampf gegen die Klimakrise und den Verlust der Artenvielfalt. »Wir haben viele einzelne Erfolge gehabt, aber in diesen zentralen Punkten hat sich die Situation verschlimmert, die Lage spitzt sich weiter zu«, äußert er sich besorgt. Doch es gibt Hoffnung: »Wir dürfen den Kopf nicht in den Sand stecken.«

Älteren Menschen rät er, bei sich selbst zu beginnen, das eigene Verhalten zu ändern und selbst aktiv zu werden. Nicht nur im Park sitzen und die Tauben beobachten! Er meint: »Wir haben so viel Wissen und viel in unserem Berufsleben gelernt. Wir sollten uns fragen: ›Wo und was kann der Einzelne davon in Gruppen einbringen oder auch in der Nachbarschaft.‹«

Das, was uns dieser Planet bietet, ist unglaublich schön. Diese Schönheit ist bedroht, wir sollten sie verteidigen. Aber, so rät er zum Abschluss, immer daran denken: Es ist ein langer Weg, man braucht einen langen Atem, und deshalb muss die Arbeit auch Spaß machen.

www.greenpeace.de

Auf der Deutschlandkarte von Greenpeace finden sich auch die Greenpeace-Gruppen mit Teams 50+:

maps.greenpeace.org/maps/gpde/ortsgruppen

Greenpeace-Ortsgruppen mit Beschreibungen der jeweiligen Tätigkeiten gibt es unter nachfolgendem Link:

greenwire.greenpeace.de/uebersicht-ortsgruppen

Ingrid Beetz trommelt für Greenpeace

Es macht Spaß, sich mit Ingrid Beetz zu unterhalten. Sie ist voller Tatendrang und Begeisterung. Seit gut zwei Jahren ist Ingrid Beetz bei Greenpeace aktiv. Sie war schon immer umweltpolitisch interessiert, aber erst mit dem Ausscheiden aus dem Berufsleben fand sie die Zeit, ihrem Gefühl zu folgen, dass sie mehr tun muss. Es reichte ihr nicht mehr, nur auf Demonstrationen zu gehen. Die immer rasanter voranschreitende Klimakrise, die bereits spürbaren Auswirkungen und die schlechte Luftqualität in der Stadt ließen sie nicht zur Ruhe kommen. Sie fühlte sich und ihre Generation mitschuldig an der Klimakatastrophe, der Ausbeutung und Überlastung der Erde.

Ihr jetziger Aktivismus ist Ingrid Beetz nicht in die Wiege gelegt worden. Ihre Eltern haben nach dem Zweiten Weltkrieg eine Firma aufgebaut. Sie ist in Wohlstand aufgewachsen. »Shopping« brachte großen Spaß und wurde von ihr lange nicht hinterfragt.

Sie wurde Diplom-Pädagogin und Lehrerin und war bis zu ihrem 67. Lebensjahr in einer Stadtteilschule tätig. Die Themen Ökologie, Ernährung und Gesundheit standen neben dem Fachunterricht immer mit auf ihrem Lehrplan. Im Nachmittagsunterricht bot sie Kurse für Yoga und Meditation, Ernährung und Kochen an. Sie wollte zeigen, wie man sich kostengünstig, schnell und gesund ernähren kann. Ebenso gab sie Kochkurse und Infoabende über Ernährung für Eltern.

Zusammen mit zwei Frauen von den Grünen hat sie einen ökologischen Einkaufsführer für ihre Region verfasst, um Menschen das nachhaltige Einkaufen zu erleichtern.

Bei Greenpeace im Team 50+ und im Arbeitskreis Greenfood fühlt sie sich gut aufgehoben. Gemeinsam werden Aktionen geplant und organisiert und es ist Platz für eigene kreative Ideen. Mit den Rainbow Drums kann sie auf Klimademonstrationen für gute Stimmung und Rhythmus sorgen. In der Ausstellung der Greenpeace-Zentrale in Hamburg macht sie regelmäßig Dienst. Landwirtschaft, Ernährung, Konsumwende, das sind weiterhin ihre Themen. Die frühere Lust am Shoppen ist dem Spaß am Organisieren von Kleidertauschpartys gewichen.

Sie ist neugierig und offen für Neues. Aus ihrem Satz »Ich bin bald 70 und kann noch als Greenpeace-Aktivistin unterwegs sein; das hätte ich nie gedacht« erkenne ich ihre Lust am Engagement. Die Mischung aus unterschiedlichen Aktionen, die Zusammenarbeit mit anderen Menschen, jung und alt, Männern und Frauen, mit Gleichgesinnten, die für die gemeinsame Sache zusammenarbeiten und sich mit ihren Fähigkeiten und ihren Erfahrungen austauschen, das ist es, was sie begeistert. Das tut ihr gut.

Greenpeace bietet unterschiedlichste Aus- und Fortbildungen an. Die Seminare und Workshops in Kommunikation und Klimapsychologie findet sie besonders interessant. Kurz vor ihrem Aktivwerden bei Greenpeace versuchte sie mit Freund:innen und Bekannten stärker in den Austausch über das Klima, den eigenen Lebenswandel und Möglichkeiten der Veränderung zu treten. Gemeinsam mit einem Freund lud sie knapp 90 Personen ein, an einem regelmäßigen Gesprächskreis (wegen Corona zunächst als Zoom-Meeting) teilzunehmen. Nur acht Personen folgten der Einladung – und von diesen waren fast alle bereits ökologisch bewusster unterwegs. So blieb die Frage: Wie können wir unsere Generation erreichen, ins Gespräch kommen, um Veränderung zu bewirken? Sie hofft, dass durch mehr Aufklärung die Herausforderung, vor der wir alle stehen, erkannt wird. Sie möchte die Haltung »Wir haben das immer noch geschafft«, die jeden Schritt zur Veränderung blockiert, aufbrechen.

Aber sie hat durch die Seminare von Greenpeace auch gelernt, offen gegenüber anderen Bedürfnissen zu bleiben, andere Meinungen bestehen zu lassen und den Gesprächsfaden aufrechtzuerhalten. Wenn sie Stunden am Infostand gestanden hat und das Interesse der Leute gleich null war, wenn alte Bekannte und Freunde mit SUVs herumfahren und schon die nächste Kreuzfahrt gebucht haben, dann fühlt sie sich nicht mehr einfach nur frustriert, sondern kann jetzt besser damit umgehen. Durch die Gemeinschaft bei Greenpeace fühlt sie sich in ihrem Engagement nicht mehr so allein.

Für Ingrid Beetz ist es wichtig, etwas für den Erhalt der Lebensgrundlagen zu tun – und dafür hat sie jetzt mehr Zeit. Trotzdem genießt sie ihre Ruhe beim Zeitunglesen am Morgen, ihren Sport, Theater und Kino, gemeinsame Abende mit Freund:innen, die Gespräche mit ihrer Tochter. Reisen sind ihr nicht so wichtig wie vielen Menschen im Rentenalter. Der Alltag ist für sie oft Erlebnis genug. Sie kann das Schöne auch in den kleinen Dingen genießen. Und sie hört nicht nur seit den

80er-Jahren Herbert Grönemeyer, sondern sie findet auch genau wie er: »Muss die Welt erst in Flammen steh'n, dass wir uns aus unserm Koma dreh'n?«

SELBST ENERGIE PRODUZIEREN

Eine Energiegenossenschaft ist ein Wirtschaftsunternehmen, das Photovoltaikanlagen auf Dächer montiert, Balkonmodule vertreibt, sich an Windparks beteiligt, Freiflächenphotovoltaikanlagen plant und baut, Beratung und Öffentlichkeitsarbeit anbietet, selbst Strom vermarket und vieles mehr. Energiegenossenschaften sind klassische Genossenschaften, bei denen Menschen mit einer finanziellen Einlage Mitglieder werden können. Ich selbst bin momentan in drei Energiegenossenschaften Mitglied.

Energiegenossenschaften waren neben den privaten Prosumers für die Bundestagsabgeordneten, die das Erneuerbare-Energien-Gesetz (EEG) im Jahr 2000 auf den Weg gebracht haben, das Herzstück der Energiewende. Wenn man bedenkt, dass das EEG vor über 20 Jahren verabschiedet wurde, dann war das damals sehr weitsichtig. Nur durch die aktive Beteiligung der Bevölkerung gelang es, die Energiewende in Deutschland erfolgreich voranzubringen. Inzwischen gibt es in Deutschland 850 Energiegenossenschaften mit 220 000 Mitgliedern.

Deutschland hat eine lange Tradition im Genossenschaftswesen. Ein Teil davon sind jetzt die Energiegenossenschaften.

Es gibt mehrere Möglichkeiten, die nächstgelegene Energiegenossenschaft zu finden.

Wer einen Überblick über die Energiegenossenschaften in seinem Bundesland gewinnen will, muss sich auf der nachfolgenden Seite durch das Menü klicken:

www.energiegenossenschaften-gruenden.de/energiegenossen schaften-und-projektentwickler-suchen

www.genossenschaftsverband.de/mitglieder

Die Organisationen im Netzwerk Bündnis Bürgerenergie (BBEn) findet man auf nachfolgender Karte:

www.buendnis-buergerenergie.de/karte

Katharina Habersbrunner, BBEn – umsichtig und innovativ

Katharina Habersbrunner ist eine Ausnahme in der Energiegemeinschaft. Denn es gibt wenig Frauen in Energiegenossenschaften, obwohl der Wille von vielen Energiegenossenschaften da ist, Frauen für die Mitarbeit und als Mitglieder zu gewinnen. Auch wenn Frauen sich oft abschrecken lassen, weil sie vermuten, zu wenig über Technik zu wissen: In vielen Bereichen wie der Außendarstellung oder der Kommunikation gibt es allerhand zu tun.

Katharina Habersbrunner ist mir in den letzten Jahren auf vielen Gebieten immer wieder begegnet, sei es im Rahmen der Bürgerenergie bei ihrem Engagement in Afrika oder bei Frauenprojekten. Sie hat Mathematik, dann aber zusätzlich Pädagogik und Psychologie sowie Nachhaltigkeit studiert. Sie war schon früh im Bund Naturschutz Bayern im Bereich Energiewende engagiert und hat Bürgerenergieprojekte initiiert. Beruflich arbeitete sie nach dem Studium bei einer Rückversicherung unter anderem in den Bereichen Evaluierung und Einschätzung von Technologien und Risikomanagement. Begeistert haben sie bei der Rückversicherung die langfristige Planung und das frühzeitige und umfassende Sammeln von Daten zu Klima- und Umweltveränderungen.

Dennoch entschied sie sich, zu einer internationalen Umweltorganisation in den Bereich Nachhaltigkeit, Entwicklungszusammenarbeit und Energiewende zu wechseln.

Seit 2004 ist sie in der Bürgerenergie aktiv. Sie engagiert sich dort, weil für sie die Bürgerenergie Dreh- und Angelpunkt einer erfolgreichen Transformation zu einem erneuerbaren Energiesystem ist. Die Zusammenarbeit mit allen Akteuren ist sehr professionell und wertschätzend. Sie ist der Meinung, in ihrem Leben durch ihr Engagement für die Bürgerenergie und Energiegenossenschaften sehr viel gelernt zu haben.

Seit 2019 ist sie die Sprecherin des Bündnisses Bürgerenergie, in dem viele Energiegemeinschaften, aber auch Dachorganisationen wie die Bürgerwerke oder Privatpersonen Mitglieder sind. Ihr Anliegen ist es, mehr Frauen, mehr Menschen mit Migrationshintergrund und aus unterschiedlichen sozialen Schichten von einer Mitarbeit in Energiegenossenschaften zu überzeugen.

Die dezentrale Energieproduktion sieht sie auch als gesellschaftliches und demokratisches Modell. Sie will den Menschen ein Angebot machen, selbst Energie zu produzieren. Ganz wichtig ist es ihr deshalb, auch Mieterstrom- oder Energy-Sharing-Modelle zu fördern und zu vereinfachen, um nicht nur Ein- oder Zweifamilienhausbesitzer:innen zu gewinnen. Es geht darum, vielen Menschen der Gesellschaft die Möglichkeit zu geben, von dem kostengünstigen Strom aus Wind und Sonne zu profitieren.

Die Geschäftsmodelle der Energiegenossenschaften haben sich stark weiterentwickelt. Drehte sich früher alles um Stromproduktion mit Einspeisung ins Netz, geht es inzwischen oft auch um Stromtarife, Nahwärmenetze, Elektromobilität und Quartiersentwicklung.

Natürlich ist es eine Herausforderung, wenn ein ehrenamtlich arbeitender Vorstand einer Energiegenossenschaft sich entschließt, eine große Freiflächenphotovoltaikanlage zu entwickeln und diese mit Bürger:innen zu finanzieren. Aber der Erfolg gibt ihnen recht, und es bedeutet eine große Befriedigung, wenn ein Projekt gelingt. Auch Umspannwerke werden mittlerweile von Energiegenossenschaften geplant, finanziert und betrieben.

Inzwischen hat sich auch die Nachfrage der Kund:innen verändert.

Gerade durch die steigenden Preise bei Strom und Gas oder Öl werden als Alternative immer mehr neue Energiegenossenschaften gegründet. War in der Vergangenheit oft nur die Photovoltaikanlage oder Windkraftanlage gefragt, ging es also vor allen Dingen um den Strom, so sollen jetzt auch Wärme und Mobilität miteinbezogen werden. Wie können Speicher, Wärmepumpen und Elektroautos optimal für die Vor-Ort-Versorgung zusammen genutzt werden?

Um mehr Menschen zu gewinnen, arbeitet das Bündnis Bürgerenergie mit Kommunen und anderen Netzwerken zusammen und bietet Veranstaltungen zu unterschiedlichen Themen an.

Katharina Habersbrunner ist überzeugt, dass mehr als 90 Prozent der Haushalte in Deutschland in Zukunft Teil einer Energiegenossenschaft werden und mit Energy-Sharing Nachbarn versorgen, Mietern ein günstiges Stromangebot machen und so die Netze entlasten und die Energiewende voranbringen können. »Das Potenzial von Bürgerenergie und Vor-Ort-Versorgung ist riesig und muss genutzt werden«, sagt sie. Die technischen Möglichkeiten bestehen, die Menschen sind interessiert, die Konzepte gibt es. Nun muss die Politik für die notwendigen Rahmenbedingungen sorgen.

Katharina Habersbrunner sieht durch die neue Gesetzgebung der Bundesregierung viele Möglichkeiten, Projekte zu realisieren. Aber es muss noch viel mehr getan werden. Es braucht den breiten politischen Willen für Bürgerenergiekonzepte. Überzeugungsarbeit ist aus ihrer Sicht deshalb auch in der Politik zu leisten.

Gerade intelligente Messsysteme, Smart Meter, schaffen die technischen Möglichkeiten, durch die auch kleine, lokale Anbieter zur Netzstabilität beitragen können.

Für ältere Menschen sieht sie ein großes Potenzial in der Mitarbeit. Jeder und jede sollte sehen, was speziell passt und dann ausprobieren, wo sich die besten Rahmenbedingungen finden. Es gibt viele verschiedene Bereiche, in denen man sich engagieren kann, sei es in der Kommunikation, bei technischen Aspekten, in der Verwaltung oder der Mitgliederbetreuung. Sie selbst habe die Erfahrung gemacht, dass die zwölf Jahre in der Energiegenossenschaft diejenigen gewesen seien, in denen sie nicht nur am meisten gelernt, sondern vor allem auch viel Wertschätzung und positive Rückmeldung erfahren habe. Ihr Fazit: Es lohnt sich für uns, für die nächste Generation und für den Planeten!

Ingeborg Friege – aktiv für die Energiewende auf kommunaler Ebene

Als ich vor fünf Jahren eingeladen wurde, bei der Energiegenossenschaft Solingen über meine Arbeit in Afrika zu berichten, war ich gleich positiv überrascht. Die Vorsitzende des Vorstands war eine Frau. Das ist immer noch die Ausnahme, aber langsam werden es mehr. Ingeborg Friege war lange Jahre die

Vorsitzende der Energiegenossenschaft, jetzt ist sie in den Aufsichtsrat gewechselt, hat aber dafür gesorgt, dass neben ihrem Nachfolger eine weitere Frau im Vorstand ist.

Ingeborg Friege verfügt über eine interessante Vita: Nach dem Ende ihrer Tätigkeit als Direktorin einer Gesamtschule wurde sie angesprochen, ob sie Interesse hätte, bei der Gründung einer Energiegenossenschaft mitzumachen.

Aber der Reihe nach! Als Schlüsselerlebnis für ihr weiteres Leben bezeichnet Ingeborg Friege den Besuch des Kirchentages im Jahr 1977 in Berlin zusammen mit einem Klassenkameraden der zwölften Klasse, der später ihr Ehemann werden sollte. Die jungen Leute ließen sich voller Neugier von vielen Veranstaltungen inspirieren und lernten eine Menge über Entwicklungszusammenarbeit. Das sprach beide an. Sie gingen als ausgebildete Lehrkräfte nach Tansania und setzen das um, was sie bewegte. Sie sahen die positive Wirkung ihrer Arbeit: Die jungen Menschen, die sie ausbildeten, waren selbstbewusst und geschult für das Leben. Als die ersten gemeinsamen Kinder geboren wurden, gingen sie zurück nach Deutschland, nach Solingen.

In Solingen wurde die Energiegenossenschaft 2014 nach einem Jahr Vorarbeit gegründet. Sie ist gut aufgestellt, weil die Zusammenarbeit über die Parteigrenzen hinweg mit den Stadtwerken und Dezernenten gut funktioniert. Das, so sagt Ingeborg Friege, ist ihr sehr wichtig. Demokratie, das Finden gemeinsamer Lösungen, sei zwar zeitaufwendig und manchmal anstrengend, aber es lohne sich, insbesondre über lange Zeiträume hinweg.

»Global denken, lokal handeln«, das war für uns Ältere und auch für Ingeborg Friege das Motto. Die Energiewende muss in der Kommune umgesetzt werden. Inzwischen ist die Genossenschaft auf circa 350 Mitglieder angewachsen. Diese Zahl bedeutet durchaus eine Herausforderung. Die Genossenschaft soll eine gemeinsame Familie bleiben. Es muss enger Kontakt gehalten werden. Aber gemeinsam haben sie es sehr erfolgreich geschafft – mit ehrenamtlicher Arbeit und mit Strukturen, die die Gemeinsamkeit stärken.

Eine Mitgliederversammlung pro Jahr dient der öffentlichen Diskussion. Es gibt Botschafter:innen, die an Festen und Veranstaltungen in der Stadt über die Genossenschaft informieren und es gibt Stammtische, zu denen Referent:innen eingeladen werden. Auch neue Mitglieder wachsen peu à peu in die Arbeit hinein. Außerdem wird jede Gelegenheit genutzt, neue Anlagen zu feiern und gemeinsam Spaß zu haben. Denn eins ist klar: Wer ehrenamtlich arbeitet, sollte Freude an seiner Arbeit haben. Seit zwei Jahren ist Ingeborg Friege jetzt im Aufsichtsrat, geruhsamer, aber immer noch dabei.

Ihr Mann hat eine Verwaltungssoftware speziell für Energiegenossenschaften entwickelt, die mittlerweile auch von anderen Genossenschaft genutzt wird – alles ehrenamtlich! Das neue Projekt, das gerade verwirklicht wird, ist ein Regionalstromangebot für die Bürger:innen.

»Wer mitmachen will«, meint Ingeborg Friege, »muss neugierig auf Neues sein und bereit, bei neuen Aufgaben etwas zu wagen, natürlich wirtschaftlich seriös.« Aber sie seien auch vorsichtig gewesen, schließlich gelte es, Verantwortung für die Einlagen der 350 Genoss:innen zu übernehmen. Die Energiegenossenschaft stehe heute deshalb wirtschaftlich sehr gut da.

Ingeborg Friege und ihr Mann machen diese ehrenamtliche Arbeit, weil ihnen die Zukunft ihrer Kinder und Enkel wichtig ist. Als ehemalige Schulleiterin kann sie ihr Wissen in Fragen der Organisation, der Personalführung und des Managements einbringen. Aber auch ihre Kommunikationserfahrung, das Zusammenbringen von Menschen, die gemeinsame Lösungen anstreben, auch wenn es durchaus manchmal kontrovers zugeht, kann sie hier wunderbar einsetzen.

»Man muss sich einmischen!« Das ist und bleibt das Motto von Ingeborg Friege.

buergerenergie-solingen.de

Eine eigene Solaranlage – und sei es ein Balkonmodul

Durch die hohen Strom- und Gaspreise ist die Nachfrage nach Photovoltaikanlagen oder Balkonmodulen stark gestiegen. Die Menschen wollen raus aus der Preisfalle der fossilen Energien. Unabhängig zu sein, die Energie der Sonne zu nutzen, um eigenen Strom zu produzieren, das ist das Ziel.

Energiegenossenschaften konnten sich im Jahr 2022 vor Nachfragen kaum retten. Was fehlt, sind das Material und die Handwerker:innen. So müssen viele Kund:innen lange warten.

Als unsere eigene Solaranlage auf dem Dach montiert war und der erste Strom produziert wurde, war das ein unglaubliches Gefühl von Freude, Befriedigung und Stolz! Wir hatten zwar schon eine Solarthermieanlage auf dem Dach für heißes Wasser und zur Unterstützung der Heizung, aber Strom zu produzieren, das ist etwas ganz anderes.

Ein Schaubild zeigt genau, wie viel unsere Anlage gerade produziert, was das Haus an Strom abnimmt, wann das Elektroauto geladen wird und was wir trotzdem noch an das Stromnetz, also an die Allgemeinheit, abgeben können. Oft schaue ich mir die Statistiken an, und mit meiner App kann ich mir die Daten auch in Echtzeit ansehen, wenn ich nicht zu Hause bin. Das macht schon Eindruck, wenn ich bei meinen Besuchen in Afrika mal eben den Leuten unsere Photovoltaikanlage »live« als Beispiel vorstellen kann.

Es ist ein tolles Gefühl, über so viele Monate im Jahr autonom zu sein. Außerdem wissen wir jetzt ganz genau, welches Gerät wie viel Strom verbraucht: die Waschmaschine, wenn sie aufheizt, der Staubsauger, der Kühlschrank, der Drucker, die Kaffeemaschine, der Wasserkocher, der Backofen, der Herd und natürlich das Elektroauto.

Aber was machen Menschen, deren Dach nicht geeignet ist, die in einem Mietshaus wohnen, in dem immer noch kein Mieterstrommodell angeboten werden kann?

Zunächst gibt es für einige von diesen Menschen die kleine Lösung, das Balkonsolarmodul, das auch am Balkongitter, im Garten oder auf der Terrasse seinen Platz finden kann. Es braucht nur eine Außensteckdose.

Nun sind die Vorstellungen von der Leistung eines Balkonmoduls oftmals etwas übertrieben. Den Staubsauger oder die Waschmaschine kann das Balkonmodul nicht allein versorgen, aber es reicht schon, wenn die Grundlast im Haus dadurch abgedeckt werden kann und kontinuierlich ein Teil des benötigten Stroms geliefert wird.

Wir haben damals die Photovoltaikanlage nicht errichtet, weil wir Geld sparen wollten. Wir haben sie errichtet, weil wir Prosumer sein wollten: Produzenten und Konsumenten von Strom. Wir wollten Teil einer großen Volksbewegung sein, die durch das Erneuerbare-Energien-Gesetz in Gang gesetzt wurde. Ein Teil der Stromproduktion ist in die Hand der Bevölkerung gelegt worden.

Was können Menschen machen, die kein geeignetes Dach für eine Photovoltaikanlage haben, die keinen Platz für ein Balkonmodul haben? Für diese Menschen gibt es immer noch die Beteiligung an einer Energiegenossenschaft oder einer Bürgerenergieanlage, sei es eine Windkraftanlage oder eine große Photovoltaikanlage, am besten natürlich in der Nähe.

Ein Projekt verändert viel

Als unsere beiden Freunde uns besuchen, merke ich gleich den Unterschied. Sie sind ein noch sehr fittes Ehepaar um die 70. Sie fahren Fahrrad und machen Sport, besuchen viele unterschiedliche musikalische und kulturelle Veranstaltungen, kümmern sich um den kranken Vater/Schwiegervater, sind an unterschiedlichsten Themen interessiert und haben durch ihre Wohnung in der Stadt und im renovierten Elternhaus in ihrem Heimatdorf auf dem Land einen gemischten Bekanntenkreis mit entsprechend weitgestreuten Anregungen.

Aber diesmal ist es anders. Sie kommen rein und legen gleich los mit ihrem neuen Projekt: Neben dem Elternhaus auf dem Land gibt es noch eine landwirtschaftliche Fläche von einigen Hektar, die verpachtet ist. Diese Fläche könnte jetzt Teil eines Grundstückes für eine größere Freiflächensolaranlage werden. Dafür gibt es Pläne einiger Bauern. Plötzlich sind sie Teil eines Projektes, und damit könnten sie auch Teil einer Energiewendebewegung werden. Auch wenn es nicht einfach ist, die unterschiedlichen Interessen der einzelnen Flächenbesitzer zusammenzuführen, ein solches Projekt auszutüfteln, die bürokratischen Hürden zu überwinden, es voranzubringen, zu lernen, eigene Erfahrung einzubringen und neue zu machen: Es macht einfach Spaß!

SO VIELE MÖGLICHKEITEN, SICH ZU ENGAGIEREN

Rebecca Peters – mit 25 Jahren Bundesvorsitzende des ADFC (Allgemeiner Deutscher Fahrrad-Club)

Fahrradfahren liegt im Trend. Insbesondere junge Leute nutzen immer häufiger das Fahrrad auch für den täglichen Bedarf.

Deshalb ist es nur folgerichtig, dass Rebecca Peters aus Köln im Herbst 2021 mit 25 Jahren zur Bundesvorsitzenden des ADFC gewählt wurde, immerhin eine Organisation mit 222 000 Mitgliedern und 500 Ortsgruppen.

Während ihres Studiums der Geografie hatte sie diese Position nicht auf dem Schirm, wie sie mir erzählt. Da war sie ganz normale Radfahrerin und ÖPNV-Nutzerin. Doch ein Besuch in Kopenhagen, das für sein fortschrittliches Fahrradkonzept international bekannt ist, war für sie das Aha-Erlebnis, das sie dazu brachte, sich auch wissenschaftlich mehr mit dem Radfahren auseinanderzusetzen.

Ein Praktikum beim ADFC machte ihr deutlich: Hier kann sie etwas bewirken, die Theorie auch in der Praxis anwenden, anpacken! Durch den Verbund und das Netzwerk waren viele Möglichkeiten gegeben.

Ludger Koopmann, ihr Kollege und Vorgänger als Vorstandsmitglied für Verkehrspolitik, arbeitete sie ein und bereitete sie systematisch auf ihre Arbeit vor. 2018 wurde sie in den Vorstand gewählt, und Ludger Koopmann verfuhr nach dem Prinzip: Das erste Jahr kommst du mit mir mit, das zweite Jahr komme ich mit dir mit. So wuchs sie peu à peu in die Verantwortung hinein.

In dieser Zeit tat sich auch auf Bundesebene einiges: Im Nationalen Radverkehrsplan der Bundesregierung steht es schwarz auf weiß: Deutschland ist 2030 Fahrradland. Den Menschen soll das Radfahren ermöglicht werden. Dafür ist die Sicherheit im Verkehr notwendige Voraussetzung. Das Radfahren ist gesundheitsfördernd, es soll aber auch komfortabel sein, und es muss Spaß machen. Fahrrad fahren, zu Fuß gehen, den ÖPNV nutzen, das sollen spätestens 2030 die dominierenden Mobilitätsformen in Deutschland sein. Um das zu erreichen, müssen aber die Investitionen erhöht werden. Die Kommunen brauchen Geld, um Fahrradwegnetze und nicht nur einzelne Routen zu schaffen.

Die Anforderungen an den Fahrradverkehr haben sich in den letzten Jahren sehr verändert. Die Zahl der Fahrradfahrer:innen steigt stark an, das Rad wird immer mehr im Alltag eingesetzt, in Coronazeiten erfreute sich das Fahrradfahren besonderer Beliebtheit. So bietet der ADFC mittlerweile Pannendienste, organisierte Fahrradtouren, Informationen rund um das Rad und auch Versicherungen an.

Und auch das subjektive Sicherheitsgefühl muss in die Planungen miteinbezogen werden. War es früher üblich, mit dem Rad auf der Straße zu fahren, so gilt heute der separate Fahrradweg als sinnvoll. Er muss allerdings breit genug sein, um auch Lastenfahrrädern genügend Raum zu geben und das Überholen zu ermöglichen. Insbesondere die Frauen sollen durch das jetzige Sicherheitskonzept stärker zum Fahrradfahren animiert werden, denn sie haben sich eingequetscht auf der Straße zwischen den Autos oft unsicher gefühlt.

Auch die Reichweite und Geschwindigkeit hat sich durch die Verbreitung der E-Bikes (Fahrräder mit Elektromotor) stark verändert.

Auf bundesweiten Aktionswochenenden werden Angebote für Familien gemacht, und Fahrradfestivals werden veranstaltet.

Auch wenn Rebecca Peters in vielen Bereichen an der Verkehrspolitik von Bundesverkehrsminister Andreas Scheuer Kritik hatte, so war sie mit der Fahrradpolitik von ihm durchaus einverstanden. »Der Nationale Radverkehrsplan, den er auf den Weg gebracht hat, ist gut«, sagt sie. In die Straßenverkehrsordnung seien viele Anregungen des ADFC eingeflossen. Jetzt muss der Radverkehrsplan aber auch umgesetzt werden, und da sieht sie große Defizite. Seit dem Regierungswechsel und dem neuen Bundesverkehrsminister Volker Wissing sei es schwieriger geworden. Die Umsetzung komme nicht voran, die finanziellen Mittel seien nicht erhöht, sondern sogar gekürzt worden. Lippenbekenntnisse allein reichten nicht, das sei zu wenig. Die Gesetzesnovelle sei immer wieder versprochen, aber auch immer wieder verschoben worden. Es gebe noch nicht einmal einen Referentenentwurf, also einen ersten Entwurf aus dem Ministerium, der diskutiert werden könnte.

Für die Zusammenarbeit von uns Älteren mit der jungen Generation findet sie nur lobende Worte, ja Dankbarkeit. Der Schulterschluss der Generationen, das Lernen voneinander habe beim ADFC gut geklappt. Aber manchmal müsse sie für ihre neuen Ideen und Methoden auch werben, um Unterstützung bei den Älteren zu bekommen. Der Wert von Storytelling (Geschichtenerzählen), um Überzeugungsarbeit zu leisten, sei noch nicht bei allen angekommen.

Für ihre Arbeit aber sieht sie gerade die Älteren als wichtig an. »Wir haben noch so viel zu tun«, sagt Rebecca Peters. »Wir brauchen viele, die mitmachen.«

Der Verkehr ist bei der Überwindung der Klimakrise ein Problemsektor, er spielt bei der Transformation eine zentrale Rolle, und der ADFC bietet ganz konkrete Lösungen an.

www.adfc.de/zukunftsstrategie

Ortsgruppen finden Sie auf folgender Seite:

www.adfc.de/karte

Kerstin Haarmann – mit der Bahn zum Schnäppchenpreis ans Mittelmeer

Kerstin Haarmann ist die Bundesvorsitzende des Verkehrsclubs Deutschland (VCD). Der VCD ist breiter aufgestellt als der ADFC. Ihm geht es um eine zukunftsfähige Verkehrspolitik. Auf der Internetseite heißt es: »Wir machen uns stark für einen umweltschonenden und sozialverträglichen Verkehr gleich welcher Art … Zukunftsfähige Verkehrspolitik ist für den VCD nicht nur auf ein einziges Verkehrsmittel fixiert, sondern setzt auf Multimobilität – eine intelligente Kombination und das sinnvolle Miteinander aller Arten von Mobilität.« Der VCD hat circa 53 000 Mitglieder und ist in zwölf Landesverbänden mit rund 150 Kreisverbänden oder Ortsgruppen vertreten.

Kerstin Haarmann hat als Jugendliche Reptilien- und Froschzäune aufgebaut, sich später für Solar- und Windenergie als Alternative zur Atomkraft interessiert und sich auch beruflich dafür eingesetzt, doch der Verkehr war zunächst nicht ihr Thema. Nach dem Jurastudium hat sie angefangen, in der Rechtsabteilung eines größeren Unternehmens zu arbeiten, und dort schnell Verantwortung übernommen. Als nächster beruflicher Schritt wäre dann ein großes Unternehmen aus dem Automobil- oder Finanzsektor infrage gekommen. Das wollte sie nicht. Also entschied sie sich für ein ganz anderes Feld: Sie wurde Geschäftsführerin des VCD. Neben der CO_2-Reduktion im Verkehr geht es vor allen Dingen darum, die Verkehrsteilnehmer:innen gut und sicher mit Fahrrad, Bus und Bahn oder zu Fuß von A nach B zu bringen und Städte durch die »Rückeroberung der Straße« lebenswerter zu machen.

Was sind praktikable und konkrete Alternativen zum Auto, wie können Menschen zum Mitmachen bei zukunftsweisenden Konzepten bewegt werden? Früher waren die Ziele des VCD,

Verkehr zu vermeiden, ihn vom Auto auf die Bahn zu verlagern und insgesamt Verkehrsströme zu verbessern und effizienter zu gestalten. Heute geht es um Multimodalität, um die einfache Benutzung von verschiedenen Verkehrsträgern zu unterschiedlichen Zwecken. Mit dem Fahrrad zum Bäcker, mit der Bahn zur Arbeit, mit dem Leihauto zum Baumarkt. Heute ist das Auto bei vielen jungen Leuten kein Statussymbol mehr. Die meisten Menschen nutzen die entsprechenden Apps wie z. B. den DB Navigator oder Google Maps routinemäßig, gerade wenn sie in unterschiedlichen Städten unterwegs sind. Ihr Smartphone ermöglicht die neue individuelle Mobilität. Dabei ist es immer wieder erstaunlich, wie wenig Zeitunterschied bei der Nutzung der unterschiedlichen Verkehrsträger besteht. Da 75 Prozent der Wege von zu Hause starten oder dort enden, ist es einfach, das gewünschte Ziel in die bevorzugte Mobilitäts-App einzugeben, zu schauen, mit welchem Verkehrsmittel das Ziel am besten erreicht werden kann, und los geht es.

Es lohnt sich also, verschiedene Alternativen zum Auto auszuloten.

Für die VCD-Mitglieder gibt es das Magazin *Fairkehr*, das circa viermal im Jahr erscheint und viele praktische Tipps enthält sowie Informationen zu Themen wie Digitalisierung im Verkehr, umweltfreundliches Reisen und Reisen mit Kindern oder Lastentransport.

Mitglieder werden meist durch die *Fairkehr* oder das Engagement lokaler Aktivisten gewonnen, die Missstände vor Ort ändern wollen. Seien es die Einrichtung von Tempo-30-Zonen, zu viel Straßenlärm oder unsichere Verkehrsführungen.

Es gilt aber auch, politisch zu agieren und Einfluss für eine bessere Verkehrspolitik zu nehmen. Da ist bei der Ampelbundesregierung in Berlin noch viel zu tun – sei es das fehlende Tempolimit, der in vielen Fällen gar nicht notwendige Autobahnausbau oder der infolge der Energiekrise beschlossene Tankrabatt im Jahr 2022, der völlig überflüssig war.

Ein großer Erfolg ist hingegen das Deutschlandticket. Das ist eine Revolution gegenüber der bislang im ÖPNV herrschenden »Kleinstaaterei«, die einen Tarifdschungel zur Folge hatte.

Für das klimafreundliche Reisen zum Beispiel als Alternative etwa zum Urlaub auf Mallorca ist ein gutes Nachtzugangebot sinnvoll. Seit die Bundesbahn vor einigen Jahren ihre Nachtzüge gestrichen hat, sind inzwischen verstärkt Züge der österreichischen Bundesbahn in die Bresche gesprungen. Da, wo die Verbindungen inzwischen wiederaufgenommen wurden, ist das Reisen sehr bequem.

Positiv verweist sie auf ein Schnäppchen, das sie selbst vor einigen Jahren gebucht hat: von Paderborn mit dem französischen TGV ans Mittelmeer in elf Stunden in der ersten Klasse für 89 Euro mit der Bahncard, ohne Bahncard wären es 99 Euro gewesen. Da kann man nicht meckern.

Den älteren Menschen rät Kerstin Haarmann auf kommunaler Ebene aktiv zu werden, sich für Tempo-30-Zonen einzusetzen, sich für bessere Bedingungen für Fußgänger:innen und Fahrradfahrer:innen vor Ort zu engagieren und damit für mehr Lebensqualität und ein ruhigeres Wohnen zu sorgen.[130]

Um zu den Ortsgruppen zu gelangen, muss man sich auf den Seiten der Landesverbände etwas durchklicken. Zu den Landesverbänden kommt man über die Deutschlandkarte:

www.vcd.org/der-vcd/der-verband/vcd-vor-ort

Und z. B. zu den Ortsgruppen in NRW mit dem Link:

nrw.vcd.org/der-vcd-in-nrw

Oder in Bayern:

vcd-bayern.de/kv

Klimaschutzgruppen

Natürlich sind die Fridays for Future oder Die letzte Generation als Gruppen, die sich für den Klimaschutz einsetzen, bekannt. Mir geht es in diesem Buch aber um die Gruppen, in denen ältere Leute sich für den Klimaschutz zusammentun. Auch wenn sie nicht mit derselben Präsenz in der Öffentlichkeit auftreten wie die jüngeren, gibt es in diesem Bereich doch viele spannende Gruppen.

Cordula Weimann und die Omas for Future

Als ich mit Cordula Weimann chatte, legt sie sofort los. Es sprudelt nur so aus ihr heraus. Sie erzählt, dass sie ihr Leben erst sehr spät verändert hat – nach vielen Jahren als Unternehmerin, in denen sie den Luxus genossen, sich schicke Autos und tolle Urlaube gegönnt habe. Zwar empfand sie schon als junger Mensch eine besondere Nähe zur Natur, baute selbst Gemüse an, färbte selbst gesammelte Wolle und war kritisch gegenüber dem Einsatz von Chemie im Haushalt, aber daraus politische Konsequenzen zu ziehen, das wäre ihr nicht in den Sinn gekommen. Da standen schon ihre Erziehung, der konservative Vater und die katholische Kirche dagegen. Aber vor dreieinhalb Jahren, als sie mit ihrem kleinen Enkel in der Natur unterwegs war, gab es den Moment, der viel veränderte. Sie schildert es so: »Er schaute mich an, und in seinen Augen lag ein unendliches Vertrauen in mich, dass diese Erde auch weiterhin so wunderschön sein wird. Da spürte ich, dass ich ihn belog. Seine Zukunft auf dieser Erde war nicht gesichert. Ich trug mit meinem Verhalten sogar jeden Tag dazu bei, dass seine Zukunft gefährdet ist. Da wurde mir mit einem Schlag bewusst: Du musst etwas tun für deine Kinder und Enkel. Wir müssen etwas ändern. Und ich bin mit dem Gefühl nicht allein – es wird noch mehr Frauen geben, die so denken. Es muss nur eine anfangen.«

So tatkräftig, wie ich Cordula Weimann in unserem Gespräch erlebe, war es nur eine Frage der Zeit, bis sie diese Idee in die Praxis umsetzte und loslegte. Fridays for Future hatte gerade eine große Streikbewegung losgetreten, also ging sie als Oma dorthin, suchte andere und animierte ihre Freundinnen mitzukommen. Am Anfang war das gar nicht so leicht. Für die meisten war das nichts. Aber sie ließ nicht locker. Sie gründete die Omas for Future. Das Ziel ist für sie, aus Liebe zu unseren Kindern im Einklang mit der Natur zu leben und zu handeln. Cordula Weimann war überzeugt, dass die Menschen vor allem aus Unwissenheit nicht klimagerecht leben. Also begann sie aufzuklären und sehr praktische Tipps zu geben. Ihre vier Vorsätze: gesund leben, sich bewegen, sich engagieren und warme Beziehungen aufbauen.

»Wenn du das beherzt, geht es auch dir selbst gut. Liebe dich selbst, und die Erde wird gesund«, sagt sie.

Mittlerweile sind Hefte zu den einzelnen Themen zusammengestellt worden, 60 Fragen wurden formuliert, die im Quizformat in Seniorengruppen gespielt werden.

Warum ist Fleisch verhängnisvoll? Was ist dran am Artensterben? Im Anschluss an die jeweilige Information wird in den Veranstaltungen lebhaft diskutiert und überlegt, was jeder und jede Einzelne praktisch machen kann. Die Aussage »Ich kann nichts tun« gilt nicht!

30 Prozent der Energie kann eingespart werden, wenn man seine Lebensverhältnisse ändert.

Cordula Weimann ist überzeugt, dass Ziele, die in weiter Ferne liegen, die Menschen nicht animieren, jetzt zu handeln. Heute muss die Vollbremsung kommen!

Sie spricht bewusst die über 50-Jährigen an. Schließlich liegt das Durchschnittsalter, in dem Frauen Oma werden, bei 52 bis 53 Jahren. Außerdem stellen die über 50-Jährigen 56 Prozent der Wählerinnen und Wähler. »Wenn diese Gruppe sich nicht ändert«, so meint sie, »werden wir die Zukunft für unsere Enkel nicht retten können.« Inzwischen hat ihre Bewegung 70 Gruppen in Deutschland und eine in Österreich. Sie wird in Talkshows eingeladen, Artikel werden über sie und ihre Bewegung geschrieben, von der UNESCO wurde sie für ihre Bildung zu nachhaltiger Entwicklung ausgezeichnet.

Auch wenn es bei den Omas for Future circa 25 Prozent Männer gibt, so ist es Cordula Weimann ein besonderes Anliegen, die Frauen zu aktivieren. Gerade die Frauen in diesem Alter trauen sich viele Dinge nicht zu, z. B. ihre Stimme zu erheben oder eine Gruppe zu leiten.

Gemeinsam geht aber alles leichter, und viele Frauen blühen regelrecht auf, wenn sie sich in der Gruppe gemeinsam für die Zukunft ihrer Enkel engagieren können. Damit beschreibt sie ein Phänomen, das auch ich immer wieder beobachte: Eine ganz neue Aufgabe im Alter zu beginnen, mit anderen zusammen, das ist auch für die Beteiligten selbst eine positive Erfahrung und bringt viele neue Anregungen.

Eine große Aufgabe, sagt Cordula Weimann, werde es aber sein, Gruppen in Ostdeutschland aufzubauen. Viele Menschen über 50 Jahre in Ostdeutschland wollen keine Veränderung mehr in ihrem Leben. Große Hoffnungen, die mit der Wiedervereinigung verbunden waren, seien enttäuscht worden. Die Ernüchterung darüber sitze sehr tief.

Cordula Weimann hat also noch viel Arbeit zu erledigen, aber die Lust und die Kraft an der neuen Aufgabe, die sie bei vielen ihrer Mitkämpferinnen sieht, fühlt sie auch, und sie treibt sie an.

Ortsgruppen der Omas for Future gibt es in ganz Deutschland, auch in den Niederlanden und Österreich:
omasforfuture.de/standort

Carolin Herrmann und die Grannies for future Köln

Als ich im September 2022 in Köln an der Fridays-for-Future-Demonstration teilnahm, fiel mir ihr Stand auf: die Grannies, die Grauhaarigen, die Grannies for future, die sich als Omas und Opas für die junge Generation einsetzen. Sie haben die Bedrohung der Klimakrise mit Überschwemmungen und Dürren erkannt und wollen das Ihre dagegen tun. Sie beteiligen sich am bundesweiten Klimastreik, informieren sich untereinander, arbeiten bei der Verkehrswende mit und leisten ihren Beitrag, Menschen für die Dramatik der Klimakrise zu sensibilisieren und anzusprechen, um selbst aktiv zu werden.

Ich möchte für diese Gruppe Carolin Herrmann vorstellen. Angeregt durch Greta Thunberg und die Protestbewegung der Schüler:innen ging sie 2019 zunächst als Demonstrantin mit. Dann merkte sie, dass neben den vielen jungen Menschen auch Grauhaarige wie sie mitliefen. Sie kamen in Kontakt, trafen sich, tauschten sich aus und entschlossen sich, gemeinsam die Grannies for future Köln zu gründen. Die neue Jugendbewegung erinnerte Frau Herrmann an ihre eigene Jugend und deren Kampf gegen Atomkraftwerke. Die Rente vor Augen, entschied sie sich, wieder aktiv zu werden. Während ihres Berufslebens war sie Abteilungsleiterin im Sozialamt in Köln, hat sich in ihrer Berufstätigkeit um die Versorgung alter Menschen und von Pflegebedürftigen gekümmert. Einerseits kann sie ihre Fähigkeiten als Führungskraft gut bei den Grannies einbringen, andererseits gibt es auch viel Neues in einer nicht hierarchischen Gruppe zu lernen. Von 66 Jahren bis 86 Jahre reicht die Altersspanne in der Gruppe.

Dabei geht es den Grannies for future darum, die jungen Leute zu unterstützen, um prinzipielle Solidarität in der Klimabewegung, aber auch darum, ältere Menschen, die eigene Generation, für das Thema anzusprechen und zu sensibilisieren.

Interessanterweise haben die Grannies die nachlassenden Schulstreiks und die Coronazeit mit regelmäßigen Videokonferenzen und der Entwicklung von eigenen Ideen und Projekten gut überstanden. In einem waren sich alle einig: Sie wollten keinen Verein gründen, keine Bürokratie, keine Mitgliedschaft, sie wollen konkrete Projektarbeit und den politischen Austausch. So veranstalten sie klima- und umweltpolitische Erkundungen und laden Expert:innen zu unterschiedlichen Themen ein: Ob Streuobstwiesen, Hecken und Säume oder ein sozialökologisches Landwirtschaftsprojekt. Das Interesse ist groß. Durch Hinweise in den Medien kommen immer neue Ältere hinzu, die mitmachen wollen. 120 Adressaten versorgen sie über E-Mail mit Informationen und geben Anregungen.

Entscheidend ist, dass in ihrer Gruppe Menschen mit unterschiedlichen Kenntnissen, Lebensentwürfen und politischen Einstellungen, meistens allerdings ohne Parteibuch, kreativ zusammenarbeiten und Spaß haben. Eine der Älteren (81 Jahre), die in einer Servicewohnung lebt, ist begeistert: Ihr Leben sei interessanter geworden, eine Demonstration oder ein Projekt bringe für sie viele Anregungen. Nun wird überlegt, den Älteren, die nicht mehr so gut laufen können, die weitere Teilnahme mit Fahrradrikschas zu ermöglichen.

Das *Kölsche Grundgesetz* – eine selbstironische Zusammenstellung Kölscher Redensarten – haben die Grannies umgeschrieben in *Et Kölsch Klimajesetz*. Das kam natürlich super an. Andere formulieren Briefe an Politiker und machen ihren Unmut über die nicht ausreichende Klimaschutzpolitik deutlich. Sie haben sich für eine Sendung *Klima vor acht* in der ARD eingesetzt, damit nicht nur über die Börse, sondern auch über Umwelt und Klima informiert wird. Auf jeden Fall sind sie politisch: Bei der letzten Wahl haben sie aufgerufen: »Meine Stimme … für die Enkelkinder.«

Und natürlich waren alle mindestens einmal in Lützerath.

Auf meine Frage, wo sie das Geld hernehmen für Flyer und Kampagnen, hat Frau Herrmann eine praktische Antwort: »Wenn wir für eine Projektidee kein Geld haben, informiert uns der Kassierer, und wir lassen den Beutel rumgehen. Bisher hat das noch immer geklappt.«

grannies-for-future-koeln.de

Eine-Welt-Arbeit

In meiner Zeit als Ministerin in Nordrhein-Westfalen war ich von 2000 bis 2005 auch für die Eine-Welt-Politik des Landes zuständig. Es ging darum, Bewusstseinsbildung für die Themen der Länder des Südens anzubieten und eigene Projekte hier in NRW anzuschieben. So warben wir für fair gehandelten Kaffee, schmissen im Karneval fair gehandelte Schokolade (Kamelle!) und warben für Fußbälle, die nicht von Kinderhänden genäht worden waren. Inzwischen können diese Produkte überall gekauft werden, aber es brauchte Zeit, sie in die Geschäfte zu bekommen. Wichtig war auch die Vernetzung von Gruppen, die Projekte in Ländern des Südens unterstützen und dort mit großem Engagement nachhaltige Verbesserungen schaffen. Dafür stärkte mein Ministerium das Eine-Welt-Netz in NRW, damit eine Dachorganisation die entwicklungspolitische Arbeit unterstützt. Es ist immer wichtig, Strukturen aufzubauen.

Aber ohne die Hilfe ganz vieler engagierter Mitbürger:innen geht es nicht.

Die Eine-Welt-Landesnetzwerke haben sich in einem Bundesverband mit dezentralen Strukturen, der Arbeitsgemeinschaft der Eine-Welt-Landesnetzwerke (agl), zusammengefunden.

Hier kann man sich über die Ländernetzwerken zu einigen lokalen Gruppen durchklicken:

agl-einewelt.de/ueber-uns/eine-welt-landesnetzwerke

Einzelne Bundesländer haben auch eigene Karten mit lokalen Akteuren, z. B. NRW oder Bayern:

einewelt-einekarte.de/karte
www.eineweltnetzwerkbayern.de/ewnb/mitglieder

Viele Eine-Welt-Gruppen sind aber auf diesen Karten nicht zu finden. Das liegt unter anderem daran, dass es eine große Zahl von kirchlichen Gruppen oder Privatinitiativen in diesem Bereich gibt. Aber durch die auf den Listen oder Karten verzeichneten Akteure ist es sicherlich möglich, auch weitere Eine-Welt-Gruppen vor Ort ausfindig zu machen.

Heike Kunter – schon lange engagiert für die Menschen in Afrika

Durch meine derzeitige Arbeit, die ich heute in Afrika mache, habe ich Heike Kunter kennengelernt. Die 78-Jährige war viele Jahre in der Kommunalpolitik in der Gemeinde Steinhagen für die SPD tätig. Diese Gemeinde mit circa 20 000 Einwohnern hatte mit ihrer Partnerstadt aus den Niederlanden viele Jahre lang Projekte in Ländern des Südens unterstützt. Mit unterschiedlichen Schwerpunkten entwickelt heute das Bürgerkomitee Steinhagen eigene Projekte. Jedes Jahr erhält das Team aus der Gemeindekasse Gelder für Projekte der Eine-Welt-Arbeit und sammelt zusätzlich Spenden ein.

Nach ihrem Ausscheiden aus der Politik übernahm Heike Kunter wichtige Aufgaben im Bürgerkomitee Steinhagen und ist dort seit vielen Jahren die Vorsitzende. Wichtig ist ihr, parteiübergreifend zu arbeiten. Inzwischen bekommt das Bürgerkomitee jedes Jahr rund 100 000 Euro an Spenden oder Fördergeldern. Von diesen Geldern werden Schul- und Ausbildungs-, Klimaschutz-, Ernährungs-, Gesundheits- und Hygieneprojekte vorwiegend in Benin, Ghana und Kenia finanziert.

Heike Kunter nutzt ihre politische Erfahrung, hält die Gruppe zusammen und sorgt mit breit angelegter Diskussion dafür, dass sich alle aufgehoben fühlen.

Sie stellt aber auch klar: »Wir leisten Hilfe zur Selbsthilfe.« Umsonst werden die Gelder nicht vergeben. Es braucht einen Eigenanteil und die Verantwortung, die Projekte auch nachhaltig weiterzuführen. Sie erklärt ihre Arbeit so: Zunächst vergeben wir nur kleine Summen. Erst wenn Vertrauen aufgebaut ist und wir uns auf unsere Partner verlassen können, machen wir mit größeren Summen weiter.

Mit gezielten Aktionen in der Öffentlichkeitsarbeit haben sie es geschafft, ihre Arbeit bekannt zu machen. So haben sie mehr Menschen für die Mitarbeit gewonnen und die Spendenbereitschaft erhöht. Es sind vorwiegend Rentner:innen, die sich engagieren. Jedes Projekt hat ein bis zwei Betreuer:innen, die sich um die Einzelheiten kümmern. Andere Mitglieder machen die Übersetzungen, weil sie gut Französisch sprechen. Patenschaften für Kinder vergibt das Bürgerkomitee nicht mehr. Zu oft ist das Geld nicht für die Kinder eingesetzt worden, sondern z. B. für den Hausbau des Direktors.

Manchmal gibt es durchaus Rückschläge. So wurde in Kenia eine im Herbst eingeweihte Schule nach einem halben Jahr durch

Landgrabbing (Landraub) zerstört. Zu Landraub kommt es immer wieder, weil die Besitzrechte umstritten sind. Aber die Erfolgserlebnisse überwiegen: Heike Kunter schwärmt von dem Frauenprojekt Yanigo in Benin, das kontinuierlich gewachsen ist, von effizienten Kochtöpfen, einer Mühle, der Bäckerei, der Bienenzucht und einem Bananenprojekt.

Bei all den Projekten wird von den Dorfbewohner:innen ein Eigenanteil an Arbeit erbracht, damit sich die Menschen mit dem Projekt identifizieren und die Wartung gewährleistet ist. Am Ende stehen die Selbstständigkeit des Dorfes und eine große Wiedersehensfreude, wenn Mitglieder des Bürgerkomitees die Projekte besichtigen. Aber immer gilt: Es gibt keine Ratschläge aus Deutschland, vielmehr fühlen sich die Mitglieder der Gruppe als Stichwortgeber:innen für weitere Entwicklungsschritte.

Professor Mensah Tokponto ist ein Bindeglied zwischen Deutschland und Benin. Er ist in Benin geboren und aufgewachsen. In Deutschland hat er studiert und über die Märchen der Brüder Grimm im Vergleich zu Märchen aus Benin promoviert. Jetzt ist er Germanistikprofessor in Benin und hat sich zum Ziel gesetzt, dort möglichst viele Schulen zu bauen. Das Bürgerkomitee Steinhagen schätzt diese Zusammenarbeit sehr. Es wird immer spitz abgerechnet, oft bleibt Geld übrig für weitere Aktivitäten, und jede neue Schule wird feierlich eingeweiht.

Heike Kunter weiß, wie viel Spaß es den ehrenamtlichen Mitgliedern macht, Projekte gemeinsam auf den Weg zu bringen und dabei auch noch viel zu lernen. Über den Tellerrand zu schauen, internationale Begegnungen zu erleben, Feindbilder abzubauen, mehr über die Situation zu lernen, in der Menschen anderswo leben, das sind großartige Erfahrungen.

Ihr Ziel bei der Arbeit ist es, den Menschen den Gedanken

der Nachhaltigkeit näherzubringen, in Deutschland wie in Afrika. Besonders spannend war dabei, in Benin verschiedene Ethnien zusammenzuführen, die gemeinsam Umwelt- und Klimaprojekte entwickelt haben.

www.buergerkomitee-steinhagen.de

Nachhaltigkeitsrat

Der deutsche Nachhaltigkeitsrat (Rat für Nachhaltige Entwicklung) wurde 2001 von der Bundesregierung gegründet und soll die Nachhaltigkeitsstrategie der Bundesregierung unterstützen. 2015 wurden die 17 Nachhaltigkeitsziele *(Sustainable Development Goals)* auf der Internationalen UN-Nachhaltigkeitskonferenz in New York beschlossen. Alle Länder sollen die Nachhaltigkeitsziele bis zum Jahr 2030 erfüllen. Dabei geht es unter anderem um Klimaschutz, den Zugang zu Energie, sauberes Wasser, die Überwindung von Armut, die Schaffung von Arbeitsplätzen, Gleichberechtigung, gute Ausbildung und gute Verwaltungsstrukturen.

Reiner Hoffmann – Vom Hauptschüler zum DGB-Vorsitzenden

Reiner Hoffmann ist Vorsitzender des deutschen Nachhaltigkeitsrates. Er wurde in Wuppertal geboren, einer der ältesten Industriestädte Deutschlands. Die Stadt war geprägt durch die Textilindustrie. Gefärbt, gegerbt, der Fluss Wupper schillerte früher in vielen Farben, auch giftige Abwässer wurden in die Wupper geleitet. Schon 1864 siedelte sich die chemische Industrie an, hier wurde der Vorläufer von Bayer Leverkusen gegründet.

Diese Rahmenbedingungen prägten auch das Leben von Reiner Hoffmann. Aufgewachsen in einer Arbeiterfamilie, mit durchwachsenen Noten in der Hauptschule, machte er 1972 eine Ausbildung bei den Farbwerken Höchst. Die Mitgliedschaft in den Gewerkschaften war Tradition in seiner Familie. Schon als Junge hatte er alle 14 Tage die Gewerkschaftsbeitragsmarke seines Vaters ins Heft geklebt, wenn der Gewerkschaftsbeitrag zu Hause eingefordert wurde.

In der Handelsschule startete Reiner Hoffmann durch. Er wurde Klassen- und Schülersprecher, organisierte 1972 gegen den Widerstand der Schulleitung die Fernsehübertragung der Abstimmung über das konstruktive Misstrauensvotum im Bundestag gegen Bundeskanzler Willy Brandt. Es gelang ihm, dafür die Aula zu belegen, sodass etwa 1000 Schüler:innen bei diesem bedeutenden zeitgeschichtlichen Ereignis dabei sein konnten. Übrigens betont er, dass er fest davon überzeugt war, dass der Misstrauensantrag der Opposition scheitern würde – er hat recht behalten.

Als SPD-Mitglied wurde Reiner Hoffmann von der Arbeit von Johannes Rau geprägt, der zunächst Oberbürgermeister in Wuppertal war und danach Minister für Wissenschaft und Forschung des Landes NRW wurde. Von der Reform, die Minister Rau auf den Weg gebracht hatte, konnte Reiner Hoffmann nach seiner Ausbildung zum Außenhandelskaufmann profitieren und ohne Abitur das Studium auf einer Gesamthochschule aufnehmen.

Im Anschluss an eine Tätigkeit als Referent bei der Hans-Böckler-Stiftung ging es weiter nach Brüssel und 2009 wieder zurück nach Nordrhein-Westfalen, wo er als Bezirksleiter der Industriegewerkschaft Bergbau, Chemie, Energie (IGBCE) arbeitete, ehe er 2014 Vorsitzender des Deutschen Gewerkschaftsbundes (DGB) wurde.

Letzten Endes ist er über die Arbeit auf europäischer Ebene in Brüssel zum Thema Nachhaltigkeit und der Verbindung von Ökologie, Ökonomie und sozialen Fragen gekommen.

In seinen vielen Funktionen versuchte er immer wieder, Brücken zu bauen. Als DGB-Vorsitzender brachte er Naturschützer und Betriebsräte zusammen an einen Tisch. Denn wie Reiner Hoffmann es sieht, erfordern die wachsende Klimaproblematik und die Notwendigkeit der Transformation der Wirtschaft – letztlich auch mit dem Verlust von Arbeitsplätzen in fossilen Bereichen – das Einschlagen neuer Wege.

Seit Januar 2023 ist er nun Vorsitzender des Rates für Nachhaltige Entwicklung. Hier sieht er seine Aufgabe im öffentlichen Diskurs mit der Bevölkerung und als Berater der Bundesregierung.

Ihm ist wichtig, die Möglichkeiten der Transformation zu unterstreichen: Chancen in Richtung Weiterbildung für neue Berufe aufzuzeigen oder die neuen Möglichkeiten der Verkürzung der Arbeitszeit als einen Gewinn für mehr Zeit für Familie und Freizeit zu sehen. Damit will er herauskommen aus der Verlierer- bzw. Verzichtsdebatte!

Es ist manchmal allerdings schwer, jemanden von der notwendigen Veränderung zu überzeugen, die eine Transformation der Wirtschaft mit sich bringt, der schon als Jugendlicher »keinen Bock« auf Schule und Lernen hatte und anschließend negative Berufserfahrung gemacht hat. Entscheidend sei es, die Menschen zu erreichen. Die Transformation müsse auf kommunaler Ebene stattfinden, sonst werde sie nicht gelingen. Wir müssen also die Nöte der Betroffenen verstehen und Lösungen anbieten. Regionale Plattformen, ein Zusammenschluss der Akteure vor Ort sind dafür entscheidend.

Im Alter, so meint Reiner Hoffmann, sei es wichtig, Möglichkeiten zu finden, mit anderen gemeinsam aktiv zu werden, sich auszutauschen, neue Anregungen zu bekommen und damit körperlich und geistig fit zu bleiben.

Das sei der beste Schutz vor Vereinsamung, die viele Menschen im Alter erleben. Er kann sich auch vorstellen, dass Menschen Freude daran haben, noch mal als Gaststudierende an die Uni zu gehen oder als Scout in der Schule in der Nachmittagsbetreuung Angebote zu machen.

Der Rat für Nachhaltige Entwicklung hat im Rahmen seiner Öffentlichkeitsarbeit und der Schaffung von Diskussionsangeboten eine Deutschlandkarte herausgebracht mit diversen Angeboten vor Ort:

gemeinschaftswerk-nachhaltigkeit.de/app/map

MEIN PRIVATES LEBEN VERÄNDERN

Auf fast allen Veranstaltungen, die ich zur Nachhaltigkeit mache, gibt es immer wieder großes Interesse, selbst durch das eigene Handeln mehr zum Klimaschutz, zur Artenvielfalt oder zum Ressourcenschutz beizutragen.

Neben den großen Investitionen in Photovoltaikanlagen, Wärmepumpen oder ein Elektroauto stehen dabei ganz konkrete Tipps für das tägliche Leben im Vordergrund. Es geht um Energieeinsparmaßnahmen, um die Ernährung, den eigenen Garten oder die Mobilität.

Den eigenen Fußabdruck, die CO_2-Menge, die man selbst zu verantworten hat, kann man mit dem CO_2-Rechner des Umweltbundesamts grob selbst berechnen:

uba.co2-rechner.de

Bauerngärten, Bienen

Als wir unsere Freunde besuchen, kommen uns schon zwei Enten entgegen. Die beiden Laufenten sind Teil eines wunderschönen klassischen Bauerngartens, in dem sich Blumen, Gemüse und Obstanbau abwechseln. Zu jeder Jahreszeit gibt es etwas zu sehen. Der Garten ist farbenfroh, gut strukturiert, und am Tisch auf der kleinen Terrasse kann man die Natur bei einer Tasse Kaffee wunderbar genießen. Hier hat unsere Freundin ihr Wissen und ihre Zeit genial kombiniert. Solche Paradiese machen zunächst sehr viel Arbeit, aber sie sind auch eine große Erfüllung.

Viele Menschen finden eine Aufgabe, Freude, Lebensgenuss in ihrem Garten: einem Schrebergarten oder einem eigenen direkt am Haus. Einige dieser Gärten sind extrem winzig und trotzdem kleine Paradiese. Nicht nur für unser Auge und unser Wohlgefühl, sondern auch für Tiere. Wir können nur staunen, was viele Menschen alles durch aufwendige Gartenarbeit zustande bringen. Es gibt wunderschöne Beispiele für Naturgärten.

Die klassischen Bauerngärten mit Wildblumen und Obstbäumen bieten Nahrung für Insekten und Vögel. Einige halten auch Hühner, Kaninchen oder sogar Schafe.

Andere Menschen öffnen ihre Gärten für Schulklassen und lassen eine begrenzte Öffentlichkeit an ihrem Paradies teilhaben.

Wer keinen Garten hat, aber einen Balkon oder eine Terrasse, kann sich dort mit Blumenkästen oder Hochbeeten den Garten ins Haus holen. Dort zu frühstücken, am Abend die letzten Strahlen der untergehenden Sonne zu genießen, das ist Lebensqualität, das ist Urlaub zu Hause, auf Monte Terrasso oder Bella Balkonia.

Die Bienen und Hummeln im Frühling zu beobachten, wenn sie von einer Blüte zur nächsten fliegen, die Vögel, wie sie das Material für den Nestbau zusammensammeln, den Jungvögeln beim Lernen zuzusehen oder sich einfach nur an der Farbenpracht der Blumen zu erfreuen, welch ein Glück!

Wer das alles nicht hat, kann die Patenschaft für einen Straßenbaum übernehmen, die Baumscheibe bepflanzen und damit den Garten auf die Straße verlegen. Baumpatenschaften werden von den Kommunen vergeben.

Auch das Urban Gardening oder die essbare Stadt werden immer beliebter. Flächen in der Stadt werden genutzt, um grüne Oasen zu schaffen oder Gemüse anzubauen.

Die Listen der Bücher, die Fernsehsendungen, die Tipps zum richtigen Gärtnern bieten, sind lang. Es gibt aber auch Kurse und Chatgruppen und weitere Möglichkeiten, sich in einer Gruppe auszutauschen. Wenn Sie mehr über schöne, bienenfreundliche Gärten wissen und sich dazu austauschen wollen, bieten sich Kurse bei Naturschutzzentren oder der Volkshochschule an.

In den Kursen, die in diesem Bereich angeboten werden, lernen die Teilnehmer:innen viel zu den jeweiligen Themen. So geht es beispielsweise darum, wie die Bodenbeschaffenheit in Balkonkästen, in Hochbeeten oder in Blumenkübeln sein muss, damit Pflanzen gut gedeihen. Häufig enthält die Bodenerde Torf. Das sollte vermieden werden, denn durch den Torfabbau werden Moore zerstört, die Lebensraum für viele Pflanzen und Tier sind. Auch für den Klimaschutz sind Moore extrem wichtig. Werden sie entwässert, wird klimaschädliches Methan frei. Fragen Sie also in der Gärtnerei nach Alternativen zum Torf. In der Landwirtschaft ist die Wiedervernässung von Mooren oder deren Erhalt eine der wenigen Möglichkeiten, klimaschädliche Gase zu vermindern:

www.umweltbundesamt.de/themen/kein-torf-in-den-topf

Auch die Auswahl der Blumen oder Gemüsepflanzen ist wichtig.

Die Blüten unserer Oreganopflanzen im Garten sind ein Paradies für Insekten.

Tomaten kann man beispielsweise gut auf dem Balkon in Töpfen anpflanzen, der Standort muss nur gut vor Wind und

Regen geschützt und deshalb überdacht sein. Wenn Sie schon etwas Erfahrung gesammelt haben, schauen Sie auch mal nach alten Tomatensorten. Die sind meistens nicht so ertragreich, haben aber einen besonderen Geschmack. Durch ihren Anbau tragen Sie zum Erhalt alter Sorten bei.

Was die Blumenauswahl betrifft: Es werden immer mehr Samen für bienenfreundliche Blumenwiesen angeboten, die übrigens auch wunderschön aussehen. Es gibt sie zum Beispiel von Naturschutzzentren oder auf Naturgärtentagen. Hier erhalten Sie neben den Blumensamen auch viele weitere Tipps.

Mit allen diesen Projekten können wir ein kleines Stück zum Erhalt der Artenvielfalt beigetragen.

Eine weitere Möglichkeit ist es, mit anderen gemeinsam tätig zu werden, um z. B. selbst zu imkern. Volkshochschulen oder Kommunen bietet oft Kurse an, aber auch das gemeinnützige Sozialunternehmen Stadtbienen:

www.stadtbienen.org

Dort treffen sich Gleichgesinnte, tauschen Erfahrungen aus, und man kann mithelfen, wenn ein eigener Standort für Bienen nicht vorhanden ist. So bietet die Bahn z. B. kostenfrei DB-Gelände für die Bienenvölker privater Imker:innen an:

nachhaltigkeit.deutschebahn.com/de/massnahmen/bienen

Die Tipps sind sehr vielfältig: Es geht nicht allein darum, bienenfreundliche Blumenwiesen anzulegen, sondern auch ums Gärtnern ohne Pestizide, das Bekanntmachen von Honig aus der Region oder darum, mehr über das artgerechte Halten von Bienenvölkern und die Vermeidung von Bienenkrankheiten zu lernen.

Aus solchen Kontakten ergeben sich dann häufig weitergehende Möglichkeiten: z. B. Sozialinitiativen, Flüchtlingsinitiativen, die teilweise auch im ökologischen und im Ernährungsbereich tätig sind. Dort gemeinsam zu arbeiten, zu kochen und sich auszutauschen, eröffnet auch jenseits von klassischen Umweltorganisationen neue, spannende Aufgabenfelder.

Schotter- und Kiesvorgärten – ein Albtraum für die Natur

Ganz anders sieht es da mit einem Trend aus, der in den letzten zehn Jahren Mode geworden ist: Kies in den Vorgarten zu kippen. Pflegeleicht soll es sein, immer gepflegt aussehen und modern wirken. Schlimmer geht es nimmer! Unter dem Kies wird normalerweise die Erde abgetragen und ein Vlies verlegt, das oft nicht wasserdurchlässig ist. Bei Starkregen, der durch die Klimakrise immer häufiger auftritt, kann das Wasser nicht abfließen, die Kanalisation ist bei zu stark versiegelter Fläche nicht in der Lage, das gesamte Wasser aufzunehmen. In tiefer gelegenen Gebieten kann es dadurch zu Überflutungen der Keller kommen. Außerdem ist der Kiesvorgarten auch nicht pflegeleicht, denn die Steine werden mit der Zeit durch Moos unansehnlich. Nach ein paar Jahren muss der Kies dann ausgetauscht werden und gegebenenfalls auch das Vlies. Letztendlich ist das dann auch noch eine teure Angelegenheit.

Der NABU hat die Nachteile gut zusammengefasst:
www.nabu.de/umwelt-und-ressourcen/oekologisch-leben/balkon-und-garten/grundlagen/planung/26658.html
www.nabu.de/umwelt-und-ressourcen/oekologisch-leben/balkon-und-garten/trends-service/trends/23829.html

Nachhaltige Mobilität

Wer in Paris, Kopenhagen, Amsterdam oder Münster den Umbau der Städte mithilfe von modernen Mobilitätskonzepten erlebt hat, kann nur staunen. Die Menschen holen sich ihren Lebensraum zurück! Breite Fahrradwege eröffnen neue Möglichkeiten, im Stadtverkehr unterwegs zu sein.

Es gibt eben nicht nur Autofahrer:innen, sondern auch Menschen mit Rollator oder mit Kinderwagen in der Stadt. Es braucht Platz für die wachsende Zahl von Fahrradfahrer:innen. In vielen Städten erleben wir leider eine Konzentration auf das Auto, bis dahin, dass Bäume Parkplätzen weichen müssen, es massiven Widerstand gegen jede Art von Parkgebühren gibt und Konzepte für Fahrradwege stark bekämpft werden, weil sie Autofahrern Platz wegnehmen.

Natürlich brauchen viele Menschen in unserer Gesellschaft das Auto. Aber gerade Wege in der Stadt eignen sich oft für das Fahrrad. Sie sind kurz – und ehe man einen Parkplatz für das Auto gefunden hat, ist man mit dem Fahrrad schon da. Also einfach mal das Auto stehen lassen! Immer mehr Menschen nutzen mittlerweile die vielen Möglichkeiten, die angeboten werden, unterschiedliche Verkehrsmittel wie Auto, Fahrrad, öffentlichen Nahverkehr oder zu Fuß gehen zu kombinieren. Mit den entsprechenden Apps wird einem der schnellste oder einfachste Weg von A nach B angezeigt und der ist gerade in Städten oft nicht mit dem Auto zu machen.

Was ist mit dem Fliegen?

Viele ältere Menschen nutzen die Zeit nach dem Berufsleben oder wenn die Kinder aus dem Haus sind, um die Welt zu erkunden. Auch für viele junge Menschen gehört es dazu, für einen Kurztrip mal hier- und mal dorthin zu fliegen. Die Diskussion um das Fliegen wird deshalb so heftig geführt, weil gerade das Fliegen besonders klimaschädlich ist. Denn hier findet der CO_2-Ausstoß in großer Höhe statt – und es geht nicht nur um das CO_2, sondern auch um den Wasserdampf und Stickoxide. Das Umweltbundesamt hat zur Klimaschädlichkeit der unterschiedlichen Verkehrsträger sehr detaillierte Studien gemacht.[131]

Ich will nicht dafür plädieren, das Fliegen grundsätzlich zu streichen. Beruflich ist es oft unabdingbar, und auch privat gibt es durchaus Gründe, warum es Sinn macht zu fliegen.

Doch wie so oft sollte gelten: wenn, dann bewusster entscheiden. Weniger ist mehr.[132]

Wenn man sich für einen Flug entscheidet, gibt es die Möglichkeit, seine klimaschädlichen Auswirkungen zu kompensieren. Ein Urlaubsflug nach Mallorca beispielsweise belastet das eigene Klimabudget mit 680 Kilogramm CO_2. Da das klimaverträgliche Jahresbudget eines Menschen nicht mehr als 2300 Kilogramm CO_2 betragen sollte, sind die Auswirkungen eines solchen Fluges schon gravierend. Derzeit beträgt das Jahresbudget eines durchschnittlichen Deutschen 10 800 Kilogramm CO_2e, wobei die Maßeinheit CO_2e für CO_2-Äquivalente steht.[133]

Wenn es um die Berechnung für die Kompensation der Klimaschädlichkeit von Flügen geht, wird nicht nur der CO_2-Ausstoß berücksichtigt, sondern auch andere klimaschädliche Emissionen wie z. B. die von Methan.

CO_2-Kompensation Atmosfair und Klimakollekte

In einer Untersuchung der Stiftung Warentest im Herbst 2022 erhielten die zwei Anbieter für die Kompensation von klimaschädlichen Emissionen mit Abstand die beste Benotung: Atmosfair als Testsieger (0,5) und Klimakollekte als Zweitplatzierter (1,7).

Bei der Bewertung war hier die Qualität der Kompensation besonders wichtig. Statt um Greenwashing ging es um gute Kompensationsprojekte. Dabei ist der CDM Gold Standard das Maß der Dinge.[134]

Atmosfair wurde vom Bundesumweltministerium und der Entwicklungs- und Umweltorganisation Germanwatch angestoßen und 2005 gegründet. Gesellschafterin ist die Stiftung Zukunftsfähigkeit. Atmosfair macht keine Gewinne. Ziel ist es, klimaschädliche Emissionen, die z. B. durch Flugreisen oder Veranstaltungen entstehen, durch Projekte auszugleichen, bei denen die entsprechende Menge klimaschädliche Emissionen wieder eingespart wird.

www.atmosfair.de

Klimakollekte ist eine gemeinnützige GmbH, ein Kompensationsfonds christlicher Kirchen, die ähnlich arbeitet wie Atmosfair. Auch hier können klimaschädliche Emissionen, die z. B. durch Reisen oder Veranstaltungen entstehen, durch Projekte im globalen Süden ausgeglichen werden. Diese Projekte mindern gleichzeitig Armut, stärken Frauen und verbessern die Gesundheitssituation.

klima-kollekte.de

Beide Organisationen arbeiten nach dem Prinzip: vermeiden, reduzieren, kompensieren. Sie weisen darauf hin, dass zunächst klimaschädliche Emissionen vermieden werden sollten.

Die Anbieter Atmosfair und Klimakollekte arbeiten in besonders hohem Ausmaß mit Projekten, die auch ökologischen Nutzen bringen. Kompensationen über Waldprojekte sind dagegen genau zu hinterfragen. Trotz verbesserter Standards warnen Klimaschützer vor Greenwashing.[135]

Ein Plädoyer für bewusstes Essen

Ich will auch nicht dafür plädieren, kein Fleisch mehr zu essen. Aber ich plädiere dafür, bewusster und wenig Fleisch zu essen und aus Gründen des Tierschutzes auf die Haltung der Tiere und auf die Qualität zu achten.

Übermäßiger Fleischgenuss in den Industrieländern führt zu vielen Umweltproblemen: Die Tierhaltung ist mit einem hohen Wasserverbrauch und Schmutzwasser und einer großen Menge von klimaschädlichen Emissionen verbunden, und für die Tierhaltung wird viel mehr Fläche benötigt als für eine pflanzliche Ernährung. Die weltweite Überwindung von Hunger, die Ernährung der Weltbevölkerung scheitert also nicht an der vorhandenen Fläche, sondern daran, was auf der Fläche angebaut wird.

Zu viel Fleischkonsum ist gesundheitsschädlich. Ärzte weisen bei zu hohem Fleischkonsum auf Krankheiten wie Darmkrebs und Diabetes, aber auch Kreislauferkrankungen oder Arthrose und Rheuma hin.

Für uns Ältere war der Genuss von Fleisch häufig auch ein Zeichen von Wohlstand, also positiv besetzt. Heute ist das nicht mehr so. Immer mehr junge Leute entscheiden sich aus vielfältigen Gründen sehr konsequent, kein Fleisch mehr zu essen und vegetarisch oder sogar vegan zu leben.

In Großstädten, insbesondere in Universitätsstädten, ist das sehr häufig der Fall. Es gibt ein großes Angebot an vegetarischen oder veganen Produkten. In Restaurants werden inzwischen sehr leckere Gerichte ohne Fleisch angeboten.

Als ich 1995 Landwirtschaftsministerin wurde, hatten wir in unserer Familie außer der traditionellen Pute zu Weihnachten seit über zehn Jahren kein Fleisch mehr gegessen. Als Landwirtschaftsministerin fing ich aber doch an, auch wieder Fleisch zu essen. Warum? Ich hatte und habe als Grüne große Kritik an der bestehenden Agrarpolitik und der Art der Subventionierung. Die Mehrheit der Bauern wird gezwungen, eine Landwirtschaftspolitik zu betreiben, die zu Umweltschäden und Missständen in der Tierhaltung führt. Ich hatte also eine vollkommen andere Vorstellung von der Landwirtschaftspolitik als die große Mehrheit der Bauern. Die zukünftige Landwirtschaftspolitik sollte nachhaltiger werden, den Luft-, Wasser- und Bodenschutz stärker berücksichtigen, den Tierschutz umsetzen. Das hat natürlich Widerstand hervorgerufen. Ich habe also den Landwirten viel abverlangt: Ich sehe die Landwirtschaftspolitik auch aus der Sicht von Verbraucher:innen und von Umweltschützer:innen. Es geht mir um Lebensmittel, eine gute Qualität, Transparenz, Tierwohl und Nachhaltigkeit. Es geht um regionale Vermarktung anstelle der starken Orientierung auf die Weltmärkte. Das Motto für die Betriebe »Wachsen oder weichen« ist für mich nicht die Lösung.

Vegetarierin zu sein, was heute keine Diskussion mehr auslöst, war damals die absolute Ausnahme. Wer ein vegetarisches Gericht im Restaurant bestellte, bekam ein normales Gericht ohne Fleisch, absolut lieb- und einfallslos.

Da es in NRW viele tierhaltende Betriebe gibt und ich deren zuständige Ministerin war, wollte ich in dieser Situation meine Ziele für eine andere Landwirtschaft und eine artgerechte Tierhaltung nicht mit der Diskussion um mein persönliches Essverhalten belasten.

Hinzu kam, dass die Biobauern auch gute Gründe für eine Kreislaufwirtschaft haben, die Tierhaltung beinhaltet. Wer keinen Kunstdünger einsetzen darf, greift auf den Dung der Tiere zurück. Tierhaltung, Düngung, Humusaufbau im Boden und Futteranbau auf dem eigenen Acker ergeben eine Kreislaufwirtschaft, die die ökologische Landwirtschaft wesentlich bestimmt.

Ich habe auch sehr bewusst den Erhalt aussterbender Haustierrassen gefördert. Wir brauchen das Überleben dieser Haustierrassen, wenn wir nicht die Geninformation dieser robusten und sehr gut an die Umwelt angepassten Tiere verlieren wollen. Unsere Nutztiere sind auf Höchstleistung gezüchtet: Kühe müssen viel Milch geben und halten das nur wenige Jahre durch, Schweine und Hühner müssen schnell an fettarmem Fleisch zunehmen oder viele Eier legen. Das macht die Tiere, die die robusten Eigenschaften der alten Haustierrassen längst verloren haben, anfällig für Krankheiten. Der Einsatz von übermäßig vielen Medikamenten ist die Folge. Da hilft es nur, das Fleisch dieser alten Haustierrassen nachzufragen, sie also zu essen, damit Bauern diese Tiere halten und damit die Rassen bewahren.

Wichtig ist vor allen Dingen, bewusster zu essen. Es geht um Lebensmittel, also Mittel zum Leben. Wir brauchen wieder eine Esskultur! Gutes Essen, Zeit für ein Gespräch und nicht nur reine Kalorienzufuhr!

Unsere Ernährung hat großen Anteil an unserer Gesundheit. Welche Lebensmittel kaufe ich? Sind sie aus der Region? Sind sie also mit kurzen Wegen verbunden, mit mehr Frische und Klimafreundlichkeit? Weiß ich etwas über die Produkte, kenne ich vielleicht sogar die Bauernfamilie? Wie sind die Tiere gehalten worden? Sind es Bioprodukte, bei deren Produktion keine Pestizide eingesetzt werden dürfen, weshalb die Produktion nachhaltiger für die Artenvielfalt, das Wasser, die Luft und den Boden ist? Sind die Produkte fair gehandelt, also mit fairem Lohn für die Bauern?

Das Motto muss sein, weniger Fleisch zu essen, dabei aber auf mehr Tierschutz und Qualität zu achten! Lieber am Sonntag ein gutes Stück Fleisch genießen als jeden Tag ein Billigschnitzel.

Es macht ebenfalls Sinn, wieder verstärkt saisonal zu essen. Bei Erdbeeren und Spargel gibt es traditionell noch die Saison. Aber viele andere Obst- und Gemüsesorten sind immer verfügbar. Macht es nicht auch Spaß, sich auf die neue Erdbeerernte zu freuen und mal aus dem Garten oder vom Feld die frischen Erdbeeren zu probieren? Man braucht nicht immer zu den ersten Erdbeeren auf dem Markt zu greifen, die in Gewächshäusern über Tausende Kilometer entfernt angebaut, auf langen Transportwegen zu uns gebracht und mit Fungiziden behandelt wurden, weil Erdbeeren sehr empfindlich gegenüber Pilzbefall sind. Außerdem ist die Wasserknappheit in Südeuropa oder Nordafrika extrem, der Wasserverbrauch für den Obst- und Gemüseanbau dort aber sehr hoch.

Auch fair gehandelte Produkte sind teurer, aber wenn man ein Päckchen Kaffee mit einem vertrauenswürdigen Siegel kauft und weiß, dass der Kaffeebauer dafür einen angemessenen Preis bekommt, mit dem er planen kann und mit dem es gelingt, dass er seine Kinder zur Schule schicken kann, dann kann man sich einen solchen Kaffee auch mal leisten und ihn auf diese Weise doppelt genießen.

Tatsächlich ist der Begriff »fair« oder »fairer Handel« aber nicht gesetzlich geschützt. Anders als der Begriff »Bio«. Darauf weist die Verbraucherzentrale hin:

www.verbraucherzentrale.de/wissen/umwelt-haushalt/wohnen/fairer-handel-einkauf-mit-gutem-gewissen-7067

Der Baum – Wunder der Natur

In vielen Städten gibt es private Gruppen, in denen sich Menschen zusammengetan haben, um Bäume zu schützen und für den Schutz von Bäumen zu werben.

Durch die Klimakrise werden die Temperaturen steigen, und es wird immer häufiger vorkommen, dass es im Sommer längere sehr heiße Perioden gibt. Insbesondere in den Städten, in der dichten Bebauung, wird es dann immer häufiger unerträglich warm. In solchen Zeiten sind Bäume eine große Hilfe. Sie verwandeln nicht nur CO_2 in Sauerstoff, sondern säubern die Luft, spenden Schatten und sind notwendig für viele Tiere. Gerade alte Bäume sind ein besonderer Schutz. Deshalb sind sie eine wichtige Vorsorge gegen die Hitzewellen. Viele kennen Bilder aus Ländern des Südens, auf denen ein großer, Schatten spendender Baum auf dem Markt- oder Dorfplatz steht und die Menschen unter dem großen Baum sitzen und sich unterhalten. Solche alten Bäume mit großen Blätterkronen sind Gold wert, und es ist schnell erkennbar, dass es lang dauert, ehe ein neu gepflanzter Baum den alten gefällten Baum adäquat ersetzen kann:

baumschutzgruppevest.wordpress.com/sofortmassnahmen-2
baumschutzgruppe-duesseldorf.de
baumschutzgruppe-sha.com

Ein Landkreis und viele Aktivitäten

Als ich mit meiner Bekannten im Landkreis Traunstein über mein Buchprojekt spreche, fallen ihr sofort viele Umweltgruppen in ihrem Landkreis ein. Dabei wissen wir beide genau, dass es noch weitere gibt. Exemplarisch will ich deshalb aufzeigen, dass es nicht nur in den großen Städten, sondern auch im ländlichen Raum eine große Anzahl von zivilgesellschaftlichen

Initiativen gibt, denen man sich anschließen kann. Fragen Sie einfach mal nach. Es ist erstaunlich, was Sie alles finden werden. Schon interessant, dass die meisten der nachfolgenden Initiativen federführend von Frauen getragen werden.

So sieht die zivilgesellschaftliche Aktivität im Kreis Traunstein im Bereich Umwelt aus:

Thema Umwelt: Das Aktionsbündnis Wir für den Wald – Klimaschutz in Traunstein hat den gesamten städtischen Wald im Blick. Das Aktionsbündnis macht Aktionen im Wald und erreicht damit viele Traunsteiner:innen. Bei Waldspaziergängen sind schon mal bis zu 80 Personen dabei.

Die Ziele und Aktionen des Aktionsbündnisses sind zu finden unter *wirfuerdenwaldts.de*

Die BUND Naturschutz in Bayern Kreisgruppe Traunstein kümmert sich seit vielen Jahren recht erfolgreich um die Renaturierung von Mooren im Landkreis. Jedes Jahr im Herbst treffen sich die Aktiven zu verschiedenen Arbeitseinsätzen in den örtlichen Mooren und Wiesen. Es wird gemäht, die Sense geschwungen, entbuscht und was sonst alles noch ansteht.

traunstein.bund-naturschutz.de

Das Forum Ökologie Traunstein e. V. ist ein regional wirkender Verein, nicht parteipolitisch gebunden und auf keine bestimmte weltanschauliche Richtung festgelegt. Es werden Veranstaltungen zu ökologischen Themen angeboten und auch kostenlose Umweltberatung. Dem Verein gelingt es seit 1979 immer wieder, ehrenamtliche Mitarbeiter:innen für diese Arbeit zu gewinnen!

www.forum-oekologie.org

Plant(s) for Future – Schüler:innen pflanzen Bäume ist eine Aktion der Arbeitsgemeinschaft (AG) Umwelt des Chiemgau-Gymnasiums. Beteiligen können sich alle Traunsteiner Schulen mit einzelnen Klassen oder AGs. Die Schüler:innen erhalten die Möglichkeit, unter fachlicher Anleitung zu pflanzen oder zu pflegen, im Wald, im Moor, bei Sträuchern, Obstbäumen oder Blühwiesen. Sie stellen Insektenhotels her, legen Hecken an und vieles mehr. Für die Schulen ist alles kostenlos, nur Handschuhe und angemessene Kleidung müssen mitgebracht werden.

Thema Verkehr: A 8 – Bürger setzen Grenzen

Diese Bürgerinitiative setzt sich bereits seit 2009 gegen den Großausbau der Autobahn A8 ein:

a8-buerger-setzengrenzen.de

Der Traunstein Bicycle Club engagiert sich für sicheres Fahrradfahren in der Stadt Traunstein:

traunstein-bicycle-club.de

Thema Ernährung: Der Ernährungsrat Traunstein ist ein loser Zusammenschluss vieler an einer regionalen, ökologischen und gesunden Ernährung interessierter Gruppen, Vereine, Verbände und Einzelpersonen.

traunstein.bund-naturschutz.de/ernaehrungsrat

Streuobstwiesen: Der Landschaftspflegeverband Traunstein engagiert sich für Streuobst:

www.landschaftspflegeverband-traunstein.de

FAZIT

Vielleicht haben Sie bemerkt, dass ich meistens von der Klimakrise, seltener vom Klimawandel und fast gar nicht von der Klimakatastrophe geschrieben habe. Das habe ich ganz bewusst gemacht. Klimawandel ist für mich zu neutral und harmlos für das, was auf uns zukommt. Wandel wohin?

Klimakatastrophe ist ein verheerendes Unglücksereignis, das wie bei der Flutkatastrophe im Ahrtal ohne Vorwarnung über die Menschen kommt. Das aber auch ohnmächtig macht.

Die Klimakrise können wir überwinden. Sie ist ernsthaft, sehr ernsthaft, aber wir alle zusammen können es schaffen. Vor allen Dingen können wir gestärkt aus dieser Krise hervorgehen.

Um erfolgreich zu sein, brauchen wir aber eine große Kraftanstrengung. Dafür braucht es uns. Wir Älteren müssen aktiv werden.

Diese Zusammenhänge, aber auch die Dramatik dieser Klimakrise ist vielen Menschen nicht wirklich klar. Wir müssen für mehr Verständnis für die notwendigen Veränderungen werben. Das können wir in Gesprächen mit Nachbar:innen und Freund:innen tun. Wir können aber auch im eigenen Garten oder durch veränderte Lebensgewohnheiten aktiv werden.

Die Aufzählungen von Organisationen und Initiativen in diesem Buch sind nur ein Ausschnitt der vielen möglichen Aktivitäten. Es gibt außerdem noch Gruppen, die sich gegen Müll, speziell Plastikmüll, engagieren, die die weitere Versiegelung des Bodens, den Flächenfraß, bekämpfen, die im sozialen Bereich oder in der Flüchtlingsarbeit tätig sind oder die sich für Demokratie und Mitbestimmung einsetzen.

Wichtig ist es, einzusteigen und auszuprobieren! Aus einer Tätigkeit heraus ergeben sich oft viele weitere Anregungen. Manchmal ist es erst der zweite oder dritte Schritt, der zur richtigen Organisation führt. Aber anzufangen, aktiv zu werden, den neuen Lebensabschnitt zu nutzen, um selbstbestimmt und sinnvoll tätig zu werden, das wünsche ich all meinen Leserinnen und Lesern.

Ich möchte Sie ermuntern mitzumachen.

ANMERKUNGEN

1 https://ourworldindata.org/contributed-most-global-co2; https://www.volker-quaschning.de/datserv/CO2/index.php

2 https://www.dhm.de/lemo/kapitel/vormaerz-und-revolution/der-deutsche-bund/weberaufstand-1844.html

3 https://www.volker-quaschning.de/datserv/CO2/index.php

4 https://www.swr.de/wissen/faq-grenzen-des-wachstums-club-of-rome-100.html#ClubofRome

5 https://clubofrome.de/die-grenzen-des-wachstums/

6 https://www.penguinrandomhouse.de/Buch/In-tiefer-Sorge/Kerstin-Luecker/Ludwig/e540662.rhd

7 https://foes.de/pdf/Kohlesubventionen_1950_2008.pdf
https://de.statista.com/statistik/daten/studie/159805/umfrage/steinkohlenbergbau-belegschaft-im-ruhrgebiet-seit-1945/
https://www.umweltbundesamt.de/sites/default/files/medien/1410/publikationen/2021-12-28_cc_29-2021_fallstudie_analyse_historischer_strukturwandel_ruhrgebiet_0.pdf

8 https://www.penguinrandomhouse.de/Buch/In-tiefer-Sorge/Kerstin-Luecker/Ludwig/e540662.rhd

9 https://www1.wdr.de/stichtag/stichtag-110.html

10 https://de.wikipedia.org/wiki/Umbau_des_Emschersystems
»Alles fließt: Das Wasser der Emscher, Heimat Dortmund«

11 https://www.rag-stiftung.de/ewigkeitsaufgaben

12 https://www.rifs-potsdam.de/de/news/weitaus-mehr-menschen-als-angenommen-befuerworten-klimaschutz

13 https://www.bundesregierung.de/breg-de/schwerpunkte/klimaschutz/kosten-klimawandel-2170246
https://www.bmi.bund.de/SharedDocs/kurzmeldungen/DE/2023/07/jahrestag-flutkatastrophe.html

14 https://www.spiegel.de/wissenschaft/das-verkannte-risiko-fuer-kommende-generationen-a-7b8638ae-c8ec-48c8-98cf-a74ece61af21; https://www.klimareporter.de/gesellschaft/klimakrise-viel-teurer-als-bisher-angenommen;

https://www.oekosystem-erde.de/html/stern_report.html; https://www.handelsblatt.com/politik/deutschland/interview-klimaoekonom-stern-warnt-vor-beharren-auf-eu-schuldenregeln-diese-fehler-duerfen-wir-nicht-erneut-machen/27589416.html

15 https://www.footprintnetwork.org/our-work/earth-overshoot-day/

16 https://www.bmuv.de/themen/nachhaltigkeit-digitalisierung/nachhaltigkeit/integriertes-umweltprogramm-2030/planetare-belastbarkeitsgrenzen

17 https://www.europarl.europa.eu/news/de/headlines/society/20200109STO69929/verlust-der-biodiversitat-ursachen-und-folgenschwere-auswirkungen

18 https://www.bmuv.de/themen/naturschutz-artenvielfalt/artenschutz/nationaler-artenschutz/ursachen-fuer-die-bedrohung-der-tier-und-pflanzenarten
https://www.bfn.de/zerschneidung-und-wiedervernetzung
https://www.bfn.de/aktuelles/neu-strassenplanung-biodiversitaetsfreundlich-und-zukunftsgerichtet

19 https://www.greenpeace.de/biodiversitaet
https://www.umweltbundesamt.de/sites/default/files/medien/publikation/long/4058.pdf

20 https://www.spiegel.de/geschichte/mao-zedongs-grosser-sprung-chinas-krieg-gegen-spatzen-a-0ca18353-27d1-4fdb-82ae-bd34feba66de21

21 https://www.de-ipbes.de/de/Globales-IPBES-Assessment-zu-Biodiversitat-und-Okosystemleistungen-1934.html

22 https://www.wwf.de/themen-projekte/projektregionen/amazonien/wahlen-in-brasilien/darum-macht-uns-waldvernichtung-krank

23 https://www.reuters.com/article/deutschland-un-pandemie-idDEKBN27F24S

24 https://de.wikipedia.org/wiki/2010-Ziele
https://www.spiegel.de/wissenschaft/natur/deutschland-wwf-haelt-artenschutz-ziel-fuer-nicht-mehr-erreichbar-a-551956.html
https://dserver.bundestag.de/btd/16/087/1608756.pdf

25 https://www.deutschlandfunk.de/kernziele-zum-schutz-der-biodiversitaet-artensterben-100.html

26 https://www.greenpeace.de/engagieren/nachhaltiger-leben/plastikmuell

27 https://www.nabu.de/natur-und-landschaft/naturschutz/weltweit/globale-biodiversitaetspolitik/25413.html
28 https://de.wikipedia.org/wiki/Michael_Succow
29 https://www.bundestag.de/webarchiv/textarchiv/2016/kw02-pa-umweltausschuss-399986
30 https://baerbel-hoehn.de/archiv/fileadmin/media/MdB/baerbelhoehn_de/www_baerbelhoehn_de/Bienenstudie_2017.pdf
31 https://www.bund.net/themen/tiere-pflanzen/wildbienen/bedrohung-schutz/
32 https://dewiki.de/Lexikon/Volksbegehren_„Artenvielfalt_%26_Naturschönheit_in_Bayern"
33 https://www.uni-hohenheim.de/pressemitteilung?tx_ttnews[tt_news]=49932
https://www.topagrar.com/acker/news/oekonomischer-nutzen-von-insekten-hoeher-als-angenommen-12407110.html
https://www.proplanta.de/agrar-nachrichten/tier/wie-viel-ist-die-bestaeubungsleistung-von-bienen-wert_article1614852351.html
https://deutscherimkerbund.de/163-Bienen_Bestaeubung_Zahlen_die_zaehlen
34 https://www.wochenblatt.com/wald-jagd/2022-hohe-bienenverluste-13083312.html
35 https://www.nabu.de/umwelt-und-ressourcen/oekologisch-leben/balkon-und-garten/grundlagen/boden/24104.html;
https://www.nabu.de/umwelt-und-ressourcen/oekologisch-leben/balkon-und-garten/grundlagen/boden/24090.html
36 https://www.ardalpha.de/wissen/umwelt/nachhaltigkeit/weltbevoelkerung-bevoelkerungswachstum-menschen-erde-welt-110.html
37 https://utopia.de/ratgeber/biogasanlage-so-funktioniert-die-erneuerbare-energiequelle/
38 https://www.umweltbundesamt.de/sites/default/files/medien/5750/publikationen/uba_210121_kurzstudie_nahrung_barr.pdf
39 https://www.boell.de/de/2015/01/08/futtermittel-viel-land-fuer-viel-vieh
40 https://www.nabu.de/umwelt-und-ressourcen/oekologisch-leben/balkon-und-garten/grundlagen/boden/24090.html

41 https://www.bodenwelten.de/content/bodenlebewesen-bodenbewohnern-auf-der-spur
42 https://www.bmuv.de/themen/nachhaltigkeit-digitalisierung/nachhaltigkeit/strategie-und-umsetzung/flaechenverbrauch-worum-geht-es
https://www.umweltbundesamt.de/daten/flaeche-boden-land-oekosysteme/boden/bodenversiegelung#bodenversiegelung-in-deutschland
https://www.quarks.de/umwelt/darum-sollten-wir-unsere-boeden-nicht-zubetonieren/
43 https://www.umweltbundesamt.de/umweltatlas/reaktiver-stickstoff/wirkungen/nord-ostsee/warum-koennen-algenblueten-in-der-ostsee
https://www.umweltbundesamt.de/themen/wasser/gewaesser/meere/nutzung-belastungen/eutrophierung#eutrophierung-was-bedeutet-das
44 https://www.tagesschau.de/investigativ/panorama/abwaesser-fluesse-101.html
45 https://www.umweltbundesamt.de/daten/umweltindikatoren/indikator-beschaeftigte-im-umweltschutz#welche-bedeutung-hat-der-indikator
46 https://keelingcurve.ucsd.edu/2016/04/20/comment-on-recent-record-breaking-co2-concentrations/#more-1406
https://at.scientists4future.org/die-zeit-laeuft-uns-davon-die-co2-uhr/
47 https://www.umweltbundesamt.de/themen/klima-energie/klimaschutz-energiepolitik-in-deutschland/treibhausgas-emissionen/die-treibhausgase
48 https://www.umweltbundesamt.de/themen/klima-energie/internationale-eu-klimapolitik/uebereinkommen-von-paris#ziele-des-ubereinkommens-von-paris-uvp
49 https://www.bmwk.de/Redaktion/DE/Publikationen/Klimaschutz/klimaschutz-in-zahlen.pdf?__blob=publicationFile&v=8
50 https://www.mcc-berlin.net/forschung/co2-budget.html
51 https://www.wiwo.de/my/finanzen/immobilien/klimawandel-und-immobilienmarkt-dachgeschoss-wohnungen-sind-immer-haeufiger-ladenhueter/28510362.html

52 https://www.rbb-online.de/supermarkt/zusatzmaterial/2022/aktuell-07-2022/hitze-kein-mietmangel-mietminderung-hitzeschutzmassnahmen-deutschermieterbund.html
53 https://www.klimawandel-gesundheit.de/toedliche-hitze-neues-aktionsbuendnis-entwickelt-hitzeschutzplaene-fuer-berlin/
54 https://www.umweltbundesamt.de/daten/umwelt-gesundheit/gesundheitsrisiken-durch-hitze#gesundheitsrisiko-hitze
https://www.rnd.de/panorama/hitzewelle-im-juli-menschen-in-grossstaedten-besonders-bedroht-YOBDVTA3JDK4HWEQGBEBMI37WM.html
55 https://www.umweltbundesamt.de/presse/pressemitteilungen/hitze-in-der-innenstadt-mehr-baeume-schatten-noetig
56 https://www.rbb24.de/politik/beitrag/2023/07/klimakrise-umbau-stadt-schwammstadt-kosten-berlin-.html
https://www.businessinsider.de/wissenschaft/natur/klimawandel-warum-deutschland-2050-ein-anderes-land-sein-wird/
https://www.ardalpha.de/wissen/umwelt/klima/hitze-stadt-hitzeinsel-klimawandel-sommer-nachhaltiges-bauen-extremwetter-schwammstadt-100.html
https://www.ardmediathek.de/video/wissen-vor-acht-erde/die-schwammstadt/das-erste/Y3JpZDovL2Rhc2Vyc3RlLmRlL3dpc3NlbiB2b3IgYWNodCAtIGVyZGUvNjNmMjJhNjItYTU2OS00MjcyLWI5ODItYmRkODk1MmQ4NjVj
57 https://allianz-entwicklung-klima.de/toolbox/was-bedeuten-co2-aequivalent-co2e-und-global-warming-potential-gwp/
58 https://www.zdf.de/nachrichten/panorama/duerre-somalia-tote-hunger-100.html
59 https://de.statista.com/statistik/daten/studie/179260/umfrage/die-zehn-groessten-c02-emittenten-weltweit/
60 https://www.geo.de/natur/nachhaltigkeit/historische-verantwortung-fuer-die-klimakrise--deutschland--nur--auf-platz-6-aller-laender-30807594.html
61 https://www.zdf.de/nachrichten/panorama/usa-winter-kaelte-sturm-100.html
62 https://www.ardalpha.de/wissen/umwelt/klima/jetstream-wind-extremwetter-wetter-klimawandel-ozon-100.html
63 https://www.deutschlandfunk.de/weltklimarat-klimawandel-erderwaermung-ipcc-100.html

64 https://www.scientificamerican.com/article/exxon-knew-about-climate-change-almost-40-years-ago/

65 https://twitter.com/_david_ho_/status/1613677787591905281

66 https://www.spiegel.de/wissenschaft/natur/exxon-und-die-klimakrise-die-schmutzigen-klimaluegen-der-oelindustrie-a-596adfb8-ad05-4ed1-ae25-47d360b653f8

67 https://www.tagesschau.de/wissen/klima/exxon-klima-folgen-studie-101.html
https://www.bbc.com/news/stories-53640382

68 https://www.zdf.de/nachrichten/heute-sendungen/klimakrise-oel-konzern-exxon-video-100.html

69 https://www.tagesschau.de/wirtschaft/unternehmen/oelfirmen-rekordgewinne-2022-101.html

70 https://www.spiegel.de/wissenschaft/mensch/klimakrise-in-den-usa-die-tiefe-spaltung-des-landes-kolumne-a-b7c46c11-3be9-4c32-9f32-4d67c6f02812

71 https://www.washingtonpost.com/climate-environment/2022/01/05/climate-disasters-2021-fires/

72 https://www.agrarheute.com/management/agribusiness/bombenzyklon-arktische-kaeltewelle-stromausfall-tote-chaos-601806

73 https://www.rnd.de/panorama/usa-vier-von-zehn-amerikaner-leben-in-regionen-die-von-klimabedingten-wetterextremen-betroffen-sind-Q6RM67AFBNEGTOFLWMIEINK2TA.html

74 https://www.spiegel.de/wissenschaft/mensch/corona-krise-und-klimawandel-fuenf-desinformations-tricks-die-jeder-kennen-sollte-a-6892ff9b-fb28-43ae-8438-55b49d607e57

75 Ein Beispiel ist die Sendung von Markus Lanz am 25. Mai 2023 mit Professor Mojib Latif, der Journalistin Melanie Amann und dem Energiepolitischen Sprecher der AfD-Bundestagsfraktion, Steffen Kotré.

76 https://www.rollingstone.com/politics/politics-news/global-warmings-terrifying-new-math-188550/

77 https://ec.europa.eu/health/ph_projects/2005/action1/docs/action1_2005_a2_15_en.pdf
https://www.spiegel.de/geschichte/jahrhundertsommer-2003-eine-der-groessten-naturkatastrophen-europas-a-951214.html
https://www.spiegel.de/wissenschaft/mensch/statistik-studie-

hitze-sommer-2003-hat-70-000-europaeer-getoetet-a-473614.html

78 https://www.zeit.de/wirtschaft/2012-11/solarverband-arbeitsplaetze-verlust
https://www.handelsblatt.com/politik/deutschland/reformvorschlag-roesler-will-solarfoerderung-zusammenstreichen/6069208.html

79 https://taz.de/Stellenabbau-in-Solarindustrie/!5049763/

80 https://www.umweltbundesamt.de/daten/umweltindikatoren/indikator-beschaeftigte-im-bereich-erneuerbare#wie-ist-die-entwicklung-zu-bewerten

81 https://www.wiwo.de/unternehmen/energie/solarwatt-chef-neuhaus-bevoelkerung-will-raus-aus-der-kohle/20509150-2.html

82 https://www.umweltbundesamt.de/sites/default/files/medien/479/publikationen/uba_fachbroschuere_umweltschaedliche-subventionen_bf.pdf
https://www.umweltbundesamt.de/daten/umwelt-wirtschaft/umweltschaedliche-subventionen-in-deutschland#umweltschadliche-subventionen

83 https://foes.de/publikationen/2023/2023-06_FOES_Subventionssteckbrief-Dienstwagenprivileg.pdf

84 https://de.statista.com/statistik/daten/studie/1191701/umfrage/anteil-gewerblicher-halter-an-den-pkw-neuzulassungen-in-deutschland-nach-segment/deutsche-umwelthilfe-belegt-in-neuen-berechnungen-die-drei-klimaschaedlichen-aspekte-der-dienstwagen/

85 https://www.swr.de/swraktuell/porsche-bekommt-synthetischen-kraftstoff-efuels-aus-chile-100.html

86 https://www.stern.de/politik/deutschland/-porschegate--christian-lindner-schrieb-sms-an-porsche-boss-blume-32604096.html

87 https://www.tagesschau.de/wirtschaft/meldung-ts-5144.html
https://www.sueddeutsche.de/wirtschaft/deutschland-gegen-strengere-co2-grenzwerte-das-dreisteste-was-ich-in-acht-jahren-bruessel-erlebt-habe-1.1707369
https://www.deutschlandfunkkultur.de/klimaschutzkonferenz-in-bonn-die-nuetzliche-blamage-der-100.html

88 https://www.fr.de/wirtschaft/verbrenner-aus-streit-efuels-verkehr-fahrzeuge-autos-wissing-kommission-bruessel-zr-92167973.html

89 https://www.zdf.de/nachrichten/wirtschaft/automesse-shanghai-china-deutsche-autobauer-100.html
90 https://www.nachhaltigkeit.info/artikel/rio_deklaration_950.htm
https://de.wikipedia.org/wiki/Brundtland-Bericht
91 https://www.bmz.de/de/service/lexikon#lexicon=14700.
92 https://www.umweltbundesamt.de/themen/klima-energie/internationale-eu-klimapolitik/kyoto-protokoll#entstehungsgeschichte-und-erste-verpflichtungsperiode
93 https://www.stern.de/panorama/wissen/natur/kopenhagen-warum-der-klimagipfel-zum-desaster-wurde-3333664.html
94 https://www.bundesregierung.de/breg-de/themen/nachhaltigkeitspolitik/nachhaltigkeitsziele-erklaert-232174
95 https://www.eva-leipzig.de/product_info.php?info=p4823_Klima-geht-uns-alle-an.html
96 https://www.bundesregierung.de/breg-de/schwerpunkte/klimaschutz/eu-emisionshandel-1684508
97 https://www.tagesschau.de/wirtschaft/verbraucher/co2-preis-energie-100.html
98 https://dserver.bundestag.de/btp/18/18039.pdf
https://dserver.bundestag.de/btd/18/016/1801612.pdf
99 https://www.klimaseniorinnen.ch
100 https://www.bundesverfassungsgericht.de/SharedDocs/Pressemitteilungen/DE/2021/bvg21-031.html
https://www.ipg-journal.de/rubriken/wirtschaft-und-oekologie/artikel/das-klima-urteil-des-bundesverfassungsgerichts-5162/
https://www.sueddeutsche.de/politik/bundesverfassungsgericht-klimaschutz-1.5611973
101 https://rwe.climatecase.org/de
102 https://www.irena.org/News/pressreleases/2023/Mar/-/media/5A42E35D088347159335BDB31947D76F.ashx
103 Hermann Scheer: Der energethische Imperativ. 100 Prozent jetzt: Wie der vollständige Wechsel zu erneuerbaren Energien zu realisieren ist. Kunstmann, München 2012
104 https://dserver.bundestag.de/btp/14/14091.pdf
105 https://www.buendnis-buergerenergie.de/fileadmin/user_upload/downloads/Studien/20210728_IZES_Kurzstudie_BBEn_RED_II_final.pdf
https://www.bee-ev.de/fileadmin/Redaktion/Dokumente/

Meldungen/Positionspapiere/2023/20230417_BEE_
Positionspapier_Energy_Sharing_Model.pdf
106 https://de.statista.com/statistik/daten/studie/151081/umfrage/importe-von-erdgas-und-rohoel-nach-deutschland/
107 https://www.energy-charts.info/charts/energy_pie/chart.htm?l=de&c=DE&year=2023&interval=year
https://www.bmwk.de/Redaktion/DE/Dossier/strommarkt-der-zukunft.html
108 https://www.umweltbundesamt.de/umwelttipps-fuer-den-alltag/haushalt-wohnen/papier-recyclingpapier#unsere-tipps
109 https://www.verbraucherzentrale.de/wissen/umwelt-haushalt/abfall/coffee-to-go-einwegbecher-vermeiden-12332
110 https://wupperinst.org/themen/ressourcen/ressourcen-berechnen
111 https://www.umwelt.nrw.de/fileadmin/redaktion/oekoprofit_flyer_2022.pdf
112 https://www.evangelisch-in-westfalen.de/angebote/beratung/umweltschutz/projekt-gruener-hahn/
113 https://www.umweltbundesamt.de/daten/klima/treibhausgas-emissionen-in-deutschland#emissionsentwicklung
114 https://www.umweltbundesamt.de/daten/klima/treibhausgas-emissionen-in-deutschland#emissionsentwicklung
115 https://www.zdf.de/nachrichten/politik/klima-treibhausgas-emissionen-deutschland-rueckgang-100.html
116 https://www.bund.net/fileadmin/user_upload_bund/publikationen/kohle/kohle_sondervotum_kommission.pdf
117 https://www.umweltbundesamt.de/daten/klima/treibhausgas-emissionen-in-deutschland/kohlendioxid-emissionen#kohlendioxid-emissionen-2022
118 https://www.adac.de/verkehr/tanken-kraftstoff-antrieb/alternative-antriebe/synthetische-kraftstoffe/
119 https://www.focus.de/finanzen/news/nur-knapp-vor-grossbritannien-deutschland-hinten-dran-so-foerdern-andere-staaten-europas-den-einbau-von-waermepumpen_id_189188816.html
https://www.verbraucherzentrale.de/wissen/energie/heizen-und-warmwasser/waermepumpe-alles-was-sie-wissen-muessen-im-ueberblick-5439

Heizungsverbot, und jetzt? Wärmepumpen und Wasserstoff im Check! | Harald Lesch | Terra X
120 https://www.diw.de/de/diw_01.c.617687.de/publikationen/wochenberichte/2019_13_2/oekosteuer-einnahmen_sorgen_noch_heute_fuer_niedrigere_rentenbeitraege_und_hoehere_renten.html
121 https://de.statista.com/statistik/daten/studie/1365/umfrage/bevoelkerung-deutschlands-nach-altersgruppen/
122 https://www.bund.net/fileadmin/user_upload_bund/publikationen/kohle/kohle_sondervotum_kommission.pdf
123 https://www.bund.net/fileadmin/user_upload_bund/publikationen/bund/position/naturschutz_klimawandel_position.pdf
124 https://www.bund.net/energiewende/erneuerbare-energien/windenergie/
125 https://www.bund.net/gruenes-band/
126 https://www.nabu.de/umwelt-und-ressourcen/energie/erneuerbare-energien-energiewende/windenergie/31865.html
127 Wie sieht die Arbeit des NABU vor Ort aus? https://www.nabu.de/tiere-und-pflanzen/voegel/artenschutz/gaense/11923.html
128 https://taz.de/Kronos-verklappt-und-die-Arten-schwinden/!1842846/
129 https://www.solidarische-landwirtschaft.org/startseite
130 https://www.vcd.org/der-vcd/der-verband/vcd-vor-ort
131 https://www.umweltbundesamt.de/publikationen/oekologische-bewertung-von-verkehrsarten
132 utopia.de/ratgeber/co_2-ausstoss-beim-flugzeug-so-viel-emissionen-verursachen-flugreisen
133 https://www.bmuv.de/media/kohlenstoffdioxid-fussabdruck-pro-kopf-in-deutschland
134 https://www.test.de/CO2-Kompensation-Diese-Anbieter-tun-am-meisten-fuer-den-Klimaschutz-5282502-0/
135 https://www.sueddeutsche.de/wirtschaft/atmosfair-flug-kompensieren-1.4459405

REGISTER